A. Diomedes Kyriakos

Geschichte der Orientalischen Kirchen von 1453-1898

A. Diomedes Kyriakos

Geschichte der Orientalischen Kirchen von 1453-1898

Autorisierte Übersetzung nebst einem Vorworte
von Erwin Rausch

Verlag Dr. H. A. Gerstenberg · Hildesheim
1975

Reprographischer Nachdruck der Ausgabe Leipzig 1902
mit Genehmigung der Rechtsnachfolgerin der
A. Deichertschen Verlagsbuchhandlung, früher Leipzig
Herstellung: Druckerei Gebr. Gerstenberg, Hildesheim
Best.-Nr. 238 00517 · ISBN 3 8067 0517 8

Geschichte

der

Orientalischen Kirchen

von

1453—1898.

Von

A. Diomedes Kyriakos,
Professor der Theologie an der Universität Athen.

Autorisierte Übersetzung nebst einem Vorworte

von

Lic. Dr. **Erwin Rausch,**
Korrespondierendes Mitglied des Parnassos in Athen.

LEIPZIG.
A. Deichert'sche Verlagsbuchhandlung Nachf.
(Georg Böhme).
1902.

Vorwort des Herausgebers.

Diomedes Kyriakos nimmt unter den Theologen der griechisch-orthodoxen Kirche eine hervorragende Stellung ein. Er wirkt seit über drei Jahrzehnten an der theologischen Fakultät der Universität Athen als Professor der Kirchengeschichte. Durch sein ernstes Studium vor allem der deutschen Theologie hat Diomedes Kyriakos ein umfassendes, gründliches Wissen erworben. Das bedeutendste unter seinen zahlreichen Werken ist unstreitig seine dreibändige Kirchengeschichte, die mit der Stiftung der christlichen Kirche beginnt und bis auf die Gegenwart reicht. 1881 erschien sie in 1., 1898 in 2. Auflage.

Für Griechenland sowie die ganze orthodoxe Kirche griechischer Zunge war das Erscheinen dieser Kirchengeschichte von besonderer Bedeutung, denn in ihr besass das griechische Volk zum ersten Male eine Geschichte der orientalischen wie der abendländischen Kirchen, die den Vorzug hatte, dass in ihr die Resultate der abendländischen Geschichtsforschung geschickt und in unverhältnismässiger Vollständigkeit verarbeitet waren. Professor Lauchert urteilt (in der Revue internation. de Théolog. 1898 p. 841) „zwar sei Diomedes Kyriakos mit den Quellenwerken und mit der deutschen Litteratur im weitesten Umfange vertraut, habe aber infolge seiner polemischen Tendenz gegen die römische Kirche sich vorwiegend auf die Benutzung der protestantischen Litteratur beschränkt“. Diomedes Kyriakos ist ein Schüler Karl von Hases (sein Urteil über diesen: Hase ist der Thukydides der Kirchenhistorik), sein Stil leichtverständlich, der Aufbau durchsichtig.

Diomedes Kyriakos hatte bei der Abfassung seines Werkes ungeheure Schwierigkeiten zu überwinden, denn es fehlte durchaus an geeigneten kirchenhistorischen Vorarbeiten innerhalb der orthodoxen Kirche. Die Kirchengeschichte des Meletios v. J. 1784 war veraltet, die des Kontogonis (Athen 1866/76) behandelte nur den Zeitraum bis zum 5. Jahrh. n. Chr., die summarischen Übersichten des Laskaris (Konstantinopel 1863) und des Komitas (Zakynth 1861) waren eben nur kurze Abrisse und die Kirchengeschichte des Phil. Vaphidis, die bis 1453 reicht, war 1881 noch nicht erschienen.

Für die deutschen Historiker ist der von mir übersetzte Teil dieser Kirchengeschichte von hohem Interesse, da wir bislang eine nach wissenschaftlichen Prinzipien verfasste Geschichte der orientalischen Kirchen von 1453 bis zur Gegenwart nicht besitzen. Die „Geschichte der neugriechischen und russischen Kirche“ von Schmitt (Mainz 1840) ist unwissenschaftlich, sie dient nur der römischen Propaganda. Vor allen Dingen hat Diomedes Kyriakos eine ganze Reihe bisher unbenutzter Quellen herangezogen, die er bei Beginn jedes Abschnittes gewissenhaft anführt.

Nicht nur für den Kirchenhistoriker und den Theologen ist der Abschnitt, den ich dem deutschen Leserkreise zugänglich gemacht habe, von Wert, auch dem gebildeten Laien werden gerade bei dem erhöhten Interesse für die orientalische Frage in der Jetztzeit die Darlegungen des Diomedes Kyriakos zur Bildung eines Urteils (z. B. über die makedonisch-bulgarischen Wirren, den Streit über die Bibelübersetzung in Vulgärgriechisch, die Stellung der orientalischen Christen zum Islam, die Politik Russlands im Oriente u. a. m.) neue und überraschende Gesichtspunkte bieten.

Ein genaues Urteil über Diomedes Kyriakos als Kirchenhistoriker, sein Leben, seine Stellung innerhalb der orthodoxen Kirche, sein Verhältnis zu Karl von Hase, seine Werke und ihre Quellen, sowie eine Geschichte der griechischen Kirchenhistorik findet sich als Einleitung meiner demnächst in gleichem Verlage erscheinenden Arbeit „Kirche und Kirchen im Lichte griechischer Forschung“.

So möge denn diese Arbeit vor dem Abendlande Zeugnis

ablegen von dem Aufschwung der griechischen Theologie in der Neuzeit und zugleich unser Augenmerk auf die leider so wenig bekannte hellenische Kirche richten, mit der die protestantische Kirche viel mehr Berührungspunkte hat, als gemeiniglich bekannt ist.

Es versteht sich von selber, dass der Herausgeber, der sich lediglich als Dolmetsch seines lieben und hochverehrten Freundes betrachten durfte, mit Ausnahme einiger erläuternder Fussnoten zu dem Buche nichts Eigenes hinzugethan hat.

„Autorisierte“ Übersetzung darf der Herausgeber seine Arbeit nennen, denn er hat diese während zweier Studienreisen i. d. J. 1900 und 1901 im Landhause des Prof. Diomedes Kyriakos in Kephissia bei Athen mit diesem sorgfältig verglichen.

Rückersdorf bei Ronneburg, Pfingsten 1902.

Lic. Dr. Erwin Rausch.

Inhalt.

Kapitel 3.

Die Beziehungen der orientalischen Kirche zu den protestantischen Kirchen.

Kapitel 4.

Der Papismus im Orient seit der Eroberung Konstantinopels.

Kapitel 5.

Kirchliche Schriftsteller.

Teil II.

Geschichte der orthodoxen Kirche in Hellas.

Teil III.

Geschichte der orthodoxen Kirche in Russland.

Teil IV.

Geschichte der von der orthodoxen Kirche getrennten Kirchen des Orients.

Allgemeine Übersicht über den Zeitraum 1453—1897.

Bis zum Jahre 1453 überragte die griechische Kirche alle übrigen Kirchen rücksichtlich ihres blühenden Zustandes, der Zahl gelehrter Schriftsteller, des wissenschaftlichen Lebens und ihres Einflusses auf die übrige christliche Welt. Jedoch seit 1453, der Eroberung Konstantinopels, geriet sie durch die Unterwerfung des Orients unter die heidnischen Türken in Verfall und Schwäche. Dieser Niedergang hatte bereits seit dem 7. Jahrhundert begonnen und war eine Folge der arabischen Eroberungen. Auch die Kreuzzüge, die das Hellenentum und die griechische Kirche schwächten, schlugen dem Oriente schwere Wunden. Nicht weniger schlimm war die Wiederaufrichtung des lateinischen Kaisertums in Konstantinopel (1204).

Aber als im 15. Jahrhundert zugleich mit Konstantinopel auch die letzten Reste der griechischen Herrschaft in die Gewalt der Türken kamen, geriet der grösste Teil der griechischen Kirche in die drückendste Abhängigkeit von den mohammedanischen Herrschern. Durch sie verfiel die griechische Kirche völlig in geistigen Marasmus. Seit jener Zeit wurden die Männer von grosser theologischer Bedeutung seltener, von Gelehrsamkeit besonders auf theologischem Gebiete hatte die orientalische Kirche in jener Zeit fast nichts aufzuweisen, was der Rede wert wäre, wir finden in ihr ebensowenig gewaltige Ereignisse als grosse, wichtige theologische Systeme.

Dagegen werden wir sehen, wie in den letzten beiden Jahrhunderten, besonders im 19., in dem einerseits das orthodoxe Russland emporkam und in die Reihe der civilisierten Staaten eintrat, anderseits das Königreich Hellas gegründet wurde und viele andere orthodoxe Völker (Serben, Walachen, Bulgaren) politisch unabhängig wurden und überhaupt die politischen und sozialen Verhältnisse des Orients sich verbesserten, wiederum auch die orientalische Kirche sich hob. Das Wiedererwachen der theologischen Wissenschaften in ihr lässt uns auf eine Wiederkehr der ruhmreichen Tage einstiger Herrlichkeit hoffen.

Die Bedeutung der griechischen Kirche liegt darin, dass sie trotz aller Bedrängnisse und Schwächung nach dem Falle Konstantinopels, trotz aller Unmöglichkeit, theologische Wissenschaften zu pflegen, — wodurch sie vordem sich so herrlich auszeichnete — das Christentum der ersten Jahrhunderte rein bewahrte, während die römische Kirche dasselbe verderbte und verfälschte und so in zahllose Irrtümer fiel.

Die von der orthodoxen Kirche getrennten Kirchen der Nestorianer, Armenier, Jakobiten, Kopten und Abessinier führten in diesem Zeitraum ein unbedeutendes und schattengleiches Leben.

Teil I.

Geschichte der orthodoxen Kirche unter türkischer Herrschaft.

Litteratur. Crusius, Turco-Graecia, Bas. 1584. Hammer, Geschichte des osmanischen Reiches, Pest 1827. R. Simon, hist. des dogmes et controv. des chrétiens or Trevouz 1711. Heineccius, Abbild. der griech. Kirche, Leipzig 1711. Le Quien, Oriens christianus, Par. 1740. Schmitt, Krit. Geschichte der neugriech. und russ. Kirche, Mainz 1840. S. Aymon, Monuments de la religion des Grecs. A la Haye 1708. Stanley, history of the Eastern Church, Lond. 1864. Neale, hist. of the Eastern Church, Lond. 1850. Gass, Symbolik der griech. Kirche, Berlin 1872. De Guitte, De l'église grecque, Paris 1867. Schroeckh, Kirchengeschichte XXXIV, 5. 9. Nippold, Kirchengeschichte des 19. Jahrhunderts.

Δοσιθέου περὶ τῶν ἐν Ἱεροσολύμοις πατριαρχευσάντων. Ἐν Βουκουρ. 1715. *Μελετίου ἐκκλ. ἱστορ. Τ* 3 u. 4. *Ὑψηλάντου, Τὰ μετὰ τὴν ἅλωσιν. Ἐν Κωνσταντινουπόλει* 1870. *Κούμα Ἱστορία τῶν ἀνθρωπίνων πράξεων Τομ Ι′ καὶ ΙΒ′. Διὰ τὴν νεωτάτην ἱστορίαν ὅρα ἐφημερίδας Νεολόγον, Βυζαντίδα, Θράκην, Ἀνατολικὸν ἀστέρα καὶ τὴν Ἀλήθειαν Κωνσταντινουπ.*

Kapitel 1.

Das Verhältnis der ottomanischen Regierung zur Kirche.

Litteratur. Pichler, Geschichte der Trennung, München 1864, I, 420—454. Zinkeisen, Geschichte des osmanischen Reiches. Hammer, Geschichte des osmanischen Reiches. *Μένδελσων Βαρθόλδη, ἱστορία τῆς Ἑλλάδος. Ἐκ τοῦ Γερμανικοῦ. Ἐν Ἀθήναις* 1872. *Παπαρρηγοπούλου Ἱστ. ἑλληνικοῦ ἔθνους.* Finlay, The history of Greece, 1856.

§ 1.
Die türkische Eroberung.

Die Türken eroberten die hellenischen Länder nach und nach. Bereits vor dem Fall Konstantinopels waren sie Herren Kleinasiens und teilweise auch Thraciens geworden. Allein nach der Einnahme Konstantinopels wurden sie gar bald auch über den Rest der griechischen Besitzungen auf dem europäischen Festland und die Inseln Herr, die meistenteils im Besitze Venedigs und anderer europäischer Mächte waren. Venedig blieb noch lange im Besitze der Jonischen Inseln, von Pylos, Methoni, Koroni, Monemvasia, Navplion im Peloponnes, dazu von Navpaktos, Voniza und Prevesa in Nordgriechenland, von Evvia, Kreta und Kypern. Die Insel Rhodos war in der Gewalt der Johanniter, andere europäische Staaten besassen die kleineren Ägäischen Inseln. Allein in nicht langer Zeit kamen auch diese Länder unter türkische Gewalt, trotzdem bis zum Jahre 1571 Venedig und das Abendland mit allen Mitteln Widerstand leistete. Vergebens war der Sieg der Spanier unter Don Juan d'Austria, vergebens die Vernichtung der türkischen Flotte unter Selim II. in diesem Jahre. Schliesslich wurde Kreta trotz des hartnäckigsten Widerstandes der Venetianer und Kreter gegen den Vezier Achmet Kiopruli i. J. 1670 eine Beute der Türken. Venedig beabsichtigte nicht nur den Besitz von Kreta zu retten, sondern hoffte auch durch Entsendung ihres Feldherrn Morosinis die Griechen zum Aufstand zu reizen, und dadurch wieder der Gebiete, die sie einst besessen, Herr zu werden. Morosinis eroberte mit Unterstützung der Griechen den ganzen Peloponnes mit Ausnahme von Monemvasia (1685), drang über den Isthmos vor und belagerte Athen. Damals wurde der Parthenon durch eine venetianische Bombe zerstört (1687). Allein Achmet III. eroberte i. J. 1715 den Peloponnes wieder. Seitdem blieb Venedig nur im Besitz der Jonischen Inseln.

Die Türken erweiterten ihre Macht in Asien und Afrika und nach Norden zu. Selim I. wurde Herr ganz Syriens und Ägyptens (1517), sein Sohn Suleiman (1524—1566) nahm

Rhodos, unterjochte die Hälfte von Ungarn und belagerte selbst Wien. Dieser thatkräftige und kühne Herrscher dehnte seine Macht im Osten bis Bagdad und Mosul aus und eroberte sogar Tripolis, Algier und Tunis in Afrika.

Seitdem blieben die Türken zum Schaden der von ihnen unterjochten christlichen Völker ungehindert im Besitz des Orients. Österreich-Ungarn bedrohten die Türken noch im 17. Jahrhundert, i. J. 1664 drang Kara Mustapha unter schlauer Benutzung der unter Leopold ausgebrochenen Unruhen in Ungarn mit seinem Heere vor, unterjochte das südliche Ungarn, belagerte Wien i. J. 1683 und hätte es fast erobert. Damals rettete der Pole Sobiesky die österreichische Hauptstadt durch seinen Sieg über die Türken vor den Thoren Wiens. Mit vieler Mühe wurde i. J. 1699 nach wiederholten Siegen des Prinzen Eugen die Türkei im Frieden zu Karlowitz gezwungen, die von ihr besetzten Teile Österreichs wieder zu räumen. Nur mit Aufbietung aller Kräfte hatte damals das Abendland es erreicht, dem Siegeszug der türkischen Waffen eine Schranke zu setzen.

Wir sehen nun, wie die türkischen Eroberer sich gegen die Christen verhielten.

§ 2.

Die Türken und die Christen. Mohammed II. Gennadios.

Der Koran gebietet den Mohammedanern als erste und wichtigste Aufgabe den Krieg gegen die Ungläubigen und ihre gewaltsame Bekehrung zum Islam. Aus politischen Gründen aber schonten anfangs die Türken nach der Einnahme Konstantinopels die Christen und begünstigten aus demselben Grunde ihren Anschluss an die Lateiner. Der Mohammedaner Murat besonders war auch litterarisch gegen die Synode zu Florenz thätig! Grausamkeiten verübten die Türken nach der Eroberung allein gegen einige vorzügliche Männer, wie Notaras, den König von Serbien und David den Komnenen, den Beherrscher von Trapezunt.

Kurz vor der Eroberung Konstantinopels hatte der Patriarch

Athanasios sein Amt niedergelegt. Deshalb ordnete der neue Herrscher Mohammed II. mit dem Beinamen der „Eroberer“ die Neuwahl eines geistlichen Oberhauptes an. Auf diese Weise beabsichtigte er zugleich, Vertrauen zu seiner Regierung einzuflössen.

Der Geschichtsschreiber Phrantzes (*Χρονικ.* III, 19, 111. Venet. 1733 fol.), welcher damals lebte, versichert, er habe dies nur gethan, um die Einwohner wieder nach Konstantinopel zurückzuziehen. Ihre Flucht nach der Einnahme hatte beinahe eine völlige Verödung der Stadt herbeigeführt. Es versammelten sich schliesslich auch einige Bischöfe und andere Kleriker und Laien und wählten den Georgios Scholarios, obwohl er noch nicht unter den Klerus aufgenommen war,[1] um seiner Gelehrsamkeit und Weisheit willen. Gennadios, so wurde Scholarios als Patriarch genannt, zeigte sich seiner Wahl würdig und erwarb sich einen grossen Namen. Der Sultan überhäufte ihn mit grossen Ehren und befreite ihn und seine Nachfolger sowie die Bischöfe im allgemeinen von allen Steuern und Abgaben (Phrantzes *Χρονικ.* III, 19). Er erkannte den Patriarchen auch als Oberhaupt aller Griechen oder Romaeer an, wobei man natürlich nur an die Christen orthodoxen Bekenntnisses zu denken hat, und übergab ihm auch die bürgerliche Gerichtsbarkeit über sie. Der Bestand der Synode und die Rechte derselben blieben unverändert. Die vorhandenen Kirchen wurden als Besitz der Christen anerkannt, allein neue Kirchen zu bauen war ihnen versagt. Keiner konnte gezwungen werden, den Islam anzunehmen. Auch wurde die Kirche in ihrem Besitzstand und Eigentumsrechten nirgends geschmälert. Die Bischöfe hatten das Privilegium der Jurisdiktion bei allen Streitigkeiten unter Christen und konnten selbst nur vor dem Divan verklagt werden. Da die türkischen Richter nach dem Koran richteten, war es unmöglich, die Christen unter ihre Gerichtsbarkeit zu zwingen. Nur bei Strafsachen wurden die Christen vor die

---

[1]) Nach Philippos Kyprios. (*Χρον. ἑλλ. ἐκκλ.* 335. Lps. et Francf. 1687.) Nach Le Quien und anderen Schriftstellern war er bereits vor der Einnahme Mönch geworden und Gennadios genannt. (Le Quien, Oriens christ. I, 312.)

türkischen Gerichte gestellt. Die Jurisdiktion über die untere Geistlichkeit war in die Hand ihrer geistlichen Oberen gelegt, in Strafsachen wurden sie zuerst von ihrer geistlichen Behörde verhört, und dann den staatlichen Organen überwiesen.

Auch die Verwaltung der Schulen und der übrigen Gemeindeangelegenheiten wurde den Bischöfen und Vorstehern dieser Gemeinden überlassen. Diese Zugeständnisse des „Eroberers“ wurden auch von seinen Nachfolgern bestätigt und in dem „Berat“ des neuen Patriarchen jedesmal genau niedergeschrieben. So gewannen durch diese Zugeständnisse des Herrschers der Patriarch und die obere Geistlichkeit in jeder Weise eine viel grössere Machtbefugnis, als sie bis dahin besessen.

Aber nach kurzer Zeit begann die Kirche zu fühlen, dass sie unter dem Druck der feindlichen und barbarischen Herrschaft der fremden Eroberer ihrem Verfall entgegenging. Man begann die Kirchen zu berauben. Die altehrwürdige Kirche der Apostel Petrus und Paulus, die von Konstantin d. Gr. zur Gruft der Herrscher bestimmt war, befahl der Sultan zu zerstören und auf derselben Stelle eine Moschee zu errichten. Auch die Hagia Sophia und andere Kirchen verwandelte man in Moscheen. Das Patriarchat wurde in ein Kloster verlegt, in die Kirche der Pammakaristos, von wo es i. J. 1586 nach Xyloporta in die Kirche des heiligen Demetrios übersiedeln musste, bis es endgültig i. J. 1603 in der Kirche des heiligen Georgios seinen bleibenden Sitz fand. Die Bedrückung der Kirche nahm von Tag zu Tag zu, so dass sich nach kurzer Zeit der Patriarch Gennadios gezwungen sah, sein Amt niederzulegen.

Der Nachfolger des Gennadios im Patriarchat, Isidoros, hatte ein schreckliches Ende. Er weigerte sich, die rechtswidrige Ehe eines mohammedanischen Magnaten mit der Tochter des Fürsten von Athen anzuerkennen. Auch den zweiten Nachfolger des Gennadios im Patriarchat, Joasaph, wollte der „Eroberer“ zwingen, eine rechtswidrige Ehe zu sanktionieren. Als Joasaph sich weigerte, die kirchlichen Satzungen zu übertreten, wurde er abgesetzt und durch Abschneiden seines

Bartes vergewaltigt, während gleichzeitig sein grosser Ekklesiarch Maximos, der spätere Patriarch, der sich nicht hatte bestimmen lassen, den Patriarchen von seinem Entschluss abzubringen, durch Abschneiden der Nase geschändet wurde. Das Amt eines Patriarchen war nach alledem, wenn auch das höchste in der Christenheit, doch wenig beneidenswert. Die mohammedanischen Herrscher, die nach Willkür Patriarchen ernannten und absetzten, begannen jedesmal von dem neuen Patriarchen reiche Geschenke zu fordern. Auf diese Weise gewann die Simonie fast bei jeder Wiederbesetzung immer mehr Raum. Und da die Sultane und ihre Umgebung aus diesem Wechsel Nutzen zogen, riefen sie einen solchen öfter hervor. Dieser Zustand verschlimmerte sich sehr schnell, um das 17. Jahrhundert hatte das Uebel seinen höchsten Gipfel erreicht; von 1625—1700 zählte man nacheinander 50 Männer auf dem Patriarchenstuhl. Da die Patriarchen keinen anderen Ausweg sahen, als die unersättliche Habgier ihrer Herrscher, die immer neue Geschenke forderten, zu erfüllen, waren sie auch ihrerseits gezwungen, durch Verkauf der kirchlichen Würden von ihren Bischöfen und Klerikern Geld zu erpressen. Ebenso verfuhren die Bischöfe mit den ihnen untergeordneten Klerikern, der niederen Geistlichkeit, die durch diese Umstände gleichfalls gezwungen war, auf geeignete Mittel zu sinnen, um von dem Volke Geld und immer wieder Geld zu erpressen.

Der Übermut der Mohammedaner war gross und ihre Vorrechte mehrten sich von Tag zu Tag, auf der anderen Seite aber nahm die Bedrückung der Christen zu und ihre Rechtlosigkeit ging bald ins Grosse. Es war den Christen verboten, gegen Mohammedaner vor Gericht als Zeugen aufzutreten. Sie hatten alle mit alleiniger Ausnahme der Kleriker und der Krüppel eine Kopfsteuer zu entrichten. Kein Christ hatte die Ehre, ins Heer eintreten zu dürfen, keiner konnte ein öffentliches Amt bekleiden, keiner Richter in einem Gerichtshof sein, keiner, der einmal zum Islam übergetreten war, durfte bei Todesstrafe zu seinem alten christlichen Glauben zurückkehren. Dieselbe Strafe traf auch die Mohammedaner, die zum Christentum übertreten wollten. Die unterworfenen

Christen (Rajah) mussten sich auch durch geringere Kleidung von der herrschenden Bevölkerung unterscheiden, es war ihnen verboten, dieselbe Tracht wie die Mohammedaner zu tragen. Sie durften ferner weder ein gesatteltes Ross haben noch Waffen tragen, ebensowenig durften sie ihren Namen in den Stein ihres Fingerringes eingraben lassen oder in ihren Häusern sich streiten und laut singen. Die Kirchen durften äusserlich kein Kreuz tragen, auch Glockengeläut war verboten.

So jammervoll war viele Jahrhunderte lang nach dem Fall Konstantinopels die Lage der Christen. Die Quelle aller dieser Leiden war, abgesehen von dem Fanatismus der Mohammedaner, ganz besonders ihr Nationalstolz, und zugleich sollte diese Behandlung die Unterdrückten in die Arme des Mohammedanismus führen. Aber trotz all dieses Elends blieben die Christen ihrem väterlichen Glauben einmütig treu. Wir haben viele Beispiele neuer Blutzeugen, die die fanatischen Mohammedaner mit Gewalt zur Annahme des Islams zwingen wollten und die mit einem an die Märtyrer der ersten Jahrhunderte erinnernden Todesmut lieber einen qualvollen Tod erlitten, als dass sie Christum verleugneten.

§ 3.

Selim I. Die Janitscharen.

Unter Selim I. drohte den Christen innerhalb des Machtbereichs der Türken die Gefahr einer allgemeinen Verfolgung. Dieser Sultan hatte dem Mufti die Frage vorgelegt, was der Seele mehr helfe, den Erdkreis zu unterwerfen oder die unterworfenen Christen zum Islam zu bekehren, und hatte eine Antwort empfangen, die ihn das letztere thun hiess. Deshalb befahl er dem Grosswesir unverzüglich alle Kirchen in Moscheen umzuwandeln, den christlichen Gottesdienst zu verbieten und über alle Christen, die sich weigerten zum Islam überzutreten, die Todesstrafe zu verhängen (1520). Nur durch die Bitten des damaligen Patriarchen Jeremias I., der sich auf die feierlichen Versprechungen Mohammeds II. berief und hierfür drei greise Janitscharen, die sich aus den Tagen der Eroberung Konstantinopels noch fanden, als Zeugen aufführte, wurde dieser furchtbare Befehl widerrufen. Der Sultan befahl schliesslich nur, alle Kirchen Konstantinopels in Moscheen umzuwandeln, und überliess es den Christen, neue Kirchen zu bauen, die aber nur von Holz sein durften. [1]) Sei es, dass dieser Befehl nicht gewissenhaft befolgt wurde, sei es, dass die Christen mit vielen Opfern wieder neue Kirchen bauten, Murat III. gab i. J. 1577 auf das Drängen des Mufti wieder den Befehl, die Kirchen Konstantinopels in Moscheen umzuwandeln, weil ohne Zweifel die Privilegien, die einst der Eroberer zugestanden hatte, in einer Zeit gegeben seien, in der Konstantinopel leer war und die Stadt mit christlichen Bewohnern bevölkert werden musste. Wieder waren gewaltige Geldsummen nötig, um die Ausführung dieses Befehls zu hindern (a. a. O. II, 510). Auch Mohammed III. konnte nur mit vieler Mühe durch Vermittlung des französischen Gesandten von der Umwandlung sämtlicher Kirchen auf Chios in Moscheen abgehalten werden (a. a. O. 636). Unter diesen Herrschern hatte die Lage der Christen den Höhepunkt ihres Elends erreicht.

Die schwerste Wunde fügte die zwangsweise Einstellung christlicher Kinder in das Korps der Janitscharen (*γιένι τσέρι* = *νέον τάγμά* = neue Truppe) den Christen zu. Diese Truppe existierte seit 1320 und bestand aus Renegaten, zum Islam übergetretenen Christen. Sie vermehrten nicht nur die Zahl der Mohammedaner, sondern es lag auch dem Sultan daran, eine Macht zu besitzen, auf deren Treue er sich verlassen konnte, zumal für gewöhnlich die aus geborenen Türken bestehenden Truppen diese Tugend nicht besassen. Die schönsten und körperlich bevorzugtesten Kinder christlicher Familien in den Bezirken der europäischen Türkei, besonders in Albanien, Epiros und Nordgriechenland wurden zu diesem Zwecke geraubt, zur Annahme des Islam gezwungen und wie Türken erzogen. Diese gewaltsame Sammlung christlicher Kinder, die „Paedomazoma“ hiess, entrollt uns ein Bild grauenvollster Schändlichkeit. Oft wurden mehr Kinder, als nötig

---

[1]) Vgl. Hammer, Geschichte des osm. Reiches I, 814.

waren, geraubt und der Überschuss von den türkischen Beamten als Sklaven verkauft, und da oft die Reicheren die Freilassung ihrer Kinder mit Geld erkauften, traf das Unglück für gewöhnlich die Ärmeren. Anfangs nahm man Kinder von 6—7 Jahren. Deswegen verheirateten viele Eltern ihre Kinder in dem jugendlichen Alter von 8, 9 und 10 Jahren, um dem drohenden Geschick zu entgehen, aber nicht immer gelang diese List. Viele traten nur zum Schein zum Islam über, um von dieser Last befreit zu sein, allein auch dies nützte nicht immer. Die Küstenbewohner schickten ihre Kinder absichtlich ausser Landes, um sie vor jener Gefahr zu bewahren. Viele Mütter wünschten, ihre Kinder möchten lieber sterben, als den Armen der Eltern und dem Christentum entrissen werden.[1])

Das Janitscharenkorps, dasselbe, was einst zur Zeit der römischen Kaiser die Prätorianer waren, kam schnell zu grosser Macht in der Türkei und machte auch den Sultanen gegenüber seinen Willen geltend. Als Osman II. (1622) sie auflösen wollte, sein Plan aber verraten wurde, entstand eine Revolution, in der der Sultan seinen Tod fand. Sein Nachfolger Murat IV. suchte das Janitscharenkorps zu reformieren und verbot deshalb die Einstellung christlicher Kinder, worüber die Christen ja so aufgebracht seien (1638). Allein diese für die Christen so furchtbare und nachteilige Truppe bestand bis zur Neuzeit und wurde nur gewaltsam mit knapper Not 1826 von Mahmut II. aufgelöst.

Die Türken wandten sich mit ihrem Übermut und ihrer Verachtung gegen alle Christen, gleichviel welcher Konfession. Oft bedrohten sie ganze Ortschaften mit dem Tode, mordeten ihre Bewohner und brannten die Wohnungen nieder. Mit solchen Mitteln gelang es ihnen, eine gewaltige Menge zumeist anatolischer, albanischer und slavischer Christen zur Annahme des Islams zu zwingen.

Allenthalben beförderten die Sultane diese Renegaten oder zum Islam übergetretenen Christen mit Absicht in die höchsten Ämter, denn sie waren sehr intelligent und tüchtig

---

[1]) Paparregopulos, *ἱστορ. ἑλλ. ἔθνους* V, 479.

und bewiesen auch viel religiösen Eifer. Besonders in Albanien war der Abfall von der christlichen Religion wegen der völligen Unwissenheit dieses Volkes häufig. In Albanien war es $^{1}/_{2}$, in der Herzegowina und in Bosnien aber $^{7}/_{10}$ bis $^{8}/_{10}$ der Bevölkerung, die mit Gewalt zu Mohammedanern gemacht wurden. In Albanien traten in der kurzen Frist von 30 Jahren, etwa von 1620—1650, circa 300 000 Albaner zum Islam über.

Dagegen bewahrten die Griechen, die im Verhältnis mehr religiöse Bildung besassen, ebenso auch die griechisch gebildeten (hellenisierten) Walachen, Albaner und Bulgaren dem christlichen Glauben mehr Treue. Nur in Kreta liess sich eine bedeutende Zahl von Christen zum Glaubenswechsel zwingen.

Noch trauriger lagen die Verhältnisse in Kleinasien und den Binnenländern des Orients. Viele Bewohner Kleinasiens wurden gewaltsam mit Feuer und Schwert, besonders in Teilen Ikonions, Kotyaeons und Prussas zum Islam getrieben. Überall verlangte man den Gebrauch der türkischen Sprache und wendete, um diese Absicht zu erreichen, unter anderen das wirksame Mittel an, den griechisch Redenden die Zunge auszuschneiden. Viele Tausende mussten diese Strafe erleiden.

Auch in Kreta begannen die Sieger nach der Eroberung der Insel i. J. 1670 und der Vertreibung der Veneter, die erst nach langen und schweren Kämpfen gelang, die Bewohner mit Gewalt zu Mohammedanern zu machen. An einem einzigen Tage beschnitten sie 15 000 Christenkinder. Die meisten davon starben, die Überlebenden wurden ihren Eltern und Geschwistern entrissen und blieben Mohammedaner. Bei derselben Gelegenheit verteilten die Türken gegen drei Millionen Piaster im Lande, um auch auf diese Weise das Volk zum Übertritt zu bewegen. Damals traten viele Bewohner Asiens und Kretas, um ihr Leben zu retten, äusserlich zum Islam über, blieben aber heimlich Christen.

Wenn man alles dies ins Auge fasst, braucht man sich nicht zu wundern, wenn oftmals viele tausend orientalische Christen der Gewalt gehorchend ihren Glauben verliessen, um so mehr aber dürfen wir die vielen Millionen bewundern, die auch die grauenvollsten Bedrückungen und jahrhundertelangen Verfolgungen der Mohammedaner dem Glauben ihrer Väter nicht untreu zu machen vermochten.

§ 4.

Die Christen in der Türkei unter der Protektion Russlands und der europäischen Mächte.

Die Verhältnisse änderten sich und eine bemerkliche Besserung trat ein, als Peter d. Gr. sich aus politischen Gründen zum Schirmherrn aller orthodoxer Christen der Türkei erklärte. Russlands Unternehmungen gegen die Türkei standen im engsten Zusammenhang mit seinem dringenden Bedürfnisse, in den Besitz der Nordküste des Schwarzen Meeres zu kommen. Deshalb wollte Russland Aufstände in der Türkei erregen und diese so schwächen. Doch übernahm Russland die Protektion über die Christen des Orients auch um des gleichen Glaubens willen, ähnlich wie Frankreich über die Katholiken. Während Peter d. Gr. und Anna die Griechen in Revolution zu verwickeln und so nach und nach ihrem Staate einzugliedern beabsichtigten, suchte Katharina II., die nach praktischeren Gesichtspunkten handelte, den Orient in eine Anzahl kleiner unabhängiger, aber von Russland beeinflusster Staaten zu trennen.

Es war unzweifelhaft, dass seit Peters d. Gr. Zeiten die Griechen neuen Mut schöpften. Bereits im Jahre 1700 sandte Peter d. Gr. eine Denkschrift an die Pforte, in der er die Unterdrückungen der Griechen, Walachen, Bulgaren und Serben seitens der Türken tadelt. Seitdem wurde die Zahl der mit Gewalt zum Islam Bekehrten geringer. In den späteren Verträgen zwischen Russland und der Pforte verlor man das Schicksal der Rajahs nicht aus dem Auge. Seitdem fand die Mehrzahl der verfolgten orientalischen Christen in Russland Zuflucht und Beistand. Auch unterstützte Russland griechische Wissenschaft und griechische Gelehrte aus politischen Gründen.

Im Kriege von 1736 versuchte Graf Münnich die griechische

Bevölkerung zum Aufstand zu bewegen. Katharina II. bediente sich zur Ausführung ihrer Zwecke der Orloffs. Eine Proklamation aus dem Jahre 1770 versuchte alle griechischen Christen zum Kampfe für die christliche Religion und damit zur Revolution aufzureizen.

Im Frieden von Küčük Kainardži in Bulgarien i. J. 1774, durch welchen Katharina II. Russland zur Grossmacht erhob, wurde der Pforte das Zugeständnis abgezwungen, die Christen nicht mehr zu bedrücken und auch zu dulden, dass diese vorkommenden Falls bei dem russischen Gesandten Beschwerde führten. Diese Zugeständnisse wurden im Vertrag zu Jaši (1792) unter Katharina II., in Bukarest (1809) unter Alexander I. und in Adrianopel (1829) unter Nikolaos I. erneuert.

Seitdem begannen auch die westeuropäischen Mächte die Katholiken und Protestanten in der Türkei zu schützen. Diese Protektion gewährte den Europäern grossen Nutzen, war aber den griechischen Christen nur von Nachteil. Auch der Schutz Russlands nützte den in der Türkei wohnenden Christen nicht immer und oft war es augenscheinlich, dass diese Macht vorzugsweise ihr eigenes Interesse sorglich im Auge behielt. So wurde i. J. 1770 der Peloponnes, der den Aufreizungen Russlands Gehör geschenkt und sich gegen die Türken empört hatte, schutzlos der Rache des Siegers überlassen, 15,000 Albaner verwüsteten 9 ganze Jahre das Land.

Immerhin gestaltete sich die Lage der Christen infolge des russischen Einflusses vom Anfang des 18. Jahrhunderts an etwas besser. Seit dieser Zeit hörte die Türkei auf waffenfähig zu sein, sie musste sich mehr auf diplomatische Verhandlungen beschränken. Da aber die Griechen in der Mehrzahl in den von ihnen gegründeten Schulen (seit Ende des 17. Jahrhunderts) eine gute Bildung genossen hatten und so zu diplomatischen Geschäften das meiste Geschick besassen, wurden sie in die höchsten diplomatischen Aemter berufen. Viele, besonders Angehörige der Aristokratie der reichen Phanarioten, bekleideten die höchsten Staatsämter (besonders als Dolmetscher bei der Pforte und bei der Flotte). Männer aus diesem Geschlechte waren es auch, die den Thron in den Donaufürstentümern Walachei und Moldau einnahmen. Unter ihrem Schutz blühte hellenische Bildung und jene Länder wurden Zentren des Hellenentums und christlicher Bildung. Seit dem 19. Jahrhundert begannen die Christen des Orients und zumeist die Griechen auch materiell in bessere Lage zu kommen, sie trieben an vielen Orten Handel und Industrie.

Während aber so die Christen emporkamen und sich kräftigten, fielen dagegen die Türken Tag für Tag immer mehr in Armut und Schwäche.

§ 5.

Die Kirche und der griechische Aufstand.

Nach Ausbruch des griechischen Aufstandes wurde, wie vorauszusehen, das Verhältnis der türkischen Machthaber zu den Christen ein äusserst erbittertes. Die griechische Kirche musste damals grosse Bedrückungen erleiden. Dass der griechische Klerus in seiner Gesamtheit sich der Idee einer griechischen Volkserhebung angeschlossen und sich von Anfang bis zum Ende als Mitkämpfer an dem Aufstand beteiligte, reizte die Türken aufs äusserste gegen die Christen. Auch vor dem grossen Aufstande des Jahres 1821 war der Klerus durchweg an jeder bewaffneten Volkserhebung mit vielem Eifer beteiligt gewesen. Nach Paparregopulos hatte der Klerus, besonders die Bischöfe, in den wiederholten Aufständen der Griechen gegen die Türken in dem langen Zeitraum von 1453—1821 häufig eine hervorragende Stellung, sie waren oftmals Anführer der Aufständischen und alle Zeit Waffengefährten der Armatolen. So traten in dem grossen Aufstande gegen die Türken im Peloponnes und dem übrigen Griechenland die Bischöfe Philotheos von Salona, Hierotheos von Theben, Ambrosios von Evvia und Makarios von Larissa (1684) als Waffengefährten der Veneter hervor. In demselben Kampfe führte Timotheos Typaldos, Bischof von Kephallenia, eine Truppe von 150 Priestern und Mönchen. Kurz vor d. J. 1821 riefen Priester und Mönche, die dem „Bund der Freunde“ angehörten, von Land zu Land eilend das hellenische Volk für Glauben und Freiheit zu den Waffen. Dieser Kampf zeigte nicht bloss einen nationalen, sondern auch einen religiösen Charakter. Während der Dauer desselben kämpften die Geistlichen überall in der ersten Reihe.

Wegen dieses Aufstandes wurde der Patriarch Gregorios V. am 22. April d. J. 1822, am Osterfeste, nach Beendigung des Gottesdienstes ergriffen und vor den Thoren des Patriarchats erdrosselt und wurde so der erste Blutzeuge der griechischen Freiheit. Der Leichnam des Patriarchen blieb 3 Tage hängen und wurde dann den Juden übergeben, die ihn durch die Strassen schleiften und ins Meer warfen. Allein in der Nacht holten ihn die Griechen wieder heraus und brachten ihn auf einem jonischen Fahrzeug nach Odessa, wo er mit grosser kirchlicher Pracht beerdigt wurde, nachdem ihm der berühmte kirchliche Redner Oikonomos die Gedächtnisrede gehalten.

Gregorios war in Athen ein Schüler des Demetrios Vodas und auf Patmos des Daniel Keramevs. Kurze Zeit zog er sich in die Einsamkeit der Strophadeninseln zurück. 1784 wurde er Metropolit von Smyrna, darauf dreimal Patriarch in den Jahren 1798, 1806 und 1819. Zweimal ging er durch die Hinterlist seiner Feinde, denen er zu streng war, seines Amtes als Patriarch verlustig, zuletzt verbannte man ihn auf den Hagion Oros. Er wandelte in den strengen Sitten der Väter.

Er war zwar nicht im Besitze einer tiefen Bildung, liebte aber die Wissenschaft, so gab er Übersetzungen der Homilien des Basilios (über das Sechstagewerk) und des Chrysostomos (über das Priestertum) heraus. Ferner errichtete er die zweite Buchdruckerei nach der des Lukaris in Konstantinopel und unterstützte durch Rundschreiben und andere geeignete Mittel die allgemeine Bildung. Ein Beispiel seiner Menschenliebe ist ein Opferkasten, den er für die Armen aufstellte. Freiwillig erlitt er den Tod für sein Volk, denn obgleich er ihn vor Augen sah, war er nicht von seinem Posten gewichen, denn seine Flucht wäre das Signal zu einem allgemeinen Blutbad unter den Christen geworden. Im Jahre 1871 brachte man seine sterblichen Ueberreste mit grosser Feierlichkeit nach Athen. Ihm zu Ehren wurde vor dem Säulengang der

Universität seine Bildsäule aufgestellt als ein hehres Vorbild reinster Vaterlandsliebe für die studierende Jugend und vor allem für die jungen Kleriker.

Mit ihm zugleich wurden an demselben Tage auch die Erzbischöfe von Ephesos, Nikomedia und Anchialos in verschiedenen Teilen der Stadt enthauptet. Dasselbe Schicksal hatte auch Kyrillos, der Metropolit von Adrianopel mit 12 anderen höheren Klerikern. Im Mai desselben Jahres wurde der Erzbischof von Kypern erdrosselt und drei Bischöfe wurden enthauptet und in Kreta wurden bei der Feier des Osterfestes der Erzbischof und fünf Bischöfe am Altar totgeschlagen, ausserdem einer erdrosselt. So gewaltige Opfer brachte die Kirche für die Freiheit des Vaterlandes!

In die Reihen der kämpfenden Brüder eilten von allen Seiten her zahlreich die Kleriker, war doch auch die Mehrzahl der Anführer im Kampfe geistlichen Standes. Der erste war Papaphlesas „Dikaeos", der als Gesandter des Alex. Ypsilanti (1820) die Bewohner des Peloponnes zum Aufstand rief. Dieser Papaphlesas fiel später als ein zweiter Leonidas im Kampfe gegen die Truppen Ibrahims in Maniaki. Germanos, Bischof des alten Patras segnete die von ihm erhobene Fahne des Aufstandes im heiligen Lavrakloster. Diakos verherrlicht von neuem die Thermopylen. Die Bischöfe Theodoretos von Vresthena, Jesajas von Salona, Joseph von Andrusa, Neophytos von Talantion, Neophytos von Karystos und andere kämpften als Anführer von Truppen, während Konstantas, Gasis, Pharmakidis, Vamvas, Anthimos Bischof von Helos, Kairis, die Bischöfe von Vudunitza und Lidoriki und andere Bischöfe die Volksversammlungen leiteten und die Verwaltung von Hellas während der Zeit der Aufstandes besorgten. Auch die Klöster waren am Kampfe gegen den Feind beteiligt, besonders das Kloster Mega-Spiläon. Selbst die Klöster des Hagion-Oros beteiligten sich anfänglich am Aufstand, liessen aber, als sie deshalb hart bestraft wurden, bald Eifer und Ausdauer vermissen. Sie wurden nicht nur gezwungen Geiseln zu stellen und $2^1/_2$ Millionen Piaster zu erlegen, sondern auch eine türkische Garnison aufzunehmen, die während des ganzen Krieges daselbst blieb.

Der Aufstand erregte den türkischen Fanatismus in seinen tiefsten Tiefen und die Christen des Orients hatten Verfolgungen allerschlimmster Art auszustehen.

Der Aufstand war zuletzt von gutem Erfolg gekrönt. Die Heldenthaten zu Wasser und Lande, die an die Tage von Marathon, von den Thermopylen, Salamis und Mykale erinnerten, die Blutbäder von Chios, Psara und Kasos, die heldenmütige Verteidigung und endliche Zerstörung Missolonghis und die anderen unzählbaren Leiden des kleinen, gegen eine gewaltige Übermacht für die Freiheit kämpfenden Volkes erregten in Europa Staunen und Erschütterung.

Philhellenen eilten überallher nach Hellas und am Ende sahen sich die europäischen Mächte gezwungen, einzuschreiten und den rebellierenden Griechen die Freiheit zu sichern. Bei Navarin wurde die türkische Flotte von den vereinigten Flotten Englands, Frankreichs und Russlands verbrannt. Maison reinigte mit den französischen Truppen den Peloponnes von den Scharen Ibrahims (1828). Die gegen die Türken siegreichen Russen verlangten in dem Vertrag zu Adrianopel (1829) die Anerkennung der Unabhängigkeit Griechenlands. Durch den Londoner Staatsvertrag v. J. 1830 wurde Griechenland ein unabhängiges Königreich.

Seitdem begann die Lage der Christen im Orient definitiv eine Wendung zum Besseren zu nehmen. Der Aufschwung von Hellas wirkte auf die Entwicklung des ganzen griechischen Volksstammes im Orient ein. Der Grundstein zu der baldigen Befreiung des ganzen griechischen Volkes war gelegt. Diese Wendung zum Besseren wurde noch verstärkt durch die gleichzeitige Befreiung von Serbien und Montenegro nach gleichfalls heldenmässigem Kampfe gegen die Türken, durch welchen Serbien und Montenegro bedingte Unabhängigkeit erlangten. Die Donaufürstentümer der Walachen erfreuten sich schon früher einer Art von Unabhängigkeit, den Bulgaren gelang dies erst später.

So begannen die christlichen Völker des Orients emporzusteigen, die Türken dagegen sanken abwärts und verfielen in Schwäche. Ihre Existenz im Orient verdanken sie nur noch der Uneinigkeit der Grossmächte.

§ 6.

Die Reformversprechungen der türkischen Herrscher. Hatti Humagiun.

Nach dem Aufstand begannen die Verhältnisse sich zu bessern, wozu auch die von Mahmut II. durchgeführte Auflösung der Janitscharen (1826) viel beitrug. Denn diese waren es, die hauptsächlich den religiösen Fanatismus gegen die Christen gepflegt hatten.

Abdul Mezid war ein Freund der Reformbestrebungen, er versprach durch den Hatti Serif v. J. 1833 seinen christlichen Unterthanen Unverletzlichkeit des Lebens, der Ehre und des Besitzes, beschränkte sich jedoch nur auf Versprechungen.

Unter diesen Umständen stellten die Europäer seitdem den direkten Schutz ihrer Glaubensgenossen offenbar als völlig überflüssig ein und proklamierten i. J. 1841 als eine notwendige Forderung des europäischen Gleichgewichts die Unverletzlichkeit der Türkei. Im J. 1853 wurde ein neuer Hatti Serif betreffs der Christen veröffentlicht.

Nur Russland begnügte sich nicht mit diesen leeren Versprechungen, fuhr vielmehr um des gleichen Glaubens willen und auch aus politischen Gründen fort, sich für die anatolischen Christen ins Mittel zu legen und geriet aus diesem Grunde i. J. 1854 in offenen Bruch mit der Pforte. Die Veranlassung zu diesem Bruche gab der Streit der Orthodoxen und der Lateiner über die heiligen Orte in Palästina. Schon seit Anfang des 19. Jahrhunderts war unter den Christen der verschiedenen Bekenntnisse im Stillen ein Streit über das Besitzrecht der heiligen Orte in Palästina ausgebrochen, besonders wegen der Auferstehungskirche über dem heiligen Grabe und der heiligen Grotte in Bethlehem. Veranlasst wurde der Streit durch die Frage, wer das Recht habe, die Auferstehungskirche, die allerdings dem Einfalle nahe war, wieder auszubessern und den silbernen Stern der Magier in der Kirche zu Bethlehem, den man gestohlen hatte, wieder zu erneuern. Denn, wer die Erneuerung übernahm, schien das

Besitzrecht zu haben. Die Pforte nahm die Instandsetzung selbst in die Hand und übergab die Schlüssel gemeinsam den Griechen und Katholiken. Der Streit aber hörte nicht auf. Im J. 1846 wurde der Besitz der Grotte schliesslich den Orthodoxen zugesprochen, da sie diese seit uralten Zeiten besessen hatten. Die Lateiner aber bestritten dies, der französische Gesandte in Konstantinopel verlangte dafür das Besitzrecht über die Kirche in Bethlehem und einige Teile des grossen Gewölbes der Auferstehungskirche. Dies geschah unter Ludwig Philipp. Nach 1848 aber zog die Pforte gegenüber den Forderungen Frankreichs gelindere Seiten auf und setzte einen Ausschuss bestehend aus Christen der verschiedenen Bekenntnisse ein. Dieser sollte die Ansprüche der Einzelnen prüfen und jedem gebührendermassen seinen Teil geben. Für die Orthodoxen trat damals die russische Regierung ein. Allein später wurde dieser Ausschuss, der zu keinem Resultat kommen konnte, durch eine türkische Kommission ersetzt. Diese fasste folgende Beschlüsse: das grosse Gewölbe solle, wie früher, gemeinsamer Besitz der Lateiner und Orientalen bleiben, das danebenliegende kleine Gewölbe solle allein den Griechen gehören, die Kirche zu Bethlehem den Orthodoxen allein, aber da in der unter der letzteren liegenden Höhle von Anfang an ein lateinischer Altar stand, solle den Lateinern gestattet sein, in derselben Gottesdienst abzuhalten. Die Bestimmungen dieser Kommission liessen sämtliche Beteiligte unbefriedigt.

Der Streit hierüber führte zu dem furchtbaren Kriege d. J. 1854, in dem die mit der Türkei verbündeten Staaten England, Frankreich und Sardinien gegen Russland kämpften. Die Pforte wurde zu neuen Zugeständnissen an die Christen gezwungen, bereits i. J. 1855 wurde durch Gesetz die Kopfsteuer abgeschafft und den Christen der Eintritt ins Heer gestattet. Der Vertrag, den die westlichen Mächte nach dem Kriege i. J. 1856 aufstellten, bestimmte beziehentlich des Streites über die heiligen Orte, es solle alles bleiben, wie es bis zum Kriege gewesen sei, so wie es die türkische Kommission festgesetzt hatte. So wurde von den Vertretern Englands und Frankreichs jenes berühmte Hatti Humagiun aufgestellt und durch die Pforte publiziert. Dieses beabsichtigte eine Besserstellung der Christen, d. h. es bezweckte ihnen gleiche Rechte mit den türkischen Unterthanen der Pforte zu verschaffen, die Verwaltung der Türkei nach dem Vorbilde der europäischen Staaten zu ordnen, ferner eine Revision der dem Patriarchen und den Bischöfen in den früheren Zeiten verliehenen Privilegien und ordnete ihre Gerechtsame nach Massgabe der Bedürfnisse und Fortschritte der Neuzeit ganz nach dem Beispiel der europäischen Staaten. Die politischen und kirchlichen Rechte der Bischöfe wurden streng geschieden, die ersteren waren ordentlichen konfessionell gemischten Gerichtshöfen übertragen, in denen alle Religionsparteien vertreten waren. Vor ihnen waren alle Unterthanen des Sultans ohne Rücksicht auf Nationalität und Konfession gleich. Dem Patriarchen samt seiner ihn umgebenden Synode blieb nur die rein geistliche Gewalt. Alle Angelegenheiten, die Klöster, Schulen, Ehescheidungen, Erbrecht und ähnliches betrafen, waren einem aus Geistlichen und Laien (*μικτὸν συμβούλιον*) „gemischten Rat" übertragen. Ferner sollten der Zehnte und die sonstige Besteuerung der Patriarchen und Bischöfe, soweit sie besoldet werden mussten, aufhören. Es wurde die völlige Gleichheit aller Unterthanen proklamiert, die Kopfsteuer abgeschafft, die Christen durften ins Heer eintreten und hatten Zugang zu den Staatsämtern, das Zeugnis der Christen sollte dem der Türken als gleichwertig gelten, es wurde volle Religionsfreiheit proklamiert und der Uebertritt vom Islam nicht mehr mit dem Tode bestraft.

Diese Bestimmungen des Hatti Humagiun stiessen in der Praxis auf mannigfache Schwierigkeiten und blieben deshalb bis heute grösstenteils toter Buchstabe, wenn auch seit 1857 auf Grund desselben die (*ἐθνικὴ συνέλευσις*) Nationalversammlung in Konstantinopel thätig war. Den Türken war es unmöglich, den Bestimmungen des Hatti Humagiun nachzukommen, denn erstlich konnten sie die völlige Gleichberechtigung der Christen niemals dulden, weil sie den Prinzipien des Korans widersprach, der den Anhängern des Islam die Herrschaft über die Giaurs oder Ungläubigen zuerkannte. Zweitens war dies unmöglich, weil die Türken wohl wussten, dass bei einer völligen Gleichstellung der Türken und Christen die letzteren wegen ihrer grösseren Bildung und Energie binnen kurzer Zeit alle wichtigen Aemter in Staat und Heer einnehmen und damit den Händen der Türken unmerklich die Macht entwinden würden.

Deswegen musste die Pforte auf eine treue Ausführung der Bestimmungen des Hatti Humagiun verzichten. Nur wenige Bestimmungen wurden thatsächlich ausgeführt, darunter die Errichtung des „gemischten Rates", der die Angelegenheiten der Christen, die nicht rein kirchlicher Art waren, zu untersuchen hatte, und die Errichtung der konfessionell gemischten Gerichtshöfe (*μικτὰ δικαστήρια*). Aber auch diese Gerichtshöfe trugen den Namen „gemischt" nur zum Scheine, da die Stimmen der christlichen und jüdischen Mitglieder fast nichts galten. Es war ferner durch den Hat des Sultan Religionsfreiheit proklamiert. Daraufhin bekannten einige, die bis dahin nur heimlich Christen gewesen waren, öffentlich ihren Glauben und traten zum Christentum über. Als aber die Türken merkten, dass eine grosse Zahl von zumeist in Kreta wohnenden Familien daran dachten, vom Islam zum Christentum überzutreten, liessen sie derartige Drohungen gegen sie laut werden, dass es unterblieb.

Die Blutbäder unter den Christen, i. J. 1858 in Hedjas in Arabien seitens der Türken, dann i. J. 1860 in Syrien seitens der fanatischen Drusen, zeigten, dass die Lage der anatolischen Christen auch nachher im allgemeinen gefährlich war, wenn es auch im Vergleich zu früher viel besser geworden war. Die Drusen waren gegen die Christen des Libanon und Syriens deswegen erbittert, weil die Maroniten in eins ihrer Dörfer eingefallen waren. Sie beabsichtigten damals die ganze Bevölkerung im südlichen Teil des Libanon zu vernichten und dehnten ihre Raubzüge bis in die Ebene aus. In Damaskus wurde der ganze christliche Stadteil niedergebrannt, gegen 3000 Christen ermordet, die Weiber und Kinder geraubt und gegen 200 Kirchen im Umkreis zerstört; 70 000 Menschen irrten obdachlos umher und 150 Dörfer und kleinere Städte wurden ausgeraubt und niedergebrannt. Zur Unterdrückung der Unruhen und zur Sicherheit der Christen rückte ein französisches Korps von 12000 Mann in Syrien ein und hielt einige Zeit das Land besetzt.

Die von Midat Pascha eifrig unterstützten Reformbestrebungen auf liberaler Grundlage, nach denen alle Unterthanen des Sultans unangesehen ihrer Religion vor dem Gesetz gleich sein sollten, sowie eine parlamentarische Regierung der Türkei blieben unausführbare Träume. Die Bedrückungen der Türken gegen die Christen dauerten fort.

Wegen des drohenden Aufstandes der Bulgaren griffen die ergrimmten Türken zu den Waffen und vollführten das schreckliche Blutbad zu Batak (1876), um deswillen der letzte russisch-türkische Krieg (1877—78) ausbrach. Derselbe lief zum Vorteil der anatolischen Christen aus und besonders zum Vorteil der Slaven, für die Russland ganz speziell aus politischen Gründen sorgte, befreite einen grossen Teil der Christen in der Türkei (die Serben, Walachen, Bulgaren, Bosnier, Herzegowiner, Thessalier und einen Teil von Epirus) vollständig vom türkischen Joch, den übrigen, die unter türkischer Herrschaft blieben, war im Berliner Vertrag (1878) Religionsfreiheit, Selbstverwaltung und Sicherheit des Lebens, der Ehre und des Besitzes garantiert. Es war dies jedoch gegenüber den früheren Verhältnissen keine sonderliche Verbesserung und die Lage der Christen in der Türkei blieb wesentlich dieselbe.

Hamit verfolgte offenbar die Absicht, den Christen jeden Anteil an den öffentlichen Angelegenheiten abzuschneiden, ihnen alle übrig gebliebenen Rechte zu entreissen, den Türken allenthalben die ausschliessliche Verwaltung des Staates zu übertragen und erstickte deshalb das Streben der unterworfenen Völker nach Selbstverwaltung vollständig. Um der Kirche alle Privilegien zu entreissen, verlangte er folgendes: Die hohe Geistlichkeit und der übrige Klerus solle ohne Voruntersuchung bei ihrer vorgesetzten geistlichen Oberbehörde nur von den gewöhnlichen Gerichten abgeurteilt werden, ferner sollten alle Rechtssachen betreffs Testamente, Erbschaften, Klostergüter nicht mehr in dem Gemischten Rat definitiv entschieden, sondern vor die türkischen Gerichte gezogen werden. Ausserdem versagte man der höheren Geistlichkeit das bisherige Recht, Sitz und Stimme in dem Provinzialrat (*ἐπαρχιακὸν συμβούλιον*) zu haben, in gleicher Weise auch dem Patriarchen das Recht, die im Gebrauch der Schüler befindlichen Bücher zu prüfen, verlangte vielmehr, diese Kontrolle dürfe nur durch die Organe der Pforte ausgeführt werden.

Gegen alle diese Massnahmen erhob der damalige ökumenische Patriarch Joakim III. Einspruch, weil dies ihren, von alters her der Kirche verliehenen und durch viele kaiserliche Erlasse verbrieften und versiegelten Privilegien widerspräche. Als aber die Pforte trotzdem darauf bestand, legte er sein Amt nieder (1884). Da auch die Synode unter diesen Verhältnissen die Neuwahl eines Patriarchen verweigerte, stellte sich die Pforte, als wolle sie nachgeben, und so kam es zur Wahl des Patriarchen Joakim IV. (1884—1887). Unter ihm wurde die Frage über die Privilegien nicht berührt. Unter Dionysios V. (seit 1887) zeigte sich die Pforte wieder herausfordernder und trat die Rechte des Patriarchen rücksichtslos mit Füssen. Eigenmächtig und ohne jeden Rechtstitel setzte man ohne Wissen des Patriarchen die Bischöfe von Serrae und Kastoria ab, erliess einen Ferman beziehentlich der bulgarischen Bischöfe von Ochrida und Skopia (1890) und verlangte sofortige Schliessung der kirchlichen Gerichte, die sich mit Testaments- und Erbschaftsangelegenheiten befasst hatten, beanspruchte die staatliche Aufsicht über die Schulen und die Vereidigung der Priester vor den türkischen Gerichten. So erhob sich von neuem unter energischem Widerspruch des Patriarchen der alte Streit über die Privilegien. Als aber die Pforte unerbittlich blieb, legte Dionysios sein Amt nieder, die Synode aber und der gemischte Rat (*ἐθνικὸν συμβούλιον*) protestierten und proklamierten am 4. Oktober 1890 den Verfolgungszustand der Kirche. Die Kirchen liessen sie schliessen, die Glocken schwiegen und nur die unbedingt notwendigen gottesdienstlichen Handlungen wurden zur Nachtzeit verrichtet.

Zuletzt zog die Pforte gelindere Saiten auf und gab zu folgendem ihre Zustimmung: die Testamentssachen u. s. w. sollten ihre endgültige Entscheidung vor der kirchlichen Obrigkeit erfahren, die Priester von ihrer geistlichen Behörde vereidigt werden und ihre Strafen an den erzbischöflichen

Sitzen abbüssen können, und nur wenn sie wegen eines Verbrechens ihres Amtes entsetzt würden, sollten sie den türkischen Gerichten übergeben werden, die Leitung des Schulwesens blieb in der Hand des Patriarchen und der Metropoliten, nur ein gewisses Aufsichtsrecht behielt sich die Pforte vor, nämlich wenn ihre Beamten etwas Unschickliches fänden, Abänderung desselben zu verlangen. Daraufhin wurden auf telegraphischen Befehl des Patriarchen am Morgen des heiligen Weihnachtsfestes (1890) alle Kirchen unter unaussprechlichem Jubel wieder eröffnet.

Allein die Unmenschlichkeit der ottomanischen Machthaber des Orients sollte sich bald in noch grauenvollerer Weise in dem unglaublichen und entsetzlichen Blutbad unter den Armeniern offenbaren. In den Jahren 1895 und 1896 regte die Bitte der in der Türkei wohnenden Armenier um Verbesserung der Verwaltung und einige geringfügige Unruhen, die in dem an der Spitze der Reformbestrebungen stehenden armenischen Komitee ihren Ausgangspunkt hatten, die Türken in Armenien auf. Besonders die wilden Kurden verübten gegen die Armenier derartige Schandthaten, wie sie die Geschichte nur äusserst selten und nur aus den dunkelsten Zeiten des Mittelalters berichtet. Ermordet wurden mehr als 100000 christliche Armenier, 2500 armenische Städte und Ortschaften wurden vernichtet, 568 Kirchen zerstört und 77 Klöster ausgeraubt. Von 646 Orten wurden über 20000 Bewohner gewaltsam zum Islam bekehrt, 320 Kirchen in Moscheen verwandelt, 190 Priester, die den Islam nicht annahmen, ermordet und 500000 andere Christen von Haus und Hof getrieben und aller ihrer Habe beraubt.

Die europäischen Grossmächte begnügten sich damit, dagegen zu protestieren! Diese Greuel aber erfüllten die Welt und gaben Kunde davon, wie überaus traurig noch heute das Schicksal der Christen unter türkischer Herrschaft ist.

Als die Türken i. J. 1896, um in Kreta die von den europäischen Mächten vorgeschriebene administrative Reform zu vereiteln, mit Brand, Raub und Mord vorgingen, griff das brave hochgemute kretische Volk zum 10000. Male zu den

Waffen und Hellas beeilte sich, seinen für die Freiheit kämpfenden Stammesgenossen zu helfen. Da dies gegen das Interesse der europäischen Mächte war, arbeiteten sie den Kretern und Hellas entgegen. Noch mehr, anstatt Hellas, das um Kretas willen mit der Türkei in einen ungleichen Kampf verwickelt war, in diesem heiligen Kampfe für die Freiheit zu helfen, unterstützten besonders Russland und Deutschland die Türkei durch Entsendung von Offizieren und Kriegsmaterial, so dass diese bei ihren unstreitig bedeutenderen Streitkräften den Sieg über Hellas gewinnen musste.

Kapitel 2.

Kirchliche Verfassung, Kultus, Sitten.

Litteratur. Le Quien, Oriens Christianus, Paris 1740. Schmitt, Krit. Geschichte der neugriech. und russ. Kirche, Mainz 1840. *Χρυσάνθου περὶ ὀφφικίων. Ἑνετιῃσι* 1778. *Ἔκθεσις ἐπιτροπῆς διορισθείσης ὑπὸ τῆς ἀντιβασιλείας ἐν Ἑλλαδι τῷ* 1883 *πρὸς ἐξέτασιν τῆς καταστάσεως τ῀ης ἐκκλησίας* (*Ἐν Σωζομ. Κ. Οἰκονόμου, ἐν Ἀθήναις* 1865 *T.B′* 137).

§ 7.

Das Patriarchat in Konstantinopel und seine frühere Verwaltung.

Der Patriarch von Konstantinopel hatte nach der Einnahme Konstantinopels nicht nur nichts von seiner Macht verloren, sondern seine Privilegien hatten sich noch vermehrt und seine Stellung im allgemeinen verbessert, zumal die übrigen Patriarchate des Orients bereits seit langer Zeit immer einflussloser geworden und gerade jetzt in immer grössere Machtlosigkeit gesunken waren.

Der Patriarch von Konstantinopel wurde, wie wir im vorhergehenden sahen, von Mohammed II. als Ethnarch der

Griechen und Orthodoxen anerkannt und ihm zugleich mit diesem Titel die grösste Machtbefugnis über alle Rechtsangelegenheiten der orthodoxen Christen des Orients zuerkannt. Der Patriarch, der nicht ohne den Einfluss des Sultans von der Kirche gewählt wurde, empfing nach seiner Ernennung von dem jedesmaligen Sultan ein Ehrengewand, ein weisses Ross und einen Stab.

Den Hofstaat dieses geistlichen Würdenträgers bildete die Synode, die mit ihm den höchsten Gerichtshof der orthodoxen Christenheit darstellte. Die Synode setzte sich zusammen aus den Würdenträgern des Patriarchats, dem Grosslogotheten, dem Vermittler aller Verhandlungen zwischen dem Patriarchat und der Pforte, dem Grossökonomos, der über den Schatz des Patriarchats zu wachen hatte, dem Sakellarios,[1]) der die Aufsicht über die Mönche und Klöster hatte, dem Sakellion, dem die Sorge für die Frauenklöster übertragen war, dem Protopappas (Oberpriester), ausserdem einigen Laien, von denen die meisten gewöhnlich den angesehensten Familien Konstantinopels angehörten. Diese Synode beriet mit dem Patriarchen über alle Angelegenheiten des Patriarchats und wählte ihn auch.

Mitunter versammelten sich um den Patriarchen *ἐνδημοῦσαι σύνοδοι* (ausserordentliche Synoden), die aus zufällig um ihrer eigenen Angelegenheiten in Konstantinopel anwesenden (*ἐνδημούντων*) Prälaten bestanden. Jedoch geschah dies sehr selten, weil wegen der ungeordneten Zustände und der Bedrückungen durch die Türken die Prälaten um ihrer persönlichen Angelegenheiten willen nur in Ausnahmefällen nach Konstantinopel kamen und daselbst auch nur kurze Zeit bleiben konnten. Deshalb ging auf die für gewöhnlich um den Patriarchen versammelte Synode, die aus Klerikern niederen Grades und aus Laien bestand, aller Einfluss über.

Die Rechte des Patriarchen, die in dem kaiserlichen Berat, der die Bestätigung des neuen Patriarchen enthielt, aufgeführt wurden, waren doppelter Art, geistliche und politische. Rücksichtlich der ersteren war ihm und seiner Synode die volle

---

[1]) Sacellum ist das Diminutiv von sacrum, also das kleine Heiligtum.

und höchste Gewalt über alle Kirchen und Klöster übertragen. Er beriet und beschloss mit der Synode in jeder Streitigkeit, die die kirchliche Lehre, den Kultus und die Verwaltung betraf; er konnte ferner die Absetzung jedes zu dem Umfange seines Patriarchats gehörigen Bischofs veranlassen, zumal die Pforte in zuvorkommendster Weise die nötigen Verordnungen veröffentlicht hatte; er hatte auch die strafrechtliche Gerichtsbarkeit über den ganzen ihm untergebenen Klerus; die Pforte konnte die angeklagten Kleriker nur mit seiner ausdrücklichen Einwilligung verhaften und ein Urteil über sie fällen.

Rücksichtlich der politischen Rechte hatte der Patriarch die absolute Gerichtsbarkeit in Ehesachen und war der zuständige Richter über alle bürgerlichen Rechtsstreitigkeiten, die die Christen seinem Urteil unterbreiteten. Er durfte auch dem Volke und dem Klerus zu kirchlichen Zwecken Steuern auferlegen und war berechtigt Polizeisoldaten zu halten. Der Patriarch gleichwie sämmtliche Kleriker waren von der gemeinen Steuer befreit, auch hatten er und die Bischöfe das Privilegium nur vor dem Divan gerichtet zu werden.

Der Berat der Ernennung garantierte der Kirche Eigentum und volle Freiheit in der kirchlichen Verwaltung. So erhielt wenigstens nach dem Buchstaben des Gesetzes der Patriarch wie der Klerus mehr Macht, als sie unter den byzantinischen Kaisern besessen hatten. Allein so oft die türkische Willkür dazwischen trat, war alle diese Macht nur zu oft leerer Schall.

Durch den Patriarchen in Konstantinopel kam und kommt die Pforte noch bis heute mit den anderen Patriarchen des Morgenlandes, die sonst von der Pforte unabhängig waren, in Beziehungen. Wegen der grossartigen Ausnahmestellung, die dem ökumenischen Patriarchen bei der Pforte eingeräumt war, und weil die anderen Patriarchate wegen der höchst ungünstigen Zeitverhältnisse seit dem Einfall der Araber und der Besitznahme des heiligen Landes durch die Kreuzfahrer in schwerer Bedrängnis und oft der Auflösung nahe und ohne Oberhaupt waren, sah sich der ökumenische Patriarch gezwungen, für die Bedürfnisse der anderen Patriarchate und der anderen autokephalen Kirchen des Orients mit zu sorgen.

Die anderen Patriarchen des Orients verweilten deshalb häufig in Konstantinopel. Aus diesen Gründen herrschte bald die Sitte, dass die hellenischen Kirchen des Orients und selbst die autokephalen Kirchen das heilige Öl von Konstantinopel holten, während in früheren Zeiten jede Landeskirche ihren Bedarf an heiligem Öl selbst bereitete.

Die Einkünfte des Patriarchats Konstantinopel waren einst sehr bedeutend. Sie bestanden aus Geschenken, aus Erbschaften der ohne Testament verstorbenen Bischöfe und unverheirateten Kleriker, aus den Opfergaben bei der Weihe der Metropoliten, Erzbischöfe und Bischöfe, aus den Steuern des Klerus, aus den Gebühren bei Trauungen und Beerdigungen und im allgemeinen aus seinen Einkünften als Erzbischof von Konstantinopel. Da aber einesteils die Erhaltung der Schulen, die Entsendung von Predigern in die Provinzen und andere notwendige Bedürfnisse zum Ressort des Patriarchats gehörten und sich auf diese Weise ein gewaltiger Aufwand nötig machte, andernteils die türkischen Herrscher immerfort reiche Geschenke verlangten, reichten alle diese Einkünfte nicht aus, vielmehr wuchsen die Schulden des Patriarchats von Tag zu Tag und wurden Hofschulden (*αὐλικά*) genannt. In früheren Zeiten musste bei jedem Wechsel im Patriarchat die von der Pforte verlangte Geldsumme aus der Schatzkammer des Patriarchats im voraus entrichtet werden. So war der neugewählte Patriarch gezwungen die Kasse zu schmälern, und war selten im stande, das Entliehene wieder zurückzuerstatten.

Unter dem Patriarchen Seraphim II. wurde durch Kaiserlichen Erlass (1759) bestimmt, dass diese Verpflichtung dem vorgeschlagenen neuen Patriarchen selbst aufzuerlegen sei. Diese Bestimmung verminderte die Schulden des Patriarchats, beschränkte aber auch das Streben nach der Patriarchenwürde. Zur Tilgung der Hofschulden aber musste jeder Bischof aus seinem Sprengel jährlich eine gewisse Summe, das sogenannte Hofgeld, an das Patriarchat senden.

§ 8.

Die Synode der Geronten. Die neuesten administrativen Veränderungen im ökumenischen Patriarchat.

Unter dem Patriarchen Samuel I. (1763) ging eine wichtige Veränderung in der Verwaltung des ökumenischen Patriarchats vor sich. Anstatt der alten Synode, die den Patriarchen umgab und sich bis dahin aus den Würdenträgern des Erzbistums Konstantinopel zusammensetzte, trat eine achtgliedrige Synode ins Leben. Sie bestand aus den Metropoliten der der Hauptstadt nahe gelegenen Metropolen und riss fast alle Rechte jener an sich. Sie wählte den Patriarchen und leitete mit ihm als oberste Verwaltungs- und Gerichtsbehörde die nationalen und kirchlichen Angelegenheiten der Orthodoxen. Diese Metropoliten nannte man auch Geronten. An dieser Synode nahmen auch einige der vornehmsten Laien teil, unter ihnen der Logothet, der die Verhandlungen zwischen der Kirche und der Pforte vermittelte.

Diese Synode wurde ebenso wie im allgemeinen die Verwaltungsform des Patriarchats durch das Hatti Humagiun (1856) geändert. Denn dieses bestimmte eine genaue Trennung der kirchlichen und politischen Gewalten und entzog die nicht rein kirchlichen Angelegenheiten der Gerichtsbarkeit des Klerus. Seitdem war die richterliche Gewalt des Patriarchen und der Bischöfe aufgehoben. Es wurden „gemischt konfessionelle Gerichtshöfe“ (*μικτὰ δικαστήρια*) ins Leben gerufen, die die allerwärts vorkommenden bürgerlichen und strafrechtlichen Fälle abzuurteilen hatten.

Nach den Bestimmungen des Hatti Humagiun trat bereits seit 1857 die *ἐθνικὴ συνέλευσις* („Nationalversammlung“) als Vertreterin der in der Türkei wohnenden Orthodoxen in Konstantinopel zusammen. Sie hatte nach dem Prinzip dieses Fundamentalgesetzes die kirchlichen und nationalen Angelegenheiten zu leiten und gab nach vielen Verhandlungen die *νέοι κανονισμοὶ* („neue Bestimmungen“) über die Stellung des Patriarchen heraus. Diese *νέοι κανονισμοὶ* wurden der kurz darauf einberufenen „neuen Nationalversammlung“ zur Revision vorgelegt. Nach diesen Bestimmungen hatte die Wahl des Patriarchen durch eine *ἐκλογικὴ συνέλευσις* („Wahlversammlung“) zu verfolgen. Zu dieser gehörten die Mitglieder der Synode, die zufällig in Konstantinopel anwesenden höheren Würdenträger, der Gemischte Rat, die vornehmsten Würdenträger des Volkes bei der Pforte, die Vertreter der Pfarrgemeinden Konstantinopels, die Obermeister der Gilden und Abgeordnete der Provinzen des türkischen Reiches, die vor das Forum des ökumenischen Stuhles gehörten.

Es wurde aber auch eine zwölfgliedrige *νέα σύνοδος* („neue Synode“) (1860) von Metropoliten zur Umgebung des Patriarchen errichtet, die nicht mehr wie früher aus den acht nächstwohnenden Metropoliten bestand, sondern zu der alle Metropoliten des ökumenischen Stuhles nach bestimmter Ordnung herangezogen wurden. Diese Synode beriet und beschloss mit dem Patriarchen über alle rein kirchlichen Angelegenheiten und besonders über Fragen der kirchlichen Verwaltung.

Dann wurde noch ein *μικτὸν ἐθνικὸν συμβούλιον* („Gemischter Volksrat“) errichtet. Diese Behörde besteht ausser dem Patriarchen aus bestimmten Mitgliedern der Synode und vornehmen Laien. Zur Kompetenz dieser Behörde gehörten Ehesachen, Ehescheidung, Testament- und Klösterwesen und im allgemeinen die Fragen über den kirchlichen Besitzstand. Der mehr geistliche Teil dieser Angelegenheiten war Sache der Synode, der pekuniäre Teil Sache des Gemischten Rates. Im übrigen wurden alle Geldangelegenheiten von diesem erledigt. Diese beiden nationalen Körperschaften (Synode und Gemischter Rat) wurden alle zwei Jahre neugewählt. Einige der Mitglieder der Synode wurden nach der Auswahl des Patriarchen aus der Zahl der vornehmsten Prälaten des ökumenischen Patriarchats genommen.

Etwas schwieriger war die Wahl des Patriarchen. Jeder Metropolit des ökumenischen Stuhles konnte der „Wahlversammlung“ einen Kandidaten vorschlagen, der Gemischte Rat und die Laienmitglieder schlugen drei Kandidaten vor, die von zwei Dritteln der geistlichen Mitglieder angenommen sein mussten, dann kam die Liste der Kandidaten in die Hände der

Pforte, und diese hatte das Recht die Namen von drei ihr missfälligen Kandidaten zu streichen. Aus dem Reste wählte die Versammlung wieder drei aus und von diesen wählten in der Kapelle des Patriarchats die geistlichen Mitglieder einen als Patriarchen, der auch noch von der Pforte bestätigt werden musste.

Dieser neue Wahlmodus, der so viele Prüfungen erforderte, war vorzüglich und hatte den Erfolg, dass heute ein Patriarch unter keinen Umständen dem Zufall seine Wahl zu verdanken hat, während früher eine Beeinflussung der kleinen Synode, die sich aus dem niederen Klerus rekrutierte und sich in der Umgebung des Patriarchen befand, oder der wenigen Metropoliten, die die um den Patriarchen befindliche Synode bildeten, leicht möglich war. Nach der heutigen neuen Wahlmethode, bei der die Prälaten des ökumenischen Stuhles, sowie alle Personen von Bedeutung und Stand aus der Hauptstadt und den Provinzen an der Wahl teilnehmen, können nur durch Bildung ausgezeichnete Männer, durch Geschicklichkeit in Verwaltungssachen und ehrenhaften Charakter hervorragend, zur Würde des Patriarchen gelangen. Deswegen waren alle Patriarchen aus den letzten Jahrzehnten von Joakim II. (1860) an mehr oder weniger hervorragende Kirchenfürsten.

Die dem Patriarchen beigeordnete Synode ist dessen Mitarbeiterin. Sie beschliesst über Absetzung und Neuwahl des Patriarchen und alle Erlasse des Patriarchen müssen deren Unterschrift tragen.

Die Vermittlerrolle zwischen der Pforte und dem Patriarchen war in wichtigen Angelegenheiten Sache des Logotheten, in gewöhnlichen Fällen des sogenannten „Kapukechagias“. Heute ist das Amt des Logotheten ein blosser Ehrentitel, da derselbe nur bei ganz ausserordentlichen und feierlichen Gelegenheiten Dienst thut. Sein Amt ist die Vorstellung des neugewählten Patriarchen vor dem Sultan und die feierliche Inthronisation desselben in der Kapelle des Patriarchats.

So oft wichtige Geschäfte vorliegen, beruft der Patriarch eine *ἔκτακτος γενικὴ συνέλευσις* („ausserordentliche Generalversammlung“), die sich aus der Synode, den die Hauptstadt durchreisenden Prälaten und einigen anderen Notabeln zusammensetzt.

§ 9.

Die orthodoxen Kirchen in Russland, Österreich, Hellas, Serbien, den Donaufürstentümern und ihre administrative Sonderung vom Patriarchat.

Wenn auch die Macht des Patriarchen von Konstantinopel in diesen Zeiten durch neue Berechtigungen sich vergrösserte, veranlassten doch die politischen Veränderungen im Orient eine Minderung des patriarchalischen Machtbereichs. Denn viele Kirchen, die sonst unter das Patriarchat Konstantinopel gehörten, hatten sich im Einklang mit den neuen Verhältnissen ihres Landes administrativ von Konstantinopel getrennt und selbständige Kirchen gebildet.

Russland.

Im 16. Jahrhundert trat unter Jeremias II. (1580) der Metropolit von Moskau als Patriarch an die Spitze der orthodoxen Kirche in Russland. Die Patriarchen der russischen Kirche wurden bis z. J. 1657 gewöhnlich von Konstantinopel aus bestätigt, allein seitdem hörte auch dieser Schatten von Abhängigkeit auf. Peter d. Gr. war es, der im Anfange des 18. Jahrhunderts dies Patriarchat aufhob. Er errichtete i. J. 1721 eine „regierende Synode“ als höchste, selbständige und unabhängige kirchliche Gewalt. Die nötigen Angaben hierüber werden bei der Geschichte der russischen Kirche folgen.

Diese Unabhängigkeit der russischen Kirche ruhte wesentlich auf demselben Prinzip, nach welchem sich von den ältesten Zeiten an die Verwaltung der anatolischen Kirche gestaltete, dass nämlich die kirchliche Verwaltung sich der politischen anzupassen hat. Aus dem Grunde musste der unabhängige Staat (und das war das russische Reich) auch eine von allen auswärtigen Einflüssen unabhängige Kirche haben.

Dieses Prinzip findet sich im 17. Kanon des IV. ökumenischen Konzils aufgezeichnet, wo es heisst: „Wenn ein

Herrscher eine Stadt gründet oder von Grund aus erneuert, so hat sich die kirchliche Ordnung der ganzen Parochie nach den staatlichen und sonstigen öffentlichen Formen zu richten". Im 34. apostolischen Kanon heisst es: „Die Bischöfe jedes Volkes müssen den Ersten unter ihnen als ihr Haupt anerkennen und dieser soll ihnen vorstehen". Und Photios lehrt: „Es ziemt der Kirche, allen Veränderungen in politischer Beziehung sich anzupassen und demgemäss sich umzuwandeln (im Briefe an Nikolaos)".

Ein unabhängiger Staat muss auch eine unabhängige Kirche haben. Denn wenn eine Kirche zu einem kirchlichen Oberhaupt, das selbst einem fremden Staate oder einem fremden Herrscher unterthan ist, in Abhängigkeitsverhältnis steht, so wird sie, wenn auch indirekt, von diesem fremden Herrscher abhängen. Das aber ist unschicklich, denn niemals wird eine Kirche so sich frei und in Übereinstimmung mit den nationalen Neigungen und Bedürfnissen des Landes, in dem sie sich befindet, entwickeln können, dagegen werden endlose Zusammenstösse unausbleiblich sein. Diese keineswegs auf Glaubensunterschieden, vielmehr auf administrativen Prinzipien beruhende Sonderung und Errichtung autokephaler Kirchen in den verschiedenen orthodoxen Staaten ist mithin nötig, nützlich, kanonisch und trägt nicht das Gepräge des Unschicklichen. Vom Anfang an waren im Christentum die verschiedenen Landeskirchen autonom und autokephal, die Kirche überhaupt war die Gesamtheit dieser autokephalen Schwesterkirchen, die an Rang einander gleich und nur durch gleichen Glauben und gegenseitige Liebe verbunden waren. Dieses Bild tritt uns noch heute bei der anatolischen Kirche entgegen. Sie setzt sich aus verschiedenen autokephalen Kirchen zusammen, die nur geeint durch das Band des gleichen Glaubens und gegenseitiger Liebe dem ökumenischen Patriarchen als dem Oberhaupte zuerst und dann den übrigen Patriarchen kirchliche Fürbitte oder den Ehrenvorrang zuerkennen. Das entgegengesetzte Prinzip der Unterordnung aller Landeskirchen unter einen Bischof finden wir in der römischen Kirche. Nach ihrer Auffassung sind alle katholischen Landeskirchen nicht gleichberechtigte Schwesterkirchen, sondern Sklaven Roms.

Österreich.

Um dieses Prinzips willen trennten sich auch die orthodoxen Kirchen Österreichs (1740) administrativ vom Patriarchat Konstantinopel. Ihr Oberhaupt wurde der von den Orthodoxen Österreichs Patriarch genannte Erzbischof von Karlowitz. Diese Kirchen unterstanden sonst dem Erzbischof von Ipek oder von Serbien.[1]) Bis zu Joakim IV. war die Unabhängigkeit des Erzbischofs von Karlowitz vom Patriarchen in Konstantinopel nur stillschweigend anerkannt. Allein dieser Patriarch hielt es für geziemend seine Unabhängigkeit durch Austausch brüderlicher Sendschreiben öffentlich anzuerkennen. Als nach dem letzten russisch-türkischen Krieg Bosnien und die Herzegowina mit Österreich vereinigt wurden (1878), strebte ein grosser Teil des dortigen Klerus eine kirchlich administrative Vereinigung mit den übrigen orthodoxen Slaven Österreichs an. Aber da der Besitz dieser Länder nur provisorischen Charakter an sich trug, blieben die kirchlichen Verhältnisse wie sie früher waren.

Unabhängig wurde seit 1868 auch der Erzbischof der orthodoxen Walachen in Siebenbürgen, der in Hermannstadt seinen Sitz hat; bis dahin wurde er von Karlowitz aus feierlich bestätigt.

Im J. 1873 konstituierten auch die orthodoxen Bewohner der Bukowina, die slavischen Ruthenen oder Walachen, eine autokephale Kirche. Ihr Oberhaupt ist der Metropolit von Czernowitz in der Bukowina.

Diese orthodoxe Bevölkerung Österreichs besteht im ganzen aus circa drei Millionen Seelen; sie geniesst viele Freiheiten in der Ausübung des Kultus, ihre Bischöfe haben Sitz und Stimme im Parlament in Wien, und für die Heranbildung ihres Klerus bestehen Theologenschulen in Karlowitz, Hermannstadt und Czernowitz. Die orthodoxe Theologenschule in Czernowitz gehört der dortigen Universität, der Unterricht in ihr wird ruthenisch, walachisch und deutsch erteilt.

Hellas.

Auch die Kirchen des Königreichs Hellas proklamierten

---

[1]) *Χρύσανθος, Σύνταγμα* pag. 91.

nach dem Freiheitskampfe i. J. 1833 ihre Unabhängigkeit. Die hellenische Regentschaft errichtete eine fünfgliedrige Synode, die unabhängig von jeder auswärtigen kirchlichen Macht die Kirche von Hellas zu leiten hatte. Diese Unabhängigkeit wurde durch die hellenische Staatsverfassung des Jahres 1844 bestätigt. Später suchte das ökumenische Patriarchat, dem i. J. 1850 diese Vorfälle mitgeteilt wurden, wenigstens zum Teil die Jurisdiktion über die hellenischen Kirchen wiederzugewinnen, allein der Tomos, der hierüber in Konstantinopel abgefasst wurde, wurde zwar anfangs angenommen, jedoch i. J. 1852 von der Kammer abgelehnt und die Neuordnung der Synode (*καταστατικόν*) fast auf derselben Grundlage, die vorher galt, aufgebaut. In einem besonderen Kapitel wird später eingehend über die Verhältnisse der hellenischen Kirche berichtet werden.

Serbien.

Die serbische Kirche wurde durch Milosch Obrenowitz ein halb unabhängiges Fürstentum und war ganz mit Recht seit dieser Zeit (1830) im Besitz einer gewissen Unabhängigkeit. Der Metropolit von Serbien, den der ökumenische Patriarch bestätigte, verwaltete mit den Bischöfen des Landes die landeskirchlichen Angelegenheiten Serbiens. Die serbische Kirche war bereits in älteren Zeiten unter dem Erzbischof von Ipek unabhängig. Diese Selbständigkeit tritt schon unter dem Kaiser Theodoros Laskaris in Nikaea und dem Patriarchen Germanos i. J. 1221 hervor (Legendes slaves du moyen-âge par Chodzko, Paris 1858). Zu dem Archepiskopat Ipek gehörten auch die jetzt unter Karlowitz stehenden Kirchen in Österreich. Die Selbständigkeit der serbischen Kirche wurde unter dem Patriarchen Samuel von Konstantinopel (1766) aufgehoben, die Bischöfe Serbiens unterwarfen sich dem ökumenischen Patriarchen, um unter dessen mächtigem Schutz vor den ungeheuren Bedrückungen der Magnaten und allgemein aus ihrer elenden Lage Rettung zu erlangen. (Sergios Makraios, *ἐκκλησ. ἱστορ. Παρὰ Σάθᾳ ἐν τῇ Μεσαιωνικῇ βιβλιοθήκῃ.* 1750—1800 Teil III, 251.) [1])

---

[1]) „Überaus vorteilhaft und nach den meisten Beziehungen hin zweck-

Nach dem russisch-türkischen Kriege (1877—78) gewann Serbien seine volle nationale wie kirchliche Selbständigkeit wieder (unter Joakim III. 1880). In kirchlicher Hinsicht wurde auch die christliche Bevölkerung der Landstriche, die nach dem Kriege an Serbien abgetreten wurden, mit der serbischen Kirche vereinigt. Viel Unruhe in der serbischen Kirche veranlasste i. J. 1881 die Absetzung des gelehrten und tugendhaften Metropoliten Michael. Die Regierung hatte deswegen seine Absetzung verfügt, weil er sich geweigert hatte, ein Gesetz anzuerkennen, nach welchem jeder Kleriker bei Übernahme seines Amtes an die Staatskasse eine bestimmte Geldsumme zu zahlen hatte. Im J. 1897 erhoben die Serben den Anspruch, dass nur ein Serbe von Geburt zum Metropoliten von Skopia bestimmt würde, wie auch schon im Jahre 1895 das Patriarchat das Episkopat Rakopresreni (in der Nähe von Skopia) einem Serben übertragen hatte, und kamen deswegen mit dem Patriarchat in Streit. Das Patriarchat nämlich trug Bedenken, diese Forderungen zu erfüllen, da zwar die Gegend rings um Skopia serbisch sei, in der Stadt selbst aber die Serben nur die Minderzahl bildeten. Allein nach serbischen Anschauungen gehört das ganze nördliche Makedonien noch zu Serbien, und darauf beruhen ihre Forderungen. In Belgrad besteht für den geistlichen Nachwuchs eine höhere theologische Schule.

---

mässig erschien auch den Fernerstehenden der Schutz und die Fürsorge Sr. Heiligkeit des Patriarchen Samuel. Die Erzbischöfe und Prälaten der Landschaft Ipek sahen ihre unaufhörlichen Verluste, ihre übermässigen Schulden und ihre Erniedrigung in den Nöten der Zeit. Durch diese wurde die dortige Kirche beständig erschüttert und zerrüttet, die Gefahr stieg bis aufs äusserste und völlige Vernichtung drohte. Die kirchlichen Häupter waren unbeständig, die Schulden wuchsen, die Anforderungen wurden von Tag zu Tag grösser, die Barbaren immer roher und darauf aus, den Wohlstand mit Stumpf und Stiel aufzufressen, und die Opfergaben für die Bedürfnisse der Kirche waren nicht genügend. Dies alles bedachten sie und wussten keinen anderen Weg der Befreiung aus all diesem Elend und keine andere Möglichkeit, sich und ihre Herden zu retten als den sicheren Rettungshafen des ökumenischen Stuhles. So flüchteten sie in die Arme der grossen Kirche Christi und zeigten in einem Schreiben voll Bitten und Flehn dem Patriarchen ihre Unterwerfung und ihren Gehorsam an.“

Die Kirche von Montenegro ist serbisch, denn auch die Sprache der Montenegriner ist serbisch. Der Erzbischof von Montenegro, der seinen Sitz in Cetinje hat, ist autokephal, früher war er zugleich das weltliche Oberhaupt dieses Landes, das wegen seiner unzugänglichen Berge von den Türken nicht unterworfen worden war. Unter ihm steht kein anderer Bischof.

Die Donaufürstentümer.

Als durch den Vertrag v. J. 1856 die Donaufürstentümer Moldau und Walachei zu fast voller politischer Selbständigkeit gelangt waren, veränderten sich auch in Übereinstimmung mit dieser neuen Lage die dortigen kirchlichen Verhältnisse. Während nämlich bis zu Kusa eine gewisse, wenn auch ganz geringe Abhängigkeit der rumänischen Kirchen von Konstantinopel fortdauerte, ging dieser erste Fürst daran, ihnen volle Unabhängigkeit zu verschaffen. Er errichtete nach dem Vorbilde der russischen und hellenischen Synode eine Zentralsynode von Bischöfen. Seitdem wurden die Bischöfe durch die Synode d. h. von der rumänischen Regierung gewählt. Diese Synode hält jährlich zweimal eine einmonatliche Kammerperiode, ihren Sitzungen wohnt auch der Minister des Unterrichts bei. Das Oberhaupt der Bischöfe Rumäniens ist der Bischof von Bukarest mit dem Titel „Primas von Rumänien“ oder Metropolit von Ungarn und Walachei. Den zweiten Rang nimmt der Metropolit von Jaši (oder von Moldau und Walachei) ein und nach diesen kommen die 6 übrigen Bischöfe der Walachei, ausserdem noch 8 Titular- oder Hilfsbischöfe. Diese 16 Prälaten bilden zusammen die Synode.

In kirchlichen Angelegenheiten sollen für gewöhnlich die „Neuen Bestimmungen“, die von den rumänischen Landständen genehmigt und als Staatsgesetz veröffentlicht sind, massgebend sein. Dagegen hat das Ministerium des Kultus sich verschiedene Rechte vorbehalten, zunächst das Aufsichtsrecht und dann allgemein die Handhabung der äusseren kirchlichen Ordnung, Rechte, die sonst überall in Europa die Regierungen ausüben. Durch die neue politische Gesetzgebung wurden auch die bisherigen Bestimmungen über die Ehe und Ehescheidung im Geiste der neueren Gesetzgebungen einer Reform unterworfen. Alle diese Verordnungen und Gesetze erschienen i. d. J. 1863, 1864 und 1865. Es wurden auch eine ganze Anzahl überflüssiger Klöster, die im Besitze ungeheurer Reichtümer waren, 1863 säkularisiert.

Diese Neuordnung der Verhältnisse wurde von den rumänischen Landständen bestätigt und besteht seitdem natürlich nicht ohne den energischen Widerspruch des Patriarchen in Konstantinopel, besonders Gregors VI., der diese Neuordnung als antikanonisch verwarf, in Kraft. Ums Jahr 1870 beabsichtigte die Regierung Karols einige Veränderungen in der kirchlichen Verfassung, und übertrug den Landständen, eine Gesetzesvorlage über die kirchlichen Verhältnisse Rumäniens auszuarbeiten. Von diesem Vorhaben hörte Gregor VI. und beantragte sofort einige Abänderungen der seitherigen Praxis. Zunächst, so beantragte er, sollten von nun an die vom Klerus und den Landständen gewählten Metropoliten der Walachei und Moldau vom Patriarchen bestätigt werden, ferner sein Name in ihren Kirchengebeten genannt und das heilige Salböl (*μύϱον*) von Konstantinopel geholt werden. Zuletzt kam eine Vereinigung zu stande, i. J. 1873 erkannte Anthimos VI. die rumänische Synode an. Allein es wäre zuviel, von völliger Harmonie und völligem Einvernehmen zwischen Bukarest und Konstantinopel zu reden; das Patriarchat beanspruchte es selbst, die Unabhängigkeit der walachischen Kirche zu konzedieren und zu proklamieren. Zu diesem kühlen Verhältnis zwischen der walachischen Kirche und dem Patriarchat Konstantinopel trugen folgende Umstände bei.

1. Nach der Aufhebung der Klöster hatte man neben anderen auch die ungeheuren, in Rumänien gelegenen Besitzungen des Heiligen Grabes und anderer hellenischer Klöster, wie z. B. des Sinai- und Athosklosters konfisziert. Gegen diesen Raub protestierten die Patriarchen des Orients einstimmig. Das Protokoll der Grossmächte aus d. J. 1864 bestimmte über diesen Fall, die Einkünfte der Klostergüter, die 5 Millionen Drachmen überstiegen (den Wert dieser Klostergüter kann man auf mehr als 120 Millionen Drachmen veranschlagen), müssten in einer besonderen Kasse deponiert und eine internationale Kommission mit der endgültigen Lösung

dieser Frage betraut werden. Allein die rumänische Regierung blieb auch fernerhin noch im Genusse dieser Einkünfte. Der Berliner Vertrag (1878) nahm diese Frage in Augenschein und empfahl den Grossmächten, hier Ordnung zu schaffen. Aber die rumänische Regierung blieb taub.

2. Der Streit der rumänischen Skite (kleines Kloster) auf dem Hagion Oros, deren Unabhängigkeit von dem Lavrakloster jene Mönche gestützt auf eine Entscheidung Joakims II. hierüber verlangten. Allein Joakim III. und seine Synode widerriefen i. J. 1881 jene Zugeständnisse.

3. sind es die gegnerischen Bestrebungen der Rumänier in Makedonien und Epirus gegen alles Griechische; ihr Hauptorgan war der vielberüchtigte Margaritis. Diese Bestrebungen in rein hellenischen Bezirken, die Gründung walachischer Schulen in diesen und die Verbreitung der Bibel in walachischer Sprache liessen die Beziehungen zwischen Hellenen und Walachen immer kühler werden.

4. Die falsche Nachricht, man beabsichtige in Rumänien kirchliche Reformen vorzunehmen, z. B. angeblich die Einführung der Besprengung, eine Veränderung der Tracht der Kleriker, willkürlich den Bischof von Bukarest zum Patriarchen zu proklamieren, die Einführung des Gregorianischen Kalenders, die Erlaubnis der zweiten Ehe für den Klerus und die kirchliche Beerdigung der Selbstmörder. Alles dies wurde von Bukarest aus dementiert.

5. Auch die i. J. 1882 in Bukarest zum ersten Male vorgenommene Weihung des heiligen Myrons, die vom Patriarchen als eine Verletzung des der vorgesetzten Behörde schuldigen Gehorsams aufgefasst wurde, und den Patriarchen Joakim III. zu ernsten Vorhaltungen veranlasste. Gegen diesen Vorwurf stellte die heilige walachische Synode die Behauptung auf, die rumänische Kirche sei dem ökumenischen Patriarchen niemals völlig unterthan gewesen, sondern sie habe nur freiwillig seinen Rat gehört und sein Eingreifen ertragen; jetzt aber sei die Walachei ein selbständiges Königreich und folgerichtig sei ipso jure die walachische Kirche auch völlig selbständig; als solche könne sie, ebenso gut wie dies in Russland, Österreich, Kypern und anderswo geschehe, selbst ihr

heiliges Myron bereiten; dem ökumenischen Patriarchen erkenne sie nur den Ehrenvorrang, niemals aber Rechte zu. Aber binnen kurzem legten sich alle diese Misshelligkeiten, Joakim IV. wechselte freundschaftliche Briefe mit dem Vorsteher der walachischen Synode. Im Jahre 1884 war der ganze Zwist zu Ende und seitdem bestehen freundschaftliche Beziehungen.

Die walachische Kirche unterhält zur Bildung ihres Klerus eine theologische Fakultät an der Universität Bukarest, ferner 3 höhere und 6 niedere kirchliche Schulen. Ein neuer Zusammenstoss zwischen der walachischen Kirche und dem ökumenischen Patriarchat entstand im November 1896. Den Grund dazu bildeten die Forderungen der Walachen, Metropolit von Vitolia dürfe nur ein Walache sein, ferner müssten den Walachen noch eine ganze Reihe Bischofssitze eingeräumt und ein Legat dieser walachischen Bischöfe Makedoniens in Konstantinopel bestellt werden. Das Patriarchat wies natürlich diese Forderungen zurück und begründete dies mit der Behauptung, der grösste Teil der Bewohner jener Landstriche teile die Wünsche des Panrumänismus gar nicht. Um dieses Streites willen dankte Anthimos VII. i. J. 1897 ab.

§ 10.

Das bulgarische Schisma.

In noch ernstere Verwicklungen geriet das Patriarchat Konstantinopel durch die seit 1860 unter den Bulgaren auftretende Neigung zur kirchlichen Selbständigkeit, daraus das bulgarische Schisma entstand. Die bulgarische Kirche war in alten Zeiten im Besitz einer gewissen Unabhängigkeit, die sie zur Zeit des Königs Symeon von Bulgarien unter den autonomen Erzbischöfen von Achrida und Tirnovo errungen hatte. (Vergl. *Κυριακοῦ ἐκκλ. ἱστορ.* § 184.) Im J. 1767 unter dem Patriarchate Samuels I. traten um der jämmerlichen Lage willen, in der die kirchlichen Verhältnisse von Bulgarien sich befanden, die bulgarischen Bischöfe und der ihnen unterstellte Klerus, ähnlich wie einst (vergl. § 9) die Bischöfe der Serben, in ein Abhängigkeitsverhältnis zum Patriarchat in Konstantinopel. Von dort erhofften sie Schutz und Hilfe gegen die vielen Gefahren, die sie seitens der mächtigen Mohammedaner zu erleiden hatten.[1])

Seit 1860 begannen aber die Bulgaren, die es bald mit Russland, bald mit der lateinischen Propaganda hielten (Russland hatte die Stärkung und Ausbreitung des Slavismus in Thrakien und Makedonien im Auge), nicht allein auf eine Wiedergewinnung jener alten Rechte, sondern auf die volle kirchliche Unabhängigkeit aller in der europäischen Türkei zerstreut wohnenden Bulgaren hinzuarbeiten. Sie machten dem Patriarchen von Konstantinopel mancherlei Vorwürfe und klagten besonders über die Entsendung hellenischer Bischöfe in bulgarische Landstriche und über die mancherlei Bedrückungen seitens des hellenischen Klerus. Die bulgarischen Bischöfe und Kleriker drängten zum offenen Abfall vom Patriarchat Konstantinopel (Hilarion, Païsios, Avxentios, Panaretos, Josef, Dositheos). Der bulgarische Bischof Josef ging sogar nach Rom, wurde dort päpstlicher Legat und suchte nach seiner Rückkehr in die Bulgarei das Volk zur Union zu bewegen, geriet aber in Misskredit und wurde von allen im Stiche gelassen. Die Bulgaren waren über die Absichten der lateinischen Propaganda bald im klaren und wiesen sie energisch zurück. Nur ein kleiner Teil der Bulgaren in Makedonien fiel unter dem Bischof Nilos von dem orthodoxen Glauben ab und nahm die Union an. Das bulgarische Volk im grossen und ganzen blieb dem orthodoxen Glauben treu. Aber das gespannte Verhältnis der Bulgaren zu dem Patriarchen blieb auch fernerhin. Gregor VI. versuchte eine ehrliche Einigung mit ihnen herbeizuführen, gestattete ihnen die Bildung eines bulgarischen Exarchats in den hauptsächlich von Bulgaren bewohnten Landstrichen und auch freie Selbstverwaltung, sofern sie den Patriarchen als ihr Oberhaupt anerkennen würden. Allein die Bulgaren wiesen diese Vorschläge zurück, weil ihre

---

[1]) Kurze Zeit später suchte auch der Klerus der Landschaft Achrida Schutz bei dem Patriarchat Konstantinopel und erlangte ihn auch. [*Σεργίου Μακρ. παρὰ Σάθᾳ T′* 252.] Die Selbständigkeit von Tirnovo hatte schon früher aufgehört.

Kirche auf diese Weise nur halb unabhängig würde und auf die hauptsächlich von Bulgaren bewohnten Landstriche beschränkt bleibe, während sie eine völlig unabhängige Kirche zu bilden beabsichtigten, in die alle Bulgaren der Türkei eingeschlossen sein sollten. Nach dem Prinzip der Nationalität oder Stammesangehörigkeit sollten in der ganzen europäischen Türkei nur zwei gleichberechtigte Kirchen, die hellenische und die bulgarische, bestehen, beide mit einem Zentrum in Konstantinopel. Der Hauptgrund dieser Bestrebungen war politischer Art, die Vorherrschaft der Slaven und besonders der Bulgaren in der europäischen Türkei.

Seitens der Pforte, die gegen diese Streitigkeiten unter ihren Unterthanen keineswegs gleichgültig war, fand man kein definitives Mittel zur Schlichtung dieser Misshelligkeiten. Schliesslich entschied sich die Pforte unter dem Wesir Ali, die Forderungen der Bulgaren zu erfüllen. Ali war wegen des kretischen Aufstandes v. J. 1866 gegen die Hellenen ergrimmt, denn dieser hatte die ottomanische Macht drei Jahre lang arg erschüttert. Aber er übersah, dass er durch seine Unterstützung der Bulgaren bei Errichtung einer unabhängigen bulgarischen Kirche in der Türkei, deren Streben nach nationaler Unabhängigkeit schürte, und dass jene nur der erste Schritt zu diesem Ziele sei. Unter dem 27. Februar 1870 publizierte die Pforte einen Firman, durch welchen die bulgarische Kirche in Bulgarien und einigen Landstrichen Thrakiens und Makedoniens anerkannt wurde. Nach Artikel 10 dieses Firmans konnten ausserdem alle Landstriche, in denen zwei Drittel der Bevölkerung ausdrücklich den Wunsch der Einverleibung aussprachen, angegliedert werden. Doch auch dieser Firman schlichtete den Streit nicht, da ihm der Patriarch seine Anerkennung versagte. Die Gründe des Patriarchen waren folgende:

1. durch diesen Firman würde ein fremdes Prinzip in die Synodalbeschlüsse über kirchliche Verfassung, nämlich das Nationalitätsprinzip hereingetragen (vergl. Kanon 8 der ersten Synode und 16 der „A'B'" Synode (πρωτοδευτέρα) und den 31. apostolischen Kanon).

2. würde durch Artikel 10 desselben in Zukunft für mancherlei ernste Streitigkeiten Thür und Thor offen stehen.

3. dehne dieser Firman die bulgarische Sphäre auch auf nichtbulgarische Gebiete in Thrakien und Makedonien aus.

Deswegen schlug Gregor VI. zur Lösung dieser Frage die Einberufung einer ökumenischen Synode vor, aber weder die russische Synode noch die serbische nahmen diesen Vorschlag an und auch bei der Pforte fand er keine wohlwollende Aufnahme. Deshalb dankte Gregor VI. ab und an seiner Stelle wurde Anthimos VI. Patriarch.

Unter diesem Patriarchen, der vergeblich protestierte, wurde durch Vermittlung des kaiserlich russischen Gesandten Ignatieff, der der Hauptthebel dieser ganzen Bewegung war, und unter Zugrundelegung des Firmans v. J. 1870, i. J. 1872 ein unabhängiges bulgarisches Exarchat geschaffen und als erster Exarch Anthimos, der frühere Bischof von Vidin, erwählt, der sofort seinen Sitz in Konstantinopel nahm. Der Patriarch Anthimos belegte ihn und seine Gefährten mit dem Kirchenbann. Da aber dieser im Vertrauen auf den Beistand der Regierung trotz alledem auf seinem Posten blieb, seine Funktionen als Exarch ausübte und die neuen Bischöfe der Exarchie weihte, berief der ökumenische Patriarch eine grosse Landessynode nach Konstantinopel. Diese erklärte am 16. September 1872 Anthimos, den Exarchen der Bulgaren, und alle, die ihn anerkannten, als Schismatiker und verurteilte auch die Anwendung des Nationalitäts- bezw. Stammesprinzips in der kirchlichen Verfassung als ein den alten Kanones fremdes Prinzip.

Die Kunde von dem Schisma schuf eine Schranke zwischen Bulgaren und Hellenen und vereitelte die Hoffnungen der Bulgaren, die binnen kurzem ihrer Kirche neue Landstriche anzugliedern gemeint hatten. Gleichzeitig hatte die Bildung der bulgarischen Kirche auch in den von dem Firman garantierten Gebiete viele Schwierigkeiten im Gefolge. In der That waren es nur wenige Kirchen in Thrakien und Makedonien, die sich seit der Veröffentlichung des Schismas an die bulgarische Kirche angliederten. Im Gegenteil erklärten die meisten von ihnen die Bulgaren als Schismatiker in die Acht und blieben dem ökumenischen Patriarchen treu.

Das Hauptzugmittel der Bulgaren, womit sie trotzdem viele zu ihrer Exarchie zu ziehen suchten, war der Hinweis auf die sichere Befreiung vom türkischen Joch mit Hilfe der Russen. Allein auch Russland konnte nicht offen ihre Kirche protegieren. So vernichtete das Schisma die panslavistischen Pläne der Bulgaren. Nur Kyrillos II., Patriarch von Jerusalem, wohnte aus übertriebener Friedensliebe und aus Dankbarkeit gegen die Russen, die im heiligen Lande seine Stütze waren, der Synode, wiewohl er sich in Konstantinopel befand, nicht bei und erkannte auch ihre Beschlüsse nicht an. Aber die Jerusalemer Synode, die anderer Meinung als er war, bannte ihn deswegen im November 1872 und setzte ihn im Dezember desselben Jahres ab. An seiner Stelle wählten sie den Prokopios. Gegen diesen wandte sich der ganze Zorn der russischen Politik, die auch (1875) seine Absetzung durchsetzte. Die Russen fanden nichts Anstössiges darin, selbst die Araber gegen den Patriarchen von Jerusalem aufzuhetzen, diese mussten gewisse Ansprüche auf Anteil an der Verwaltung des Patriarchats vorzeigen. Um den neuen Patriarchen von Jerusalem zu bestrafen, konfiszierten die Russen die Besitzungen des Heiligen Grabes in Bessarabien und im Kaukasus. Infolge davon geriet das Patriarchat Jerusalem in pekuniäre Schwierigkeiten und musste die dortige Theologenschule schliessen, die jedoch kurz darauf (1881), als man die Sperre über die Einkünfte aufhob, wieder eröffnet wurde. Jedoch auch der Nachfolger des Prokopios, Hierotheos, war kein Freund der Bulgaren.

Auch gegen Hierotheos, den Patriarchen von Antiochia, der ebenfalls in jener Synode gegen die Bulgaren votiert hatte, hetzten die Russen aus Rache die christlichen Araber Syriens auf, konnten aber nichts erreichen.

Die russische Synode schwieg bis jetzt über diese Vorfälle, deren Verhütung sie vergeblich versucht hatte. Die russische Kirche hat die autonome bulgarische Kirche öffentlich weder desavouiert noch anerkannt. Man erlaubt bulgarischen Klerikern nicht in Russland am Gottesdienst teilzunehmen und russische

Kleriker dürfen nicht mit ihnen zusammen den Gottesdienst halten.

Die Achtserklärung wurde allen orthodoxen Kirchen übersandt, in Hellas nahm man sie an und liess sie am 15. Dezember 1872 im Gottesdienst verlesen. Die Pforte aber erkennt das bulgarische Exarchat an und dieses baut alle seine Hoffnungen auf das Wohlwollen der grossen russischen Kirche.

Die mancherlei Verdriesslichkeiten, die die bulgarische Frage im Gefolge hatte, zwangen i. J. 1873 auch Anthimos VI. abzudanken, an seiner Stelle wurde Joakim II. gewählt. Im Jahre 1874 ordnete die Pforte die Aufstellung einer Einwohnerliste in den Gegenden mit gemischter Bevölkerung behufs Ausführung des Artikel 10 des kaiserlichen Firmans an, es war ein vergebliches Bemühen. Aber auch dem ökumenischen Patriarchen verbot man in den Gegenden mit bulgarischer Bevölkerung. auch wenn jene als orthodoxe Christen das bulgarische Patriarchat nicht anerkannten, Vertreter zu unterhalten.

In den Provinzen des neuen Exarchats, die gemischte Bevölkerung aufwiesen, hörten die Unruhen nicht auf. Die Bulgaren raubten, wo sie nur konnten, den Hellenen ihre Kirchen und Schulen und verfolgten den hellenischen Klerus. Besonders war Dionysios, der Metropolit von Adrianopel, der spätere Patriarch von Konstantinopel, den Verfolgungen des bulgarischen Pöbels ausgesetzt, man misshandelte ihn und mit knapper Mühe rettete er sein Leben. Auch die Bewohner der Provinz Varna hatten viel zu leiden.

Da nun die Bulgaren alle Hoffnungen, die sie einst auf die Errichtung des bulgarischen Exarchats gesetzt hatten, verloren geben mussten, brachten sie den Aufstand von Tatar Pazardžik zu stande, der das fürchterliche Blutbad von Batak verursachte und den Anstoss zu dem russisch-türkischen Kriege (1877—78) gab. Der Frieden zu St. Stephano stipulierte die Errichtung eines unabhängigen bulgarischen Fürstentums, dessen Grenzen sich bis zum Ägäischen Meere und bis vor die Thore Konstantinopels erstreckten. Europa ward durch diese Forderungen erschreckt und intervenierte. Besonders England, das mit seiner Flotte eine drohende Haltung gegen die Russen einnahm und mit einem neuen Krimkrieg drohte, war die Ursache, dass jener Vertrag kassiert wurde und ein neuer, der Berliner Vertrag v. J. 1878 unter Beteiligung sämtlicher Grossmächte zu stande kam. Nach den Bestimmungen des Berliner Vertrags gab es von nun an ein fast unabhängiges bulgarisches Fürstentum. Da nun auch die Unabhängigkeit der bulgarischen Kirche innerhalb der Grenzen des Fürstentums mehr Berechtigung hatte, hoffte man, das bestehende Schisma würde aufhören und der kirchliche Friede zurückkehren. Aber die bulgarische konstituierende Versammlung d. J. 1879 proklamierte die Selbständigkeit der bulgarischen Landeskirche. Der Streit dauerte fort, weil die Bulgaren nie aufhörten, auch weiterhin die Ausdehnung des bulgarischen Exarchats auch ausserhalb des Fürstentums Bulgarien zu betreiben. Dies aber verstösst gegen die gesetzmässige Verfassung der anatolischen Kirche und verletzt die Rechte des Patriarchen. Deshalb hörte der Hader auch weiterhin nicht auf.

Als i. J. 1885 durch die Kühnheit des Bulgarenfürsten Alexander von Battenberg Ostrumelien mit Bulgarien vereinigt wurde, war wieder eine Lösung des Streites möglich, wenn nämlich die Bulgaren sich begnügt hätten, dass die territoriale Ausdehnung des Fürstentums für das Verwaltungsbereich ihrer Kirche die Grenze bilde. Aber immer wieder waren ihre Ansprüche die gleichen. Der Exarch behielt im Widerspruch mit dem kirchlichen Recht fortgesetzt seinen Sitz in Konstantinopel. Dem früheren Bischof Anthimos von Vidin folgte unterdessen Josef im Exarchat. Die Anstrengungen der Bulgaren zur Erreichung ihrer Absichten vervielfältigten sich und ihre Intriguen gegen die Hellenen in Thrakien und Makedonien nahmen kein Ende. In Saloniki wurde eine höhere bulgarische Schule für 500 Pensionäre errichtet! Die Bemühungen des Exarchen Josef, die makedonischen Kirchen mit bulgarischen Bischöfen zu besetzen, konnten nicht ohne Anstrengungen verhindert werden. In Philippopel erreichte die Feindschaft der Hellenen und Bulgaren ihren Höhepunkt, der bulgarische Pöbel zerriss die hellenischen Fahnen.

Im J. 1890 suchten die Bulgaren die Pforte wiederum zu

einem Firman betreffs der Besetzung der Bischofssitze Skopia, Ochrida und Veleze zu bewegen. Der Patriarch legte Protest ein und erklärte, nur wenn die schismatischen bulgarischen Kleriker ihre Kleidung veränderten und von der Pforte als Schismatiker bezeichnet würden, könnten verfassungsgemäss derartige Kaiserliche Edikte ausgehen. Aber die Pforte und besonders der den Hellenen feindlich gesinnte Kiamil Pascha gaben den Bulgaren nach und genehmigten die gewünschte Besetzung von Ochrida und Skopia. Aus diesem Grunde und auch wegen der Nichtanerkennung anderer Rechte dankte Dionysios V. ab, die beiden nationalen Körperschaften, die Synode und der Gemischte Rat aber, die in diesem Kampfe für die Verteidigung der Rechte des Patriarchats von dem Synodalen Germanos, Bischof von Heraklia, angeführt wurden, erklärten die Kirche am 4. Oktober 1890 in Verfolgungszustand. Als die Pforte infolgedessen von einer Verletzung der Rechte des Patriarchats abstand, wurden zwar am 24. Dezember desselben Jahres die Kirchen wieder geöffnet, aber der erlassene Firman wurde nicht zurückgenommen.

Dies entmutigte indessen die Bulgaren so wenig, dass sie i. J. 1894 durch eine Irade die Errichtung neuer bulgarischer Episkopate in Nevrekop und Veleze zu erlangen suchten. Der neue Patriarch Neophytos VIII. und die Synode protestierten und drohten mit Abdankung oder Berufung einer ökumenischen Synode. Aber die Pforte trat auf Betreiben der abendländischen Mächte England, Deutschland und Österreich, auf die damals die Blicke Bulgariens und ihres Fürsten Ferdinand samt seines Ministers Stambulof gerichtet waren, auf die Seite der Bulgaren, veröffentlichte die gewünschten Firmane und liess die Proteste unbeachtet. Da Neophytos VIII. nicht genügende Energie gegen die Forderungen der Bulgaren entwickelte, veranlasste ihn die Synode im Oktober 1894 abzudanken und wählte im Januar 1895 an seiner Stelle Anthimos VII. zum Patriarchen.

In demselben Jahre verfügte Ferdinand die Aufnahme seines Sohnes Bogoris durch das Mysterium des heiligen Myrons in den Schoss der orthodoxen Kirche. Ihn leiteten gewichtige Gründe, einmal wollte er das gegen die Bulgaren um ihrer Anlehnung an die abendländischen Mächte willen erzürnte Russland wieder versöhnen und zugleich wollte er die Liebe seines allzeit russophilen Volkes gewinnen. Russland war seitdem Bulgarien günstig gesinnt.

Wiederum schwoll den Bulgaren der Mut, durch einige Firmane aus dem Jahre 1896 suchten sie noch fünf andere Episkopate in Makedonien (Devra, Bitolia, Melnik, Strumnitza und Koko) zu erlangen, aber der energische Widerstand der unsrigen verhinderte lange Zeit einen thatsächlichen Erfolg. Auf diesem Punkte befand sich die bulgarische Frage, die mehr als alles andere die heutige anatolische Kirche zerrüttet, als Anthimos, bedrängt von allen Seiten, abdankte. Im J. 1897 wählte man Konstantinos V. zum Patriarchen.

§ 11.

Die hervorragendsten Patriarchen von Konstantinopel.

Litteratur. *Ζαχ. Μαθᾶ, Κατάλογος Πατριαρχῶν Κωνσταντινουπόλεως. Μ. Γεδεὼν Πατριαρχικοὶ Πίνακες.*

Das Patriarchat Konstantinopel zierten in dieser Zeit viele durch Gelehrsamkeit, frommen Wandel und Klugheit ausgezeichnete Männer. Unter den Patriarchen, die nach der Eroberung Konstantinopels besonders hervorragen, nennen wir zuerst den Gennadios Scholarios, einen Mann, gleich tüchtig in Philosophie und Theologie, der überhaupt die volle Bildung seiner Zeit beherrschte. Er war ein würdiger Nachfolger des Bischofs Markos von Ephesos in dem Kampfe gegen die Lateiner, trat auch gegen Juden und Mohammedaner für das Christentum ein und war ein Freund der aristotelischen Philosophie, die er gegen die platonische verteidigte.

Unter den Patriarchen des 16. Jahrhunderts ragt Jeremias II. hervor, der durch seine gelehrten Erwiderungen gegen die lutherischen Theologen in Tübingen berühmt geworden ist. Zuerst sandten die Tübinger Theologen Jakob Andreae und Crusius i. J. 1574 an ihn einen Brief mit der Übersetzung der Augsburgischen Konfession und suchten für sie seine Anerkennung zu erlangen. In seiner Antwort weist Jeremias darauf hin, dass die orientalische Kirche sowohl von der protestantischen als auch von der katholischen Kirche abweiche, und dass sie in der Mitte zwischen beiden stehe. Crusius und Osiander beantworteten das Schreiben. Jeremias erklärte in einem zweiten Briefe, eine Verbindung der orthodoxen und evangelischen Kirche sei unmöglich, da die Grundlage der Protestanten nur die Schrift, die der Orientalen aber Schrift und Tradition sei. Als die Lutheraner darauf nochmals antworteten, hielt Jeremias eine Fortsetzung der Verhandlungen für überflüssig. Dieser Jeremias ernannte den Metropoliten von Moskau zum Patriarchen von Russland.

Aus dem 17. Jahrhundert ist Kyrillos Lukaris zu erwähnen, ein Mann von hoher Bildung, der eifrig gegen die Jesuiten kämpfte und deren Ränke gegen die anatolische Kirche zu nichte zu machen suchte. Er wurde deshalb von ihnen verleumdet und verlästert. Er hatte in der Schweiz studiert und war mit vielen bedeutenden protestantischen Theologen eng befreundet. In seiner Eigenschaft als Gesandter des Patriarchen Meletios Pigas von Alexandrien kämpfte er gegen die Lateiner und stärkte die Orthodoxen. Bevor er Patriarch von Konstantinopel wurde, bekleidete er dieselbe Würde in Alexandrien. Die Lateiner hassten ihn kräftig, fünfmal betrieben sie seine Absetzung mit Erfolg. Nach dem letzten Male wurde er als Hochverräter von den Türken erdrosselt. Über diese beiden Patriarchen wird später noch eine ausführlichere Darstellung folgen.

Ein berühmter Patriarch des 17. Jahrhunderts war auch Dionysios V., der Komnene, der die Veranlassung zu der gegen die pseudolukarische Homologie i. J. 1672 nach Konstantinopel berufenen Synode war. Er stammte aus sehr vornehmer Familie, hatte eine sehr gute Bildung in der Patriarchatsschule erhalten und war zuerst Bischof von Larissa. Elias Miniatis verherrlicht ihn in einer Schrift.

Aus dem 18. Jahrhundert führen wir Seraphim II. (1757 bis 1761) an, der, wie Sergios Makraios bemerkt, mit seiner Synode die Schule des Patriarchats unterstützte und für den Unterhalt von 40 Schülern aller Fachwissenschaften auf derselben sorgte. Unter den damaligen Lehrern zu Konstantinopel waren Evgenios, Dorotheos, Kritias und Ananias die bedeutendsten. Das Fanar, sagt Makraios, wird zur Musenstätte, es ist als ob in unseren Tagen das einstige Athen wieder erstanden sei. Er sorgte auch für die Schule auf dem Athos (*Παπαρρηγ.* V, 535).

Zu denen, die in diesem Jahrhundert auf dem Gipfel des Ruhmes standen, befindet sich auch Samuel I. Chanzeris, der die Verhältnisse des Patriarchats ordnete, eine Kommission zur Oberaufsicht über den Schatz des Patriarchats bestellte und anstatt der alten, aus den Würdenträgern des Patriarchats bestehenden Synode die sogenannte Synode der Geronten errichtete, ohne die der Patriarch nichts allgemein Gültiges beschliessen konnte. Samuel unterstützte auch die gelehrten Theologen Bulgaris und Theotokis (1764). Er steigerte die Würde des Patriarchats so sehr, dass — wie wir sahen — die serbischen und bulgarischen Bischöfe für ihre Kirchen den unmittelbaren Schutz des Patriarchats suchten.

Ein bedeutender Patriarch war auch Gregor V., der dreimal Patriarch war (1798, 1808 und 1819—1821). Er war ein Freund der Wissenschaft, gründete eine zweite Druckerei in Konstantinopel, gab für die Geistlichen in den Eparchieen eine Dienstordnung heraus, ferner eine Anordnung über die Beobachtung des kanonischen Alters bei der Priesterweihe, beschränkte die Mönche und lebte selbst nach strengster Mönchsregel. Oben sahen wir, dass er ein Blutzeuge der hellenischen Freiheit wurde.

Der Erwähnung wert ist auch Kallinikos V. (1800), ein Mann von hoher Gelehrsamkeit, der die „Grosse Nationalschule“ gründete. Der Name Kallinikos V. — so sagt Gedeon (*Πατρ. Πίνακ.* 681) — ist bei uns mit der Verbreitung der Wissenschaft aufs engste verbunden. Er war zweimal Patriarch. Seine Menschenfreundlichkeit bekundete er durch Gründung des griechischen Armenhauses in Prussa in Kleinasien.

Aus dem 19. Jahrhundert heben wir besonders Kyrillos VI. (1813) hervor, der auf Gründung von Schulen und Verbreitung der heiligen Schriften bedacht war. Ausserdem sorgte er für einen besseren Wahlmodus bei der Patriarchenwahl und eine energischere Verwaltung des Patriarchenschatzes. Der obengenannte Schriftsteller berichtet auf Grund seiner eingehenden Studien über das Patriarchat von ihm folgendes: er liebte die Bildung, protegierte die Gelehrten und nahm jeden Rat, der einen Fortschritt für das Volk bedeutete, willig an (a. a. O. S. 683).

Konstantios I. (1830), ein durch allgemeine Bildung sowie durch tiefe theologische Kenntnisse ausgezeichneter Mann, schrieb besonders gegen die Armenier. Dieser Konstantios hatte zuerst die Patriarchenschule besucht und dann in Russland studiert. Er war der russischen, französischen und lateinischen Sprache völlig mächtig und beschäftigte sich mit byzantinischer Geschichte. Er war Mönch im Sinaikloster, später Erzbischof dieses Klosters und wurde von dort auf dem ökumenischen Patriarchatsthron berufen.

Als dritten hervorragenden Patriarchen dieses Jahrhunderts nennen wir Gregor VI., der während seiner ersten Amtsperiode (1835) als Patriarch mit der Abwehr der protestantischen Missionare zu thun hatte, in seiner letzten für die Kanones und Berechtigungen des patriarchalischen Thrones mutig gegen die Bulgaren eintrat. Er brachte durch eine Encyklika, die die Beerdigung evangelischer im Orient verstorbener Engländer durch die orthodoxe Geistlichkeit anordnete unsere Kirche beim Abendland zu hohem Ansehn, auch nahm er die Juden in echt evangelischer Weise gegen die Vorurteile des Pöbels in Schutz.

Germanos IV. (1842—45 und 1852—53) war ein Freund der Bildung, er gründete 1844 die Theologenschule in Chalkis (bei Konstantinopel), der der ganze höhere orientalische Klerus bis in die neueste Zeit seine wissenschaftliche Ausbildung verdankt. Germanos machte sich allgemein durch seinen Eifer für die Kirche, seine Uneigennützigkeit und seine Sorge für die Armen bemerklich. Er gründete das nationale Waisenhaus und liess die Patriarchatskirche kunstvoll renovieren.

Zu diesen hervorragenden Patriarchen Konstantinopels kann man allgemein alle nach dem neuen im Hatti Humagiun vorgeschriebenen Wahlmodus gewählten Patriarchen rechnen.

So war Joakim II., der in den Jahren 1866 und 1873

Patriarch war, nach dem allgemeinen Urteil ein Mann mit seltenen Gaben auf dem Gebiet der kirchlichen Verwaltung, von dem die orthodoxe Kirche in den gegenwärtigen traurigen Verhältnissen noch viel erhoffte, den aber der Tod viel zu früh wegraffte (1878). Dieser Joakim wehrte sich tapfer gegen die Anmassungen der Bulgaren und galt als einer der verständigsten und einsichtsvollsten Kirchenfürsten des Orients. Lange Zeit war Joakim (damals Bischof von Kyzikos) in der Synode der Geronten von allmächtigem Einfluss und leitete viele Jahrzehnte die Geschäfte des Patriarchats.

Sophronios, der nach der ersten Amtsperiode Joakims dessen Nachfolger wurde und 1870 den Patriarchatsstuhl in Alexandrien bestieg, zeichnete sich unter den kirchlichen Würdenträgern der orientalischen Kirche besonders aus.

Ein würdiger Nachfolger Joakims II. wurde nach dessen zweiter Amtsperiode Joakim III., der (seit 1878) Patriarch geworden war, ein energischer und geschickter Mann. Dieser gliederte an die Theologenschule in Chalkis eine Priesterschule zur Bildung des niederen Klerus in der Türkei an, verteidigte die Rechte der Christen mutig gegen die Übergriffe der Pforte und war auf die Bildung des Volkes bedacht. Der prächtige Neubau der Patriarchatsschule war sein Werk, ebenso die glänzende Renovierung des Patriarchatsgebäudes, ferner errichtete er ein Altersheim für Kleriker. Kein anderer entwickelte eine solche Energie für das Wohl der Kirche und des Volkes, keiner brachte die Pforte so in Bedrängnis und keiner genoss die gleiche Verehrung in der christlichen Bevölkerung wie er. Man schätzt ihn deshalb mit Recht als den bedeutendsten der letzten Patriarchen Konstantinopels.

Unter den späteren Patriarchen zeichnete sich Joakim IV. (seit 1884) durch sein Streben aus, zwischen dem ökumenischen Patriarchat und den verschiedenen anatolischen autokephalen Kirchen freundschaftliche Beziehungen zu schaffen und aller Orten den kirchlichen Frieden zu befestigen.

Dionysios V. (seit 1887) hatte als Metropolit um seines Eifers für die Kirche willen von den Bulgaren viel zu erdulden. Als Patriarch kämpfte er mit ihnen, erklärte i. J.

1890 die Kirche in Verfolgungszustand und zwang so die Pforte, die Rechte des Patriarchats zu respektieren. Er war auch für Frieden und Ordnung unter den orthodoxen Kirchen und begünstigte freundschaftliche Beziehungen zu den Kirchen anderer Konfessionen.

Neophytos VIII. kämpfte mit aller Macht gegen die Pforte, wies die Forderungen der Bulgaren zurück und scheute keine Anstrengung, die Einführung des Türkischen als Unterrichtssprache in den Schulen zu vereiteln.

Der letzte Patriarch Anthimos VII. (seit 1895) wies in einer Gegenencyklika die Anmassungen Papst Leos XIII., der die Orientalen zur Union mit Rom zu ziehen suchte, energisch zurück und auch in anderer Beziehung wurde seine Mühe vom Erfolg gekrönt, er hatte das Glück, die durch ein Erdbeben zerstörte Theologenschule zu Chalkis auf Kosten eines patriotischen Mannes in neuer Pracht erstehen zu sehen.

Das alles waren Patriarchen, die dem Stuhl von Konstantinopel Ehre machten und deren aufopfernde Thätigkeit für die Kirche unvergessen bleibt.

Dem Anthimos VII. folgte nach Niederlegung seines Amtes im April 1897 der jetzige Patriarch Konstantinos (Valiadis), der vorher Bischof von Mitylene, dann von Ephesos gewesen war. Konstantinos, ein Mann von hoher Bildung, begann seine Studien in Chalkis, setzte sie in Athen fort und vollendete sie in Strassburg und Heidelberg. Er geniesst allgemeine Hochachtung.

§ 12.

Das Patriarchat Alexandria.

Litteratur. *Γ. Μαζαράκη, Περὶ Πατριαρχῶν Ἀλεξανδρείας ἐν περιοδικῷ Κέκροπι ἐν Καΐρῳ* (1886, 1—16).

Die neuere Geschichte der übrigen Patriarchate des Orients hat nicht dieselbe Bedeutung wie die des ökumenischen Patriarchats. Die Patriarchen Alexandrias gerieten (v. J. 1453 an), seitdem das orthodoxe oder hellenische Element in Ägypten nach dem Einbruch der Araber numerisch sehr gesunken war, in immer grössere Schwäche. Der grösste Teil der Bewohnerschaft des Landes waren Araber, die entweder dem Islam anhingen oder Kopten waren. Nur wenige Bischöfe gehörten zum Patriarchat, es waren dies die Bischöfe von Libyen, Pentapolis, Pelusium, Memphis, Metilis und Thebais, aber auch das sind heute nur noch blosse Titel. Zur Zeit haben die Patriarchen ihren Sitz in Kairo, halten sich aber für gewöhnlich in Konstantinopel auf gleichwie die übrigen Patriarchen des Orients.

Die Christen dieses Patriarchats hatten unter der Herrschaft der Araber und Mamelucken in Ägypten viel zu leiden. (*Κυριακοῦ Ἐκκλ. ἱστορ. Β'* § 176.) Aber seitdem Ägypten an die Türken kam (1517), war die Lage der dortigen Christen auch noch schrecklich, jedoch nicht schlechter als früher. Eine Erleichterung für die ägyptischen Christen war der Schutz, den das ökumenische Patriarchat in Konstantinopel ihnen gewährte, denn dieses war von Mohammed II. mit vielen Vorrechten ausgestattet. Anderseits waren die Hilfsmittel und die Protektion der christlichen Fürsten von Rumänien und Russland in neuerer Zeit der ägyptischen christlichen Bevölkerung von sehr grossem Nutzen. So kam das Patriarchat binnen kurzem zu bedeutenden Besitztümern in der Walachei. Die Einkünfte dieser sowie mancherlei Opfergaben barmherziger Nächstenliebe ermöglichten es, ausser dem Patriarchat noch ein Krankenhaus, eine Schule, ein Armenhaus und andere gemeinnützige und menschenfreundliche Anstalten zu erhalten.

Einen weiteren Aufschwung verdankte das Patriarchat schliesslich der Tüchtigkeit der Patriarchen, die im 16. und 17. Jahrhundert den alexandrinischen Thron inne hatten. Etwa um d. J. 1700 fand man es für angebracht, den Sitz des Patriarchen von Alexandria nach Kairo zu verlegen, denn dort war auch der Sitz der Regierung und die Christen verhältnismässig zahlreich.

Dieser Aufschwung wurde seit Anfang dieses Jahrhunderts unter der Regierung Mehemed Alis und seiner Nachfolger noch fühlbarer, da durch die Errichtung eines stehenden Heeres nach europäischem Muster in Ägypten verhältnismässig

Ruhe und Ordnung herrschte. Viele Griechen kamen seit dieser Zeit, um Handelsgeschäfte zu treiben, nach Ägypten und bald entstanden in Alexandria, Kairo, Mansura, Damiette, Port Said und Sues blühende griechische Kolonien.

In der letzten Zeit geriet die Kirche einige Jahre lang durch die sogenannte alexandrinische Frage in Unruhe. Als nämlich i. J. 1866 Nikanor zum Patriarchen von Alexandria gewählt war, protestierte eine Partei gegen die Wahl, weil Nikanor wegen seines hohen Alters und seiner schwankenden Gesundheit ungeeignet sei und versuchte ihm mit Hilfe des Patriarchen von Konstantinopel den Mönch Evgenios als Vertreter aufzudrängen. Aber die Umgebung Nikanors litt dies nicht, sah dies vielmehr als unberechtigten Eingriff einer fremden Macht an und zwang Evgenios Alexandria zu verlassen. An die Stelle des zur Leitung der Kirche ungeeigneten greisen Patriarchen beriefen sie den Archimandrit Nilos. Nilos, der zuvor zum Metropoliten von Pentapolis geweiht war, bestieg, da Nikanor zu seinen Gunsten abdankte, im März 1869 schliesslich den Patriarchenstuhl. Aber da die Partei des Evgenios nicht aufhörte, dagegenzuarbeiten, wurde der Klerus und das Volk in Alexandria uneinig. In Konstantinopel meinte man, Nilos unterstehe als Mönch des Hagion Oros ihrer Jurisdiktion und befahl ihm unter Androhung der Absetzung und unter Erwartung striktesten Gehorsams, sofort seine Würde als Patriarch niederzulegen. Allein Nilos weigerte sich entschieden, hielt vielmehr den Patriarchen von Konstantinopel zu diesem Befehle für inkompetent, da er durch die Wahl selbständiger Patriarch sei. Zu seinen gunsten sprachen sich die Patriarchen Hierotheos von Antiochia und Kyrillos II. von Jerusalem aus. Konstantinopel sprach das Absetzungsurteil über Nilos aus, aber dies erschütterte seine Stellung nicht, um so mehr als er von den Patriarchen in Jerusalem und Antiochia anerkannt wurde. Im Februar 1870 ordnete die ägyptische Regierung, die den Unruhen ein Ende machen wollte, die Neuwahl eines Patriarchen durch den ägyptischen Klerus und das ägyptische Volk an, aber da die Wähler uneinig waren und an zwei verschiedenen Orten wählten, erwies sich auch dies Mittel als fruchtlos. Als schliesslich aber die Streitigkeiten immer noch andauerten, übertrug notgedrungen die ägyptische Regierung der Pforte die endgültige Lösung des Streites. Diese wies im Juni 1870 das ökumenische Patriarchat und die Synode an, einen Patriarchen für Alexandria zu wählen. Die Wahl fiel auf Sophronios. Daraufhin wurde Nilos gezwungen, seine Stellung aufzugeben.

Unter den Patriarchen, die den alexandrinischen Thron in diesem Zeitraum zierten, heben wir besonders den Meletios Pegas († 1600) hervor. Dieser hatte in Italien studiert, verstand viele Sprachen, kämpfte gegen die Jesuiten in Polen und schloss gegen den gemeinsamen Feind, die Papstkirche, enge Beziehungen mit den Protestanten Polens. Es gelang ihm dies durch einen regen Briefwechsel mit ihnen und ganz besonders durch die Entsendung des Kyrillos Lukaris nach Polen, der gegen die römischen Katholiken kämpfte und die Orthodoxen zur Treue und zum Gehorsam gegen den Glauben der Väter ermutigte.

Hervorragende Kirchenfürsten auf dem Throne zu Alexandrien waren auch eben dieser Kyrillos Lukaris, der später Patriarch von Konstantinopel wurde und dessen berühmter Schüler Mitrophanis Kritopulos. Dieser letztgenannte Theologe des 17. Jahrhunderts vervollständigte seine Studien zunächst in Oxford in England, dann in Deutschland, wo er mit den hervorragendsten Theologen Bekanntschaft schloss und für sie das „orthodoxe Glaubensbekenntnis“ (*ὁμολογία τῆς ὀρθοδόξου πίστεως*) verfasste. Trotz seiner tiefen Ehrfurcht gegenüber seinem Lehrer und Protektor Kyrillos Lukaris, zögerte er nicht, die dessen Namen tragende kalvinistische Katechesis zu verwerfen.

Auch der jetzige seit 1870 residierende Patriarch Sophronios ist der Erwähnung wert. Unter ihm erwachte das Patriarchat zu neuem Leben, die orthodoxen Gemeinden vermehrten sich, Schulen und Kirchen wurden gegründet und befand sich allgemein das Gemeinwesen in gutem Zustand. Die jetzige Zahl der Orthodoxen in Ägypten übersteigt 50000 nicht.

§ 13.

Das Patriarchat Antiochia.

Litteratur. *Κωνσταντίου ἀπὸ Σιναίου περὶ τῶν Πατριαρχῶν Ἀντιοχείας.*

Das Patriarchat Antiochia war im Altertum berühmt, wurde aber in dieser Periode (seit 1453) völlig bedeutungslos, da die Mehrzahl der Bewohner Syriens Mohammedaner oder Monophysiten sind. Wie schon erwähnt (§ 177 der *ἐκκλ. ἱστ.*) hatten die Kreuzfahrer nach der Eroberung Syriens (11. Jahrhundert) daselbst die orthodoxen Patriarchen vertrieben und den Patriarchenstuhl von Antiochia mit lateinischen Patriarchen besetzt. Erst nach der Eroberung Antiochias durch die Mamelucken, die Beherrscher von Ägypten, und die Vertreibung der Lateiner (1268) kamen die Orthodoxen in den Wiederbesitz des Patriarchats. Das Joch der mohammedanischen Eroberer war für die Orthodoxen im Vergleich zu dem, was sie unter den christlichen Kreuzfahrern erduldet hatten, mild. Die Patriarchen Antiochias verlegten in der Zeit nach der Eroberung Konstantinopels ihren Sitz von Antiochia, das nach der Zerstörung durch die Mamelucken i. J. 1269 zu völliger Bedeutungslosigkeit herabsank, nach Damaskus, wo auch der Sitz der türkischen Regierung war.

So oft in neueren Zeiten pekuniäre Schwierigkeiten an die Patriarchen Antiochias herantraten, reisten sie selbst in die Walachei, Moldau, Russland und andere christliche Länder, um dort Geld zu sammeln, oder schickten Gesandte zu diesem Zwecke dahin, wie dies ja auch die Patriarchen von Alexandria und Jerusalem damals zu thun pflegten.

Im J. 1555 brachte ein Schisma schwere Zeiten über die antiochenische Kirche. Die Bewohner von Damaskus hatten auf eine falsche Beschuldigung hin den Patriarchen Michael V. vertrieben und Joakim, den Bischof von Tripolis, zum Patriarchen gewählt. Die Folge davon war ein

Streit unter der Bevölkerung (Kleros und Volk), da die einen den in Damaskus residierenden Joakim, die anderen den in seiner Vaterstadt Apamia verweilenden Michael als Patriarchen anerkannten.

Ein neues Schisma entstand später unter Athanasios III., den seine Feinde in Damaskus bei der Regierung verklagten und es soweit brachten, dass diese ihn ins Gefängnis warf. Eigenmächtig und ohne die anderen zum Patriarchat gehörigen Christen zu fragen, wählten sie an seiner Stelle den Ignatios III., der 1614 Patriarch von Konstantinopel wurde. Gegen diesen stellte ein syrischer Bischof nach dem Tode des Athanasios dessen Bruder Kyrillos, der in Tripolis (Syrien) lebte, als Patriarch auf. Aber obwohl dieser Kyrillos auch von Kyrillos Lukaris protegiert wurde, gewann Ignatios den Sieg, Kyrillos wurde von der Regierung festgenommen, in Fesseln geworfen und starb elendiglich im Gefängnis. Durch diese Schismen erreichten die Verhältnisse Syriens den Höhepunkt der Anomalie und Verwirrung.

Im J. 1647 wurde Makarios III. Patriarch, er bereiste zum Zweck einer Geldsammlung zweimal Russland und Rumänien und es gelang ihm dadurch auch, die traurige Lage des Patriarchats einigermassen zu bessern. Bei seinem zweiten Aufenthalte in Russland (1666) wohnte er einer Synode der Patriarchen des Orients, in Moskau bei, die auf Befehl des Zaren Alexios Michaelovitsch zusammengekommen war, um den Patriarchen Nikon von Moskau, der wegen Unehrerbietigkeit und Rebellion gegen die Regierung angeklagt war, zu richten.

Im J. 1686 wurde der 20jährige Kyrillos III. Patriarch, fand aber bei vielen keine Anerkennung. Diese wählten einen gewissen Neophytos zum Patriarchen und ein neues Schisma zerrüttete die dortige Kirche.

Auch unter Athanasios IV. (1700) dauerte das Schisma an, da einige den Kyrillos noch als rechtmässigen Patriarchen anerkannten. Unter ihm gewannen die lateinischen Missionare grosse Macht, da Athanasios sie begünstigte. Er hoffte so die einflussreichen Gesandten der katholischen Mächte in Konstantinopel für sich und gegen Kyrillos zu gewinnen. Ganz in derselben Absicht suchte damals auch

Kyrillos die Freundschaft der Lateiner, die Folgen davon zeigten sich in der gesteigerten Arroganz und den skandalösen Bemühungen der Lateiner für den Papismus. Schliesslich siegte Kyrillos, Athanasios begnügte sich mit dem Bischofsstuhl von Haleb oder Berroea, bis er nach dem Tode Kyrillos dessen Nachfolger auf dem Patriarchenstuhl von Antiochien wurde.

Doch schlug der Papismus in Syrien Wurzel und kam zu noch viel grösserer Macht unter Sylvester, der i. J. 1724 der Nachfolger des Athanasios wurde. In seinem Fanatismus und blinden Eifer für die strenge Befolgung der Fasten exkommunizierte dieser viele christliche Bewohner von Haleb und Damaskus, die in der Fastenzeit Fische assen, weil sonst keine anderen Fastenspeisen vorhanden waren, zeigte sie der türkischen Regierung an, die auch einige von ihnen ins Gefängnis warf, und reizte das Volk so sehr, dass viele Syrer damals aus der anatolischen Kirche austraten und katholisch wurden.

Die folgenden Patriarchen Daniel (1767) und Anthemios (1773) hatten mit der Frechheit der Katholiken in Syrien viele Kämpfe zu bestehen. Eine ausserordentliche Thätigkeit für den Glauben der Kirche bewies auch Methodios (er wurde Patriarch i. J. 1823), den die Unterstützung der russischen Kaiser in den Stand setzte, die Patriarchatskirche in Bêrût wieder aufzubauen.

Die Patriarchen des 19. Jahrhunderts hatten nicht nur gegen die Katholiken, sondern auch gegen die protestantischen Missionare zu kämpfen, denn diese hatten sich in Syrien ausgebreitet, wo sie bis heute thätig sind.

Von den Patriarchen aus jüngster Vergangenheit erklärte sich Hierotheos († 1885) i. J. 1872 in Konstantinopel gegen die Bulgaren und kämpfte auch gegen die arabischen Orthodoxen, die durch die Intriguen der Panslavisten gegen ihn aufgehetzt waren und nur Privilegien zu erlangen suchten. Von 1887 an zierte Gerasimos, der frühere Bischof von Skythopolis, den Patriarchenstuhl Antiochias. Derselbe war ein gebildeter, thätiger und für das Hellenentum sehr begeisterter Mann; er wurde später Patriarch von Jerusalem.

Nach seiner Wahl zum Patriarchen von Jerusalem wählte man Spiridon zum Patriarchen von Antiochia, unter dem die Thätigkeit der Slavophilen stärker wurde. Die gegenwärtigen pekuniären Verhältnisse des Patriarchats sind überaus bemitleidenswert.

Seit 1857 zeigten viele unierte Syrier die Absicht, in den Schoss der anatolischen Kirche zurückzukehren. Im November 1860 überreichten 50000 derselben der in Konstantinopel versammelten Synode und den dabei anwesenden vier Patriarchen ein Libellon d. i. ein schriftliches Bekenntnis, darin sie ihren Austritt aus der unierten Kirche erklärten.

Die Geschichte der neueren Zeiten kennt unter den Patriarchen von Antiochia ausser dem Gerasimos keinen Patriarchen, der sich durch Bildung hervorthat oder sonst auf irgend eine Weise sich ausgezeichnet hätte.

Weder in diesem Patriarchat noch in dem von Alexandria sorgt man bis heute für die Bildung des Klerus durch Gründung von Theologenschulen und doch ist dies für diese Patriarchate das einzige Mittel, sie aus der Niedrigkeit zu ihrer einstigen Blüte wieder emporzuheben.

Zum Patriarchat Antiochia gehören folgende 16 Episkopate, Laodicea, Seleukia, Amidi, Tyros, Sidon, Tripolis, Vostra, Emessa, Bêrût, Adani, Heliopolis, Arki, Palmyra, Saïdanagia, Theodosiupolis und Akiska. Aber viele von diesen bestehen thatsächlich nicht mehr, ihre Bischöfe sind nur Titularbischöfe. Die orthodoxe Bevölkerung Syriens zählt circa 200000 Seelen.

§ 14.

Das Patriarchat Jerusalem.

Litteratur. *Δοσίθεος; περὶ τῶν ἐν Ἱεροσολύμοις πατριαρχευσάντων. Παλαμᾶς: Ἱεροσολυμιάς. Τὸ κανονικόν δίκαιον τοῦ πατριαρχικοῦ θρόνου τῶν Ἱεροσολύμων ἐπὶ τοῦ ἀρχεπισκόπου Σινᾶ. Ἐν Κωνσταντινουπόλει* 1868.

Unter dem orthodoxen Patriarchen von Jerusalem standen in dieser Periode nur wenige Episkopate, Bethlehem,

Nazareth, Petra, Gaza, Ptolemaïs, Lyddi, Sebastia, Thabor, Philadelphia, Skythopolis, Sinai, Joppi und Neapolis, und diese bestanden zumeist nur dem Namen nach und zählten nur wenige Seelen. Diese Titularbischöfe bildeten ordnungsgemäss mit einigen anderen Archimandriten, dem *σκευοφύλαξ* und dem Dragoman die den Patriarchen umgebende Synode.

Die monophysitischen Streitigkeiten hatten schon in älteren Zeiten einen grossen Teil der palästinensischen Christen von dem orthodoxen Patriarchat Jerusalem losgerissen. Noch mehr schwächte die arabische Eroberung, durch die der Islam überall gewaltsam Fortschritte machte, dieses Patriarchat. Seitdem die Lateiner mit Hilfe der Kreuzfahrer (11. Jahrhundert) Herren von Jerusalem geworden warden, sahen sich die orthodoxen Patriarchen zu fliehen gezwungen und ihren Aufenthaltsort in Konstantinopel zu nehmen. Seit dieser Zeit verfiel dieses Patriarchat völlig. Zugleich mit dem Christentum schwand auch der Hellenismus in jenen Gegenden völlig, die arabische Sprache kam zur Herrschaft und Araber übernahmen die Leitung des Patriarchats. Soweit kam es, dass ganz ungebildete Araber den Patriarchenstuhl einnahmen.

Die Türken, die seit 1517 die Herren Syriens und Palästinas geworden waren, bedrückten zwar die Christen auch grausam genug, aber immer noch weniger als die Mamelucken. Seitdem begannen die ökumenischen Patriarchen, die immerhin noch einige Macht besassen, auch diesem Patriarchat ihren Schutz angedeihen zu lassen und über die daselbst befindlichen heiligen Orte zu wachen. Dazu kommt noch das lebhafte Interesse, das in der Neuzeit die Fürsten der orthodoxen Länder Walachei, Moldau und Russland für das Patriarchat Jerusalem bezeigten, dem sie auch reiche Unterstützungen zufliessen liessen. Seitdem sitzen zumeist Patriarchen hellenischer Abkunft, besonders seit Germanos II. (1518), auf dem Patriarchenstuhl zu Jerusalem.

Die heiligen Wallfahrtsorte Palästinas, die jeden Christen durch heilige Erinnerungen an dies Land knüpfen, zogen in diesen Zeiten Jahr für Jahr grosse Scharen christlicher Pilger aller Konfessionen an. Diese Wallfahrtsorte sind folgende: Die Grotte in Bethlehem und in ihr die grosse Kirche; begonnen wurde diese von der heiligen Helena, vollendet i. J. 330 n. Chr. von Konstantin d. Gr. Sie ist eine der ältesten Kirchen, einfach und dabei zierlich und prächtig, eine Zeugin der alten hellenischen Kunst. Sie hat vier Reihen schlanker korinthischer Säulen und an den Wänden viel Mosaikarbeit. — In Jerusalem befindet sich das heilige Grab und die Auferstehungskirche. Auch diese Kirche ist sehr gross, sie hat zwei Gewölbe, ein grosses und ein kleines. Das kleine gehört zum Hauptgebäude der Kirche, das grosse ist an dieses angebaut. Unter dem grossen Gewölbe liegt das heilige Grab und ringsherum die Zellen der Mönche. An diese beiden Kirchen sind die Klöster der Orthodoxen, der Lateiner, der Armenier und der übrigen angebaut. An die Auferstehungskirche lehnt sich Golgatha an. — Die anderen heiligen Orte sind Gethsemane und in diesem die Ölbergskirche, Nazareth, Thabor, Tiberias u. a.

Seit der Eroberung durch die Kreuzfahrer erhoben die Lateiner Rechtsansprüche auf die heiligen Wallfahrtsorte in Jerusalem und Bethlehem und erlangten oftmals auch nachher von den Mohammedanern, den Herren des Landes, durch reiche Geldgeschenke neue Rechte auf den Besitz einiger Teile derselben, so in der grossen Auferstehungskirche auf das heilige Grab und seine Anbauten und in Bethlehem auf die heilige Grotte. — Auf demselben Wege erlangten auch die Christen anderer Konfessionen, Armenier, Jakobiten, Kopten, Abyssinier (*Χαμπαίσιοι*) und die Maroniten zu verschiedenen Zeiten von den Herren des Landes Besitzrechte auf einige andere Teile der heiligen Wallfahrtsorte. Der heftige Widerstand der Orthodoxen und ihrer mit ihnen aufs engste verbundenen Glaubensgenossen, der Russen, in den letzten zwei Jahrhunderten, die sich die Rechte, die einst ausschliesslich sie besessen hatten, zu erhalten suchten, waren vergeblich. Im 16. Jahrhundert traten die grossen Dragomane der Pforte Panagiotis Nikusis und Alexandros Mavrokordatos aufs energischste dafür ein, dass die Rechte der Orthodoxen auf die heiligen Orte erhalten blieben. In der That war es nur möglich, die Herrschaft über den hauptsächlichsten Teil derselben zu erhalten. Die Ausschmückung derselben bestritt man aus den reichen Gaben, die die orthodoxen Patriarchen Jerusalems gesammelt hatten; es waren dies besonders die Patriarchen seit dem 16. Jahrhundert (seit Germanos II. 1518), die teils persönlich Russland, die Donaufürstentümer und andere orthodoxe Länder bereisten, teils von den Herrschern dieser Länder reiche Geschenke erhalten hatten. Die Streitigkeiten über den Besitz der heiligen Wallfahrtsorte unter den verschiedenen christlichen Konfessionen füllen fast die ganze neuere Geschichte der palästinischen Kirche und riefen, wie wir oben sahen, den furchtbaren Krieg von 1854 zwischen den Mächten des christlichen Europas hervor. Und doch hätte am Grabe des Herrn nur Friede und Liebe unter den Christen herrschen sollen.

Über das Patriarchat Jerusalem brachen in der letzten Zeit mancherlei Stürme herein, der eine davon entstand wegen des Bischofs Kyrillos Byzantios von Sinai, der andere wegen des bulgarischen Streites.

Der Erzbischof vom Sinai, der einem Kloster und nicht etwa einer Anzahl von Kirchen vorsteht, war von alters her vom Patriarchat Jerusalem abhängig. Dieses Sinaikloster genoss das Privilegium, nach der internen Seite völlig autonom zu sein, sein Vorsteher hatte die erzbischöfliche Würde und wurde frei von den Klosterinsassen gewählt. Dagegen hatte der Patriarch von Jerusalem jeden dieser Erzbischöfe zu weihen und so oft ein Streit im Kloster ausbrach, war der Patriarch von Jerusalem, innerhalb dessen Patriarchat das Sinaikloster liegt, nach uralter Gewohnheit die kompetente Behörde — sofern man eine solche herbeirufen wollte —, die diesen zu entscheiden hatte. — Diesen Zustand suchte der Abt und Erzbischof des Sinaiklosters Kyrillos Byzantios, der dem herrschenden Gebrauch entgegen in Konstantinopel seine Weihe erhalten hatte, mit Aufbietung aller Mittel zu ändern. Bei Streitigkeiten mit den Mönchen i. J. 1866 rief er die Intervention des Patriarchen von Konstantinopel an und verwickelte so die beiden Patriarchen in einen argen Streit, da Jerusalem das Eingreifen einer fremden kirchlichen Macht in die Angelegenheiten der ihm von alters her unterstehenden Kirchen und Klöster zurückwies. Die vom Patriarchen Kyrillos i. J. 1867 berufene Synode des Patriarchats Jerusalem setzte Kyrillos Byzantios ab und wählte einen anderen, den das Kloster vorschlug, zum Erzbischof. Ausserdem erklärte diese Synode, nur die ökumenischen Synoden und niemand anders [1]) sei für die orthodoxe anatolische Kirche der einzige kompetente und höchste gesetzliche kirchliche Richter. Diesen Beschluss teilte sie allen autokephalen Kirchen mit.

In der bulgarischen Frage wollte der Patriarch Kyrillos II. von Jerusalem an der gegen die Bulgaren gerichteten Lokalsynode in Konstantinopel nicht teilnehmen, geriet deswegen mit seiner Synode in Streit und wurde von ihr abgesetzt und seines Patriarchats für verlustig erklärt (Dezember 1872). Die Wahl des neuen Patriarchen Prokopios fand zunächst Widerstand bei den eingeborenen Arabern, die die Mehrzahl der Bevölkerung dieses Patriarchats bildeten. Diese Araber waren von den Freunden der Bulgaren, vor allem den Russen, aufgehetzt worden, blieben dem abgesetzten Kyrillos treu, suchten aber in der That nur neue Rechte von dem Patriarchat zu erlangen.

Im Jahre 1874 appellierten die unzufriedenen Araber in einem Bittschreiben an den Patriarchen Joakim II. von Konstantinopel, der ihren Streit mit Prokopios entscheiden sollte, jedoch ohne Gehör zu finden. Schliesslich trug ihr Widerstand gegen Prokopios doch noch Früchte. Den Russen, die nicht aufgehört hatten in ihren Kirchen und selbst in Jerusalem für den abgesetzten Kyrillos als den rechtmässigen Patriarchen die (übliche) Fürbitte einzulegen, gelang es, die Majorität in der Jerusalemer Kirche zu gewinnen, und diese zwang den Prokopios abzudanken. Allein der 1875 an seiner Stelle er-

[1]) Kanon. Recht pag. 347: „Sofern wir anders verfahren würden, dürfte man annehmen, wir billigten und acceptierten antikanonische Interventionen und erkennten neben der höchsten kompetenten gesetzlichen richterlichen Gewalt, nämlich den ökumenischen Synoden, noch eine andere fremde und unbekannte Gewalt als höchsten Richter über die Kirche an.“

wählte Hierotheos erkannte gegen die Erwartung der Philobulgaren das gegen die Bulgaren proklamierte Schisma an. Die Russen konfiszierten wegen dieser Stellungnahme gegen die Bulgaren aus Rache gegen den Patriarchen von Jerusalem die reichen Besitzungen des heiligen Grabes in Bessarabien und im Kaukasus und brachten die pekuniären Verhältnisse des Patriarchats, wie dies schon einmal durch die Säkularisation der walachischen Klöster geschehen war, in ausserordentliche Notlage. Die theologische Schule musste deshalb auf einige Jahre aufgelöst werden, und erst als die russische Regierung wieder günstiger gesinnt wurde und die Einkünfte der mit Beschlag belegten Besitzungen wieder frei gab, trat diese Schule i. J. 1881 von neuem ins Leben.

Hierotheos starb 1882, zu seinem Nachfolger wählte man den Photios; aber da man ihn als ungeeignet ansah, wurde seine Wahl von der Pforte nicht bestätigt. Im J. 1883 wurde Nikodimos, Bischof von Thabor, bis dahin Exarch des heiligen Grabes in Moskau, ein bei der russischen Regierung wohlangesehener Mann, zum Patriarchen erwählt. Es kam zwischen Nikodimos und den Professoren der theologischen Schule zum Bruch, der daraufhin einige Zeit ihre Lehrthätigkeit sistierte und erst 1884 dieselbe wieder frei gab, seitdem ist ihr Verhältnis ein gutes. Unter Nikodimos wuchs der russische Einfluss in Palästina. Die russische Gesandtschaft in Palästina und die Palästina-Gesellschaft in Russland errichteten überall in Palästina russische Kirchen, Schulen und Fremdenherbergen. Als i. J. 1890 Nikodimos wegen des Widerstandes der Mönche und Kleriker des heiligen Grabes zur Abdankung gezwungen wurde, bestieg Gerasimos i. J. 1891 den Patriarchenstuhl von Jerusalem, ein gebildeter, rechtschaffener und energischer Mann. Unter ihm trat eine sehr bemerkliche Besserung der Zustände dieses Patriarchats ein, die theologische Schule hob sich unter seinem Schutz bald zu ihrer früheren Höhe. Leider nahm der Tod diesen Mann, der das Patriarchat zu noch grösserer Blüte gebracht hätte, i. J. 1897 hinweg.

Unter denen, die in dieser Periode an der Spitze des

Patriarchats standen, sind folgende die Bedeutendsten: Unter den älteren Germanos II. Peloponnesios, der 1518 den Patriarchenstuhl bestieg. Während vor ihm das Patriarchat sich in völliger Armut und Auflösung befand, gelang es ihm, durch seine mannigfachen Reisen in die orthodoxen Länder, auf denen er bei den frommen Christen für die heiligen Orte kollektierte, die heiligen Wallfahrtsorte, die ihrem völligen Verfall entgegengingen, wieder zu erneuern, die pekuniäre Lage des Patriarchats im allgemeinen zu festigen und die fast in Auflösung befindlichen Gemeinden Palästinas zu sammeln und aufzurichten. Germanos war der erste Patriarch hellenischer Abstammung in Jerusalem während der Neuzeit, vor ihm hatten nur eingeborene Araber diese Würde inne gehabt. Germanos brachte die alten Firmane der Sultane, die diese einst zum Schutze der Orthodoxen erlassen hatten, zu neuer Geltung und wies auch die Ansprüche der Lateiner auf die heiligen Orte zurück. Unter den späteren zeichnete sich Theophanis II. (1640) aus, ein rastlos thätiger Mann. Er reiste nicht nur, um Geld für die heiligen Orte zu kollektieren, nach Russland, sondern trug auch zur Kräftigung der dortigen orthodoxen Kirche, die im 17. Jahrhundert von den abendländischen Missionaren viel zu leiden hatte, ungemein viel bei. Theophanis gründete ferner die Theologenschule in Kiew und weihte den Petros Mogilas zum Metropoliten von Kiew sowie mehrere andere orthodoxe geistliche Würdenträger, die den orthodoxen Kirchen des südeuropäischen Russlands fehlten. (Gesch. der russ. Kirche aus dem Russischen übers. (ins Griechische!) von Ballianos 193—197.) Die Lateiner drängte er aus dem Besitz Golgathas und der heiligen Grotte in Bethlehem, die jene sich gewaltsam angeeignet hatten und es gelang ihm auch gegenüber den Armeniern und anderen christlichen Konfessionen den Orthodoxen das Privilegium des Ehrenvorrangs in der Auferstehungskirche zu sichern. Derselbe Theophanis liess auch der orthodoxen Kirche in der Walachei und Moldau, gegen die die Jesuiten intriguierten und sie hart bedrückten, durch Ordination der nötigen Oberpriester und Konstituierung einer Synode (1640) seinen wirksamen Schutz angedeihen. Er gab ferner das „Bekenntnis der orthodoxen Kirche“ heraus. Zu den hervorragenden Patriarchen gehört auch Nektarios (1660), ein in jener Zeit bedeutender Theologe, der mit einem damals seltenem Erfolg durch seine Schriften die päpstlichen Anmassungen auf den Orient zurückwies und auf dem Gebiete der Historik ungeheure Gelehrsamkeit entwickelte. (Seine Schrift „Gegen die Macht des Papstes“.) Ein fähiger Theolog war auch Dositheos († 1707), er kämpfte gegen Lateiner und Armenier für das Recht der Orthodoxen auf die heiligen Orte und war für den Glauben der anatolischen Kirche gegen Lateiner und Protestanten unermüdlich thätig. Gegen jene gab er eine umfangreiche Sammlung eigner und fremder Schriften heraus, die Bücher von der „Versöhnung, Liebe und Gnade“, hielt i. J. 1672 die bekannte Jerusalemer Synode gegen die pseudolukarische Homologie ab und gab die Biographien seiner Vorgänger im Patriarchat Jerusalem heraus. Chrysanthos (seit 1707 Patriarch), ein Mann von hoher Gelehrsamkeit, der seine Bildung in Padua erworben hatte, hinterliess bedeutende philosophische und theologische Schriften, von denen wir eine Abhandlung über die kirchlichen Aemter und über die 5 Patriarchatssitze hervorheben. Von den Patriarchen der Neuzeit erwähnen wir den gelehrten Anthimos (1808), den Verfasser des Buches „Die Theologie und Auslegung der Psalmen“, ferner Kyrillos II., den Gründer der Theologenschule in Jerusalem (1853), der allgemein in Palästina der hellenischen Bildung zum Aufschwung verhalf und dessen Name hochangesehen geblieben wäre, wenn die bulgarischen Streitigkeiten ihm nicht seinen einstigen Ruhm völlig vernichtet hätten. Gerasimos († 1897) muss man schon um seiner Gelehrsamkeit, seines ehrenhaften Charakters und seiner Tüchtigkeit in der kirchlichen Verwaltung willen mit Recht unter die hervorragendsten Patriarchen von Jerusalem rechnen.

§ 15.

Die Kirchen von Cypern und Georgien oder Ibirien.

Litteratur. Ἱστορία τῆς Κύπρου ὑπὸ Φιλίππου Γεωργίου. Ἀθήνησι 1875.

Ἱστορία τῆς Κύπρου ὑπὸ Φραγκύδη.

Κυπριακὰ ὑπὸ Σακελλαρίου.

Ἱστορία τῆς Γεωργίας ἢ Ἰβηρίας ὑπὸ Brosset.

Neben den Patriarchaten von Konstantinopel, Alexandria, Antiochia und Jerusalem bestehen unabhängige Kirchen im Orient, nämlich die Kirchen von Cypern und Georgien oder Ibirien.

Die Unabhängigkeitserklärung der cyprischen Kirche durch die III. ökumenische Synode, ihre Lage unter der Herrschaft der Araber und Kreuzfahrer auf Cypern, — allgemein die Geschichte Cyperns vor 1453, ist oben bereits behandelt worden (§§ 128 und 179). Aus der Zeit der Kreuzzüge stammen die wenigen bis zum heutigen Tage auf der Insel lebenden Gräkokatholiken. Von Haleb in Syrien aus kamen auch Maroniten nach Cypern. Allein der Kern der christlichen Bewohner blieb orthodox. Als die Insel i. J. 1571 unter die Herrschaft der Türken kam, hörte der Druck der Lateiner, den jene auf die Orthodoxen ausgeübt hatten, auf und die Zahl der Unierten verminderte sich erheblich. Allein auch die Türken bedrückten die cyprischen Christen, nahmen viele ihrer Gotteshäuser mit Gewalt weg und wandelten sie in Moscheen um, viele wurden auch zwangsweise zur Annahme des Islam gedrängt. Im J. 1600 versuchte Joakim, Patriarch von Antiochia, Ansprüche, die die geistliche Herrschaft über die cyprische Kirche zum Inhalt hatten, geltend zu machen, wie dies die Patriarchen von Antiochia schon in früheren Zeiten versucht hatten, und nur das Dazwischentreten des klugen Patriarchen Meletios Pigas, der die Absurdität dieser Ansprüche in einem Briefe darlegte, rettete die cyprische Kirche aus dieser Gefahr. Da man aus Veranlassung der pseudolukarischen Homologie verschiedene Synoden im Orient gegen die Protestanten abhielt, veranstalteten auch die cyprischen Bischöfe und Kleriker unter Vorsitz des Erzbischofs Nikiphoros von Cypern i. J. 1668 zu Levkosia eine Synode, auf der sie gegen die kalvinistischen Dogmen Stellung nahmen. Im J. 1674 wurde Hilarion Erzbischof von Cypern, ein kluger Mann, der seine Ausbildung in Rom genossen hatte und später wegen seiner Sympathien für die Lateiner in Anklagezustand kam. Einer der besten Erzbischöfe Cyperns war Philotheos. Dieser sorgte für Errichtung hellenischer Schulen und einen anständigen Zustand der kirchlichen Geräte und erreichte es durch seine Fürsorge, dass der Druck der herrschenden Klasse sowie die schweren Lasten und Steuern sich verringerten. Trotzdem wurde er gegen Ende seines Lebens von seinen Feinden verklagt und 1760 durch die Pforte des Landes verwiesen. Ein ebenso ausgezeichneter Mann in der Reihe der Erzbischöfe von Cypern war Kyprianos, den man mit anderen höheren Geistlichen und Klerikern i. J. 1821 erdrosselte, da er im Verdacht stand, mit dem griechischen Aufstand in Verbindung zu stehen. Er gründete die in Levkosia bis heute bestehende hellenische Schule. Ein bedeutender Mann, dessen Wirksamkeit der Insel zum grossen Segen gereichte, war Makarios († 1865). Dieser schützte gegenüber der Fremdherrschaft immerhin mit vielem Glück die Rechte der Bewohner Cyperns und trug sowohl für Gründung und einen guten Zustand der Schulen auf der Insel als auch für die Bildung des Klerus Sorge.

Der jetzige Erzbischof von Cypern, Sophronios passt nicht minder in den Kreis der ausgezeichneten Kirchenfürsten dieser Insel. Er hat in Athen studiert und ist im Besitze einer ganz bedeutenden Bildung. Als Erzbischof von Cypern ist er immer eifrig darauf bedacht, seine Herde mit der Predigt des göttlichen Wortes zu weiden, ebenso liegt ihm die Verbreitung von Bildung auf der Insel am Herzen und niemals fehlt er, wo es gilt für die Rechte des cyprischen Volkes einzutreten. Um dieser seiner Tugenden willen liebt und verehrt ihn das Volk sowie die jeweilige Regierung, die Türken und jetzt die Engländer, unter deren Schutzherrschaft die Insel seit 1878 gekommen ist.

Auch Kyprianos, der Metropolit von Kition, der i. J.

1885 starb und ebenso durch Gelehrsamkeit wie durch Beredsamkeit hervorragte, vertrat unter der Herrschaft der Engländer mutig die Rechte seines Volkes und erwarb sich durch Wort und Schrift grossen Ruf. Im J. 1893 gründete er in Cypern ein Gymnasium, seitdem verbreitet sich die Bildung allgemein über die ganze Insel. Unter der Herrschaft der Engländer konnte sich das Volk freier entwickeln und der patriotische Sinn wie die Liebe der Kyprioten zu Hellas zeigten sich lebhafter als anderwärts. Dem Erzbischof von Cypern, der in Levkosia residiert, unterstanden die Metropoliten von Lemisso oder Kition, Paphos und Kyrinia. Auf Cypern befinden sich etwa 140 000 orthodoxe Bewohner.

Die unabhängige Kirche des im Kaukasus liegenden Landes Ibirien oder Georgien, das in der letzten Vergangenheit unter russische Herrschaft gekommen ist, hatte sonst zwei autonome Erzbischöfe, die den Namen „Katholikos" führten. Der eine, der Erzbischof von Oberibirien, der sonst dem Patriarchen zu Konstantinopel unterstand, gewann mutmasslich kurz vor der Herrschaft des Isauriers, des Bilderfeindes, seine Unabhängigkeit, der von Unteribirien, der einst unter das Patriarchat Antiochia gehörte, erlangte seine Selbständigkeit unter Konstantinos Monomachos (11. Jahrhundert), als in Antiochia der berühmte Petros auf dem Patriarchenstuhl sass. Unter diese Archepiskopate gehören eine ziemliche Zahl anderer Metropoliten. Das Christentum vermochten die Mohammedaner nur in wenigen Teilen Georgiens auszurotten, der grösste Teil des Landes blieb trotz allen Druckes seitens der Türken dem christlichen Glauben treu. Die Georgier verehren besonders den heiligen Jowan und den heiligen Georgios, und hauptsächlich der letztere ist es, den sie als Schirmherrn ihres Landes ansehen und der wohl auch diesem Lande den Namen gegeben hat. Der Klerus wie das Volk sind ungebildet, wenn man auch seit einiger Zeit an vielen Orten Schulen zu errichten beginnt. Die Sitten der kriegerischen Bevölkerung Georgiens sind schlicht. Die Georgier überragten stets die ihnen benachbarten heidnischen Völker und zeichneten sich besonders durch ihre Toleranz gegen Andersgläubige aus.

Im J. 1811 begaben sich die Georgier wegen der ihnen von den Türken und Armeniern drohenden Gefahr freiwillig unter die Schutzherrschaft Russlands. Seitdem residierte in Georgien ein Vizekönig und stand die georgische Kirche unter dem „Allerheiligsten dirigierenden Synod" der russischen Kirche.

Seit 1883 strebten die Georgier, die durch ihre Schulen auf eine höhere Bildungsstufe gekommen waren, danach, ihre alte kirchliche und nationale Unabhängigkeit wieder zu erlangen, allein nicht ohne den energischsten Widerspruch der russischen Regierung gegen ihre Bestrebungen hervorzurufen. Russland hob seitdem sogar das Vizekönigtum auf, zog alle früheren Privilegien zurück und setzte einen einfachen Generalgouverneur ein.

Georgiens Hauptstadt ist die Handelsstadt Tiflis mit 140000 Einwohnern. Die Einwohnerzahl des ganzen Landes beläuft sich auf fünf Millionen. In Tiflis residiert jetzt ein Erzbischof russischer Nationalität, der zugleich Mitglied des heiligen Synods in Petersburg ist. Unter ihm stehen der georgische Vertreter und einige andere Bischöfe. In Tiflis besteht auch eine kirchliche Schule. Viele blühende georgische Klöster finden sich im Lande. Ausserdem haben die Patriarchate im Kaukasus viele Besitzungen.

§ 16.

Die Bischöfe und der ihnen untergebene Klerus.

Die Zahl der Bischöfe vermehrte sich nach der Eroberung Konstantinopels ausserordentlich und stand weder im Verhältnis zum thatsächlichen Bedürfnis noch zu der Bevölkerungsziffer und der Bedeutung der Städte. Es kam vor, dass die unbedeutendsten Städte Metropolen und erzbischöfliche Sitze waren. Die zumeist in Asien wohnenden Metropoliten und Erzbischöfe, die keine Bischöfe unter sich hatten, trugen ihren Titel als Bezeichnung ihres Ranges und um ihrer Ehrenvorrechte willen. Nur die Metropoliten und Erzbischöfe hatten das Recht, nach Konstantinopel zu kommen. der Patriarchatssynode beizuwohnen, mit abzustimmen und die Verordnungen des Patriarchen mit zu unterschreiben.

Die einfachen Bischöfe dagegen, die nur in zwei Fällen in der Hauptstadt verweilen durften, nämlich wenn sie ihren Metropoliten verklagen wollten oder von diesem verklagt waren, durften nur in den *σύνοδοι ἐνδημοῦσαι* (ausserordentliche Synoden, cf. § 7) als Richter fungieren, jedoch ohne das Recht, mit unterschreiben zu dürfen. (*Χρυσάνϑ. Συντάγμ* 74.) Es wurden auch in Konstantinopel Bischöfe honoris causa geweiht, *τιτουλάριοι* genannt, die entweder zur Besetzung verwaister Bischofssitze oder in den Kirchen der Hauptstadt oder als Gesandte in den reichen Klöstern der Walachei verwandt wurden.

Die Metropoliten ernannte der Patriarch und die ihn umgebende Synode, die Bischöfe jeder Metropolit in seiner Eparchie, die Priester und Diakonen der Bischof, natürlich nicht ohne Rücksichtnahme auf die Meinung der Parochianen. Die Bischöfe leiteten die kirchlichen und sonstigen Angelegenheiten der christlichen Bevölkerung ihrer Eparchien und hatten das Aufsichtsrecht über ihren Sprengel, ferner war ihnen die Belehrung des Volkes, die Weihe der Priester und die Jurisdiktion über den Klerus und die Mönche übertragen, und für gewöhnlich waren sie auch die Schiedsrichter in den mancherlei Streitigkeiten ihrer christlichen Unterthanen. Zur Umgebung des Bischofs gehörten ein Ikónomos, ein Sakellarios, ein Sakellion und ein Protosynkellos, die diese Titel Ehren halber trugen, sonst aber den bischöflichen Rat (*περὶ τὸν ἐπίσκοπον συμβούλιον*) bildeten. Für gewöhnlich waren ein Archidiakonos und ein Protosynkellos zur Unterstützung des Bischofs vorhanden. Bei wichtigen Angelegenheiten zog man auch die Notabeln des Ortes (Demogeronten genannt) heran und fragte sie um ihre Ansicht.

Die Bischöfe, die durch Firman des Sultans bestätigt waren und in der Hauptstadt kräftigen Rückhalt besassen, hatten in ihren Eparchien eine einflussreiche Stellung und flössten sogar der mächtigen mohammedanischen Bevölkerung ihrer Eparchie oft Respekt ein. Dies war damals vielfach die einzige Rettung des Volkes, das gegenüber den Übergriffen der herrschenden ottomanischen Bevölkerung oft nur bei ihnen Schutz und Hilfe fand. Doch waren sie gezwungen, dem Sultan dafür reiche Geschenke darzubringen, die sie natürlich von ihrem untergebenen Klerus wiederforderten. Ferner mussten sie ausser ihrem eigenen Aufwand jedes Jahr eine bestimmte Summe für die Hofschulden (*αὐλικά*) einsenden, denn diese trug die Kirche gemeinsam.

Die hauptsächlichsten Einkünfte der Bischöfe bestanden in den sogenannten *κανονικά*, einer jährlich für jede Familie festbestimmten Steuer, die diese ihnen zahlen musste und Nebeneinkünften (*τυχηρά*), d. s. Ehrengeschenke der Klöster, Einweisungsgebühren (*ἐμβατίκια*) der Priester, die ein Amt überkamen, Amtsverrichtungen (*λειτουργίαι*), Begräbnisse (*κηδίαι*), Gedächtnisfeiern (*μνημοσύναι*) und Gebühren für die Ordination (*χειροτονίαι*). Auch der Erlass des Kirchenbannes und der Verkauf der Freischeine für die dem Kirchenbanne Verfallenen brachte den Bischöfen erheblichen pekuniären Nutzen.

Das Einkommen der Pfarrer war meist niedrig und ungeregelt. Selten wurden sie von Parochianen regelmässig besoldet. Ihre gewöhnlichen Einkünfte bestanden in der Bezahlung der Messen und zwar nicht nur der offiziellen, sondern auch der Privatmessen, der Trauungen, der Beerdigungen, Gedächtnisfeiern und anderen kirchlichen Handlungen. Dieser üble Zustand herrscht noch bis heute im ganzen Orient.

§ 17.

Uber die Bildung und den sittlichen Zustand des Klerus.

Die Bildung des Klerus war besonders in der Zeit unmittelbar nach der Eroberung Konstantinopels (vom Ende des 15. bis zum 16. und 17. Jahrhundert) sehr gering und beschränkte sich hauptsächlich auf die Kenntnis des Lesens und Schreibens. Da keine Schulen zur Ausbildung des Klerus vorhanden waren, gab es für den geistlichen Beruf nur eine praktische Vorbereitung. Ein künftiger Bischof bereitete sich bei irgend einem Bischof als Diakonos oder Protosynkellos vor und sammelte dort Erfahrungen in der kirchlichen Verwaltung.

Für die einfachen Pfarrer genügte es, wenn sie Vorleser in einer Kirche gewesen waren. Bei dem allgemein herrschenden niedrigen Stand der Volksbildung erschien selbst das kirchliche Amt eines Anagnostis (Vorlesers) etwas Grosses zu sein, deshalb trugen manche den Namen Anagnostis anstatt ihres Taufnamens als Ehrenname.

Nur wenige unter den Mönchen mit priesterlichem Amt (*ἱερομόναχοι*) und Bischöfen, besonders die, die in Europa studiert hatten, besassen eine höhere Bildung.[1] Im J. 1821 waren unter circa 180, die zur höchsten Geistlichkeit gehörten, kaum 10 wissenschaftlich gebildete Theologen, von dem Rest waren höchstens 30—40, obwohl sie als gebildet galten, kaum im Besitze der elementarsten Kenntnisse und des einfachsten theologischen Wissens (*Ἐκϑ. ἐπιτρ.* 1833 *περὶ τῆς καταστ. τῆς ἐκκλ. σελ.* 137). Trotz alledem sah man die Kleriker in der Religion und auf allen anderen Unterrichtsgebieten als die einzigen Lehrer des christlichen Volkes an, und sie waren es in der That. Die Priester, die hoch in Achtung und Ehren standen und die das Volk in aller Einfalt und in des Wortes wahrster Bedeutung als seine Berater und Hirten ansah, übten häufig einen stärkeren Einfluss auf das religiös-sittliche Leben des Volkes aus als die hochgebildetsten Redner. Bisweilen bereisten auch „ausserordentliche Prediger“ (*ἱεροκήρυκες*) die Eparchien, ihre Predigten machten um so grösseren Eindruck, da sie so selten waren.

Die Sittlichkeit vor allem des verheirateten Klerus war allerwärts tadellos.

Die wissenschaftliche Bildung der hohen Geistlichkeit besserte sich in der Neuzeit. Es waren die Schulen in Kydonia, Smyrna, Bukarest, Jasion und anderwärts, besonders die Theologenschule zu Chalki, die der Patriarch Germanos von Konstantinopel 1844, und die Theologenschule in Jerusalem,

---

[1]) Hierüber wie allgemein über die bedeutendsten Theologen der anatolischen Kirche in der Zeit nach der Eroberung Konstantinopels soll in einem besonderen Abschnitte ausführlicher gehandelt werden.

die der Patriarch Kyrillos 1853 gründete, auf die theologische und philosophische Ausbildung des Klerus von segensreichem Einfluss.

Ausserdem besuchen viele höhere Kleriker der Türkei zur Zeit um ihrer Ausbildung willen die Universität Athen (seit 1837) oder die gelehrten Universitäten des europäischen Abendlandes.

Schlimm steht es aber mit der grossen Masse der gewöhnlichen Priester, der Hauptmasse des Klerus, für sie ist im Orient bisher nur wenig Fürsorge getroffen worden. Der in Konstantinopel bestehende Verein von Geistlichen, der die Bildung des niederen Klerus ins Auge gefasst hatte, kam auf diesem Gebiete nicht vorwärts. Dem Patriarchen Joakim III. gelang es eben unter Aufbietung aller Mittel eine Priesterschule (*ἱερατικὴ σχολή*) an die Theologenschule in Chalki anzugliedern, die leider aber nach einigen Jahren wieder einging. Auch in Janina, Chaniae, Caesarea, Samos und an anderen Orten wurden Priesterschulen gegründet, die aber insgesamt nur wenig florierten.

Solange die pekuniäre Lage der Priester so erbärmlich ist, dass die meisten derselben nur knapp ihr Leben fristen können, werden schwerlich Angehörige der gebildeten Stände den Beruf eines Priesters ergreifen. Die erbärmliche pekuniäre Stellung und die unverhältnismässig grosse Zahl der Priester tragen die Hauptschuld an diesen Verhältnissen. Eine Verminderung ihrer Zahl auf das absolut nötige Mindestmass bietet die alleinige Möglichkeit für eine Besserung der Lage des niederen Klerus. Das richtige Verhältnis wäre 250 Familien auf je einen Priester.

§ 18.

Das Mönchtum.

Litteratur. *Δήμιτσα: Μακεδονικὰ μέρος Β'* 435—475 *καὶ περὶ Ἁγίου ὄρους. Φρεαρίτου: περὶ ἁγίου ὄρους Πανδώρᾳ ἔτους ΙΕ'. Γεδεῶνος: ὁ Ἄθως* 1885.

Das Mönchtum stand in dieser Periode im Orient fortwährend in hoher Blüte, die Klöster waren zahlreich und zahlreich auch ihre Insassen. Je drückender die Roheit der mohammedanischen Gewalthaber auf den Christen lastete, um so mehr sahen sich jene gezwungen, sich in die Einöden zurückzuziehen, wo sie die ersehnte Freiheit und Ruhe allein finden konnten.

Die Türken hatten den Klöstern manche Vorrechte gelassen, sie hatten Glockengeläut, was den Christen sonst verboten war, und durften auch das Kreuzeszeichen äusserlich als Schmuck tragen.

Damals traten die Klöster auf dem Athos, der als heiliger Berg verehrt wurde, in den Vordergrund. Die Zahl der Athosklöster beträgt 20, im engsten Zusammenhang mit einigen von ihnen stehen kleinere Klöster, Skiten (σκῆται) genannt. Die Athosklöster stehen unter dem Schutz des Patriarchen von Konstantinopel, haben aber sonst bezüglich ihrer inneren Verhältnisse das Recht völliger Selbstverwaltung. Alle fünf Jahre tagen in Karyae, der Agora des Hagion Oros, die 20 Vertreter dieser Klöster als die sogenannte Gemeinde (κοινότης) und wählen den Vorsitzenden des Hohen Rates oder der Inspektion (ἐπιστασία). Dieses Amt wechselt der Reihe nach unter den fünf vornehmsten Klöstern, der Hagia Lavra, Ibires, Vatopedion, Chiliantarion und Hagios Dionysios. Dieser Vorsitzende ordnet mit drei Vertretern der Klöster zweiter Klasse alle Klosterangelegenheiten unter Mitwirkung der Gemeinde.

Wegen verschiedener bei der Wahl der Äbte (ἡγούμενοι) entstandener Streitigkeiten ordnete das ökumenische Patriarchat neue Bestimmungen über die Verwaltung der Athosklöster an (1875). Sonst besassen diese Klöster durch die edle Freigebigkeit ihrer Gründer, der byzantinischen Kaiser und Fürsten der Walachei und Moldau, und aus den reichen Opfergaben christlicher Pilger sehr bedeutende Reichtümer. Ihre Haupteinkünfte flossen aus ihren Besitzungen in den Donaufürstentümern. Deshalb verfielen sie nach der Säkularisation derselben (vergl. § 9) unter Kusa (1863) plötzlich in grosse Armut.

Die Mehrzahl der Klöster ist von Mönchen hellenischer Abkunft bewohnt, doch gibt es auch ein bulgarisches (Kloster Zographu), ein serbisches (Kloster Chiliantarion) und ein russisches Kloster (des heiligen Panteleimon). Im Kloster des heiligen Paulus haben die russischen Mönche das Übergewicht. Die Walachen haben eine von der Hagia Lavra abgetrennte Skite. Die slavischen Klöster sind bei der thatkräftigen Unterstützung seitens Russlands im Aufblühen begriffen. während die hellenischen Klöster ihrem Verfall entgegengehen.

Die reichen Bibliotheken, die in den Athosklöstern sich befinden, liegen zum grössten Teil unbenutzt. Die kostbarsten Handschriften von unersetzlichem Werte wurden von den Mönchen, die ihren Wert nicht kannten, verkauft oder verschenkt. Ein gewisser Janos Laskaris verkaufte viele Bücher, die dem Hagion Oros gehörten, an die medizinische Bibliothek in Florenz. Athanasios, ein römischer Katholik von Cypern, betrog die Mönche und stahl viele kostbare Werke. Der Russe Arsenios Suchanoff (17. Jahrhundert) brachte mit Erlaubnis der Mönche 700 Handschriften vom Hagion Oros nach Russland. Diese befinden sich zumeist in Petersburg.

Viele von den Büchern vermodern, weil ihr Aufbewahrungsort feucht ist, und sind so in Gefahr, verloren zu gehen. Von den 3000 Handschriften, die das Kloster des Pantokrator sonst besass, ist jetzt etwa der zehnte Teil gerettet. Die Diebstähle lassen sich bis in das 19. Jahrhundert hinein verfolgen. So raubte Minoidis Minás um die Mitte vergangenen Jahrhunderts zahlreiche Handschriften im Athos. — Kataloge sind nicht vorhanden. Vor ganz kurzem erst begannen die Äbte einiger Klöster für die Erhaltung und Ordnung ihrer Bibliotheken einen lobenswerten Eifer zu entwickeln. Einen unschätzbaren Dienst leistete Professor Spiridon Lampros den Athosklöstern wie der Wissenschaft, der die Riesenarbeit unternahm, einen vollständigen Katalog der Bücher und Handschriften der heiligen Klöster zusammenzustellen.

Zur Gründung von Theologenschulen war der Hagion Oros kein geeignetes Feld, da die Mönche für Bildung nicht eingenommen waren. Evgenios Bulgaris wurde von dort vertrieben, nachdem er nur kurze Zeit Leiter der um die Mitte des 18. Jahrhunderts von Kyrillos V. gegründeten Athosschule gewesen war, diese Schule ging auch binnen kurzem wieder ein. Für gewöhnlich gab es dort nur eine kleine minderwertige Schule.

Die Zahl der Mönche auf dem Hagion Oros beziffert sich ungefähr auf 5—6000. Ausser den in den Klöstern und Skiten wohnenden Mönchen leben auch solche zu zweien oder dreien in Zellen, Kellioten genannt, oder ganz allein, diese nannte man Eremiten.

Die Natur auf dem Athos ist herrlich, die Waldungen dicht und schattig, der Athos durch seine Grösse auffallend. Äusserlich gleichen die Klöster Festungen, in der Mitte befindet sich der Naos (Gotteshaus), wie er allgemein genannt wird. Die Gotteshäuser sind in byzantinischem Stile erbaut. Man unterscheidet den Prónaos (Vorhaus), den Narthix (Vorhalle), den Naos (Raum für die Gläubigen), die Soléa und den Altarraum. Viele von den Bildern stammen aus der alten byzantinischen Zeit, unter ihnen sind die hervorragendsten die Bilder des Panselinos in der Zentralkirche in Karyae. Die Akoluthien (Gottesdienste) werden nach altkirchlicher Ordnung gefeiert. Sechsmal des Tages versammeln sich die Klosterinsassen zum Gebet. Die kirchliche Musik auf dem Athos zeigt viel Ernst und Würde.

Das Einkommen der Athosklöster setzt sich heutzutage zusammen aus den Besitzungen, die man ihnen gelassen hatte, aus Gaben, die die Pilger den Klöstern verehrten und dem Erlös für die Handarbeiten der Mönche. Die Mönche beschäftigen sich hauptsächlich mit der Verfertigung von heiligen Bildern und Malereien, ferner mit Schneiderei, Uhrmacherei, Buchbinderei, Abschreiben und anderen Handwerken.

Die Äbte verwalten gemeinschaftlich mit den Mitgliedern des „Rates“ die Klostergemeinden. Jedes Kloster steht rücksichtlich der Lebensweise seiner Insassen unter der Aufsicht zweier Koadjutoren, denen zusammen mit dem „Dikaeos“, d. h. dem Wirtschafter dieses Amt übertragen ist. Diese drei werden jährlich gewählt. In jedem Kloster befindet sich für gewöhnlich ein Hospital und Fremdengemächer. Die Gastfreundschaft im Hagion Oros ist grossartig.

Zu verschiedenen Zeiten wurden die Athosklöster von Streitigkeiten erschüttert. So entstand im 17. Jahrhundert ein grosser Streit über die Frage, wo man während der Proskomidi die Portion der heiligen Mutter des Herrn hinzulegen habe, ob die rechte Seite des heiligen Brotes nach der rechten Seite des Priesters zu liegen müsse und ob dort die vorerwähnte Portion liegen dürfe oder nach dem Kelche zu. Diesen Streit stillte der Patriarch Parthenios IV. durch eine Encyklika, in der diese Fragen als Adiaphora hingestellt wurden.

Im 18. Jahrhundert entstand im Hagion Oros ein neuer Streit, der Gedächtnisfeier- und Kolybenstreit (seit 1754). Da man nämlich in diesen Klöstern die Gedächtnisfeiern (der Verstorbenen) nicht nur am Sabbat, wie üblich, sondern auch am Sonntage abhielt, wurden viele fanatische Mönche gegen diese Gewohnheit aufgebracht und schimpften die anderen „Kolybisten". Im J. 1772 versuchte der Patriarch Theodosios II. von Konstantinopel diesen Streit beizulegen, er schrieb, man dürfe auch am Sonntag die Gedächtnisfeiern abhalten, allein vergeblich. Der Streit dauerte bis in den Anfang des 19. Jahrhunderts, Gregor V. sah sich noch i. J. 1807 gezwungen, die Mönche zur Eintracht zu ermahnen.

Seit 1750 entstand im Hagion Oros ein neuer Streit. Der Eifer vieler Mönche, die Evcharistie recht häufig zu geniessen, hatte ihn entfacht. Gregor V. missbilligte auf Grund eines Synodalbeschlusses diesen Eifer.

Diese kleinlichen und bedeutungslosen Streitigkeiten beweisen die Simplizität der Athosmönche.

Die Athosklöster waren die festesten Stützen der Kirche wie des Hellenismus in den traurigen Zeiten der Knechtschaft, der Athos der Zufluchtsort der Verfolgten, jeder Arme fand dort Beistand, zugleich war er aber auch der Ausgangspunkt für die Hilfsmittel mancherlei Art, auch die Beichtväter und Lehrer des Volkes gingen zumeist vom Hagion Oros aus.

Ausser den Athosklöstern gab es noch andere berühmte Klöster, so das Sinaikloster und das Kloster des heiligen Grabes, die ebenfalls durch die Gaben frommer Christen zu ungeheuren Reichtümern gekommen waren. [1]) Aber nur selten

---

[1]) Allein die Einkünfte aus den Donaufürstentümern betrugen viele Millionen Francs.

machte man von diesen Reichtümern einen guten und zweckmässigen Gebrauch.

Die Zahl der Mönche im Sinakloster verminderte sich nach der Eroberung Konstantinopels bis auf 50, während es sonst über 100 gewesen waren. Die Haupteinnahmen des Klosters flossen aus seinen wertvollen Besitzungen in der Walachei, Bessarabien und im Kaukasus, aber es hatte auch in Kairo, Alexandria, Gaza, Damaskus, Hellas, Kreta und selbst in Sizilien und anderen nichtorthodoxen Ländern aus frommen Schenkungen reiche Besitzungen. Das Metochion [1]) in Tsubania bei Kairo war die bedeutendste aller dieser Besitzungen, die für gewöhnlich das Sinakloster mit den nötigen Bedürfnissen versorgte. Diese Einkünfte, die schliesslich sehr beschnitten wurden, dienten zum Unterhalt der Mönche und zur Unterstützung und Pflege der Sinai besuchenden Pilger.

Das Sinakloster gehörte von alters her unter das Patriarchat Jerusalem, wenn ihm auch einige Patriarchen von Alexandrien und Konstantinopel dieses Recht streitig machen wollten. Vom 10. Jahrhundert ab nahm der Hegumen (Abt) des Sinaklosters den Titel Erzbischof an. Einige von diesen Erzbischöfen, wie Lavrentios (1592), Ananias (1668) u. a. wollten sich von dem Patriarchat Jerusalem unabhängig und autokephal machen, konnten dies aber nicht erreichen, sondern erregten nur Unzuträglichkeiten und Streitigkeiten. — Der Erzbischof hat den heiligen Konvent (*ἱερὰ σύναξις*), der aus den hervorragendsten Mönchen besteht, zur Seite, im Fall der Abwesenheit vertritt der Vorsitzende des Konvents, „Dikäos“ genannt, den Bischof. Die in der Neuzeit (nach der Eroberung Konstantinopels) bekanntesten Sinaiten sind Maximos und Joakim, die Freunde des Gennadios Scholarios, Nektarios, der Patriarch von Jerusalem wurde, und Konstantios von Sina, der ökumenischer Patriarch wurde.

Das Kloster des heiligen Grabes ist an die Auferstehungskirche angebaut. In ihm hält sich der Patriarch auf, dort tagt er auch für gewöhnlich mit seiner Synode.

---

[1]) Name eines kleinen Filialklosters. — Nach Kattenbusch bedeutet es „Farm“. Anm. des Übers.

Früher war das Kloster in den Händen der christlichen Araber, allein seit 1518, d. h. von Germanos II. an hatten die hellenischen Mönche wieder die Oberhand. Früher hatte das Kloster ein sehr reiches Einkommen, jetzt sind seine pekuniären Verhältnisse misslich, denn das Kloster hat nicht nur die alle Jahre zusammenströmenden unzähligen Pilger zu verpflegen, sondern erhält auch allezeit eine grosse Anzahl Arme.

Von den übrigen Klöstern haben in dieser Periode noch folgende eine gewisse Berühmtheit, das Kloster auf Patmos, das Metéorakloster in Thessalien und das Kloster Mega Spilaeon im Peloponnes. Auch heute finden sich in ihnen alle Arten von Mönchen, die es einst im Altertum gab. Die Hegumene werden gewöhnlich von den Mönchen oder von dem Bischof und den Vornehmsten der Eparchie gewählt. Die Wahl eines Hegumens gilt auf Lebensdauer. Alle Mönche, die die priesterlichen Weihen empfangen haben, werden *ἱερομόναχοι* genannt. Jeder Mönch muss sich der Führung eines geistlichen Vaters unterordnen, dieser wird Géron genannt und dient jenem als Führer und Lehrer in der Askese. Bevor dem Mönch das Haupt geschoren wurde, hiess er *δόκιμος* (Novize). Die Mönche sind in verschiedene Grade asketischer Vollkommenheit eingeteilt, in *ῥασοφόροι* (Kuttenträger), *μικρόσχημοι* (Kleinmönche) und *μεγαλόσχημοι* (Vollmönche). Die Kleinmönche nennt man auch *σταυροφόροι*. Die alte Unterscheidung in *μοναστήρια κοινοβιακὰ* und *ἰδιόρρυθμα*[1]) besteht noch in der Neuzeit. Doch teilt man die Klöster auch in *μ. ἐνοριακά*, welche dem Bischof der Eparchie unterstellt sind, in *μ. σταυροπήγια*, die nur den Patriarchen als ihr Oberhaupt anerkennen und *κτιτορικά*, die weder von einem Patriarchen noch sonst einem entfernt wohnenden Bischof abhängig sind, sondern nur den Gründer des Klosters oder seine Nachkommen zum Protektor haben.

Die bedeutenderen Klöster (auf dem Athos, Kloster des heiligen Grabes, das Sinakloster) haben in verschiedenen Ländern infolge von Schenkungen grosse Besitzungen, die sie

---

[1]) Klöster, in denen den Mönchen Privateigentum gestattet ist, wo jeder „suo arbitrio" lebt. Anm. des Übers.

durch ihre Exarchen verwalten lassen. Unter den Mönchen haben noch heute die Eremiten oder Asketen und allgemein alle, die sich übermässige und ungewöhnliche asketische Entbehrungen auferlegen wie z. B. die Styliten, die oft selbst die Bewunderung der Ottomanen hervorriefen, besonderen Ruf. Überall finden sich Klöster einsam Lebender.

Vom Beginn des 19. Jahrhunderts begann der Verfall der Klöster, in den meisten schwand die Zahl der Mönche. In Hellas, dem Peloponnes und den benachbarten Inseln gab es vor 1821 circa 245 Klöster, die zumeist von nicht mehr als einen oder zwei Mönchen bewohnt waren. Der Niedergang der Klöster steht im direkten Verhältnis zu den Kulturfortschritten im Orient. Je geringer nämlich der Druck des herrschenden Volkes ist und die Lebensverhältnisse sich entwickeln, um so weniger ist Grund vorhanden, sich von der Gesellschaft in die Einöden zurückzuziehen. Die Konfiskation der Klostergüter seitens der rumänischen Regierung in den Donaufürstentümern war für die Klöster der schwerste Schlag. Ein fernerer Grund für den Niedergang des Mönchtums in der Gegenwart liegt darin, dass man in der Neuzeit die Askese, d. h. die übermässige Enthaltsamkeit nicht mehr in so hohem Masse bewunderte, wie dies die Christen der ersten Jahrhunderte thaten, dagegen die Arbeit mehr als sonst schätzt und weil das beschauliche Leben der Mönche keine solchen Lobredner als sonst hat.

§ 19.

Das Volk.

Der harte Druck seitens der Eroberer verursachte beim Volke, wie einst die babylonische Gefangenschaft beim Volke Israel, einen hingebenden Eifer für die Religion, eine grosse Sittenstrenge und eine unendliche Liebe zu dem armen geknechteten Vaterland. Die Greuel der Knechtschaft machten das Volk weise, stellte die in den Zeiten der byzantinischen Herrschaft verloren gegangene Sittlichkeit in ihrer alten Reinheit wieder her und erneuerten teilweise das Volk.

Paparregopulos schreibt: „Die Zeit der Prüfung während der ottomanischen Herrschaft war dem Volke bitter nötig, denn nur durch sie erwachte der bis ins entfernteste Gebirge und bis im kleinsten Meereiland so lange Jahrhunderte erloschene Geist heiliger Vaterlandsliebe, der Freiheit und thatkräftiger Energie. Aus diesem wiedererwachten Geist, der aus den Überlieferungen des Altertums seine Nahrung sog, im Glauben der Väter neue Kraft fand, und sich durch die unüberwindliche Einwirkung der Zivilisation der Neuzeit vervollkommnete, entstand der heutige Hellenismus, der ohne den beständigen Zufluss jener drei lebenspendenden Strömungen nie besteht, noch bestehen kann.“ In der That wurden jene drei geistigen Mächte, das Christentum, die klassische Zeit des griechischen Altertums und die abendländische Zivilisation die Quellen für den schnell erwachenden Hellenismus. Der Hellene der Neuzeit hat gute Sitten und liebt die Religion seiner Väter, die er von seinen byzantinischen Vorfahren überkommen hat. Auf der anderen Seite liebt er sein Vaterland, die Wissenschaft und die Freiheit unter der doppelten Einwirkung des hellenischen Altertums und der übermächtigen Ideen des zivilisierten Abendlandes. Demgemäss folgt der Hellenismus nicht einseitig dem Vorbilde der byzantinischen Zeit oder des klassischen Hellenentums, sondern nimmt von beiden das Beste, von der byzantinischen Zeit die Glaubensfestigkeit und politische Einheit, aus der altgriechischen Zeit den wissenschaftlichen Geist, den patriotischen Sinn und die Freiheitsliebe und bildet so eine besondere Form, die man mit Hellenismus bezeichnet. So wurden die Hellenen in der Zeit der Knechtschaft patriotisch, sittenstreng und gottesfürchtig.

Allein diese Frömmigkeit des geknechteten Volkes hatte wegen der Unwissenheit desselben mancherlei Mängel. Sie beschränkte sich vielfach auf eine strenge, ähnlich wie in den Klöstern übliche, Beobachtung der Fasten, der Akoluthien und allgemein der äusserlichen Formen der Religion. Während sie deshalb mit grossem Eifer diese Äusserlichkeiten beobachteten, war die Hochschätzung des Lebens, der Ehre und des Eigentums anderer bei ihnen nicht analog. Und bei der Willkür der türkischen Gewalthaber und den ungerechten Gesetzen verlor das Volk alle Ehrfurcht gegenüber der Obrigkeit und alle Achtung vor dem Gesetz.

Der Frömmigkeit des Volkes, die wegen dessen Unwissenheit vielfach mit Vorurteilen und Aberglauben vermengt war, stand ein heftiger Fanatismus gegen Andersgläubige zur Seite. Unter diesem Fanatismus litten besonders die Juden im Orient. Glücklicherweise fanden sich Patriarchen, die vielen Eifer darauf verwandten, dem Volk den Geist echtevangelischer Toleranz einzuflössen. So z. B. ermahnte der Patriarch Metrophanis III. (1567) die Christen von Kreta in einem Briefe, sie möchten den Juden nichts Böses zufügen, sie auch nicht verleumden, was dem Anschein nach häufig geschah und weswegen die Juden von Kreta bei ihm Vorstellungen erhoben hatten. In dem Briefe heisst es unter anderem: „Alle Ungerechtigkeit und Verleumdung ist, gleichviel gegen wen sie sich richtet, ein Unrecht. Die Ausrede, das Unrecht sei gegen Andersgläubige und nicht gegen einen frommen Glaubensgenossen gerichtet, rechtfertigt den Übelthäter nicht, wie ja auch unser Herr Jesus Christus im Evangelium spricht: „Thut Niemand Gewalt noch Unrecht, macht keinen Unterschied bei Andersgläubigen und gebt den Frommen keine Gelegenheit, Andersdenkenden Unrecht anzuthun“ (*Παπαρρηγοπ.* V, 516).

Heute beginnt durch die Tag für Tag sich ausbreitende Bildung der Aberglaube, die Intoleranz und jene überaus ängstliche Beobachtung der äusseren Formen des Gottesdienstes mehr und mehr zu schwinden. O dass doch damit nicht zugleich die alte Sittenstrenge und jene lichte, innere, wahre Gottesfurcht mit verschwinden möge! Denn „ohne Religion kann kein nationales Leben bestehen. Die Religion ist das Fundament, auf dem sich das künftige Geschick des Orientes aufbaut“ (Paparregopulos *Ἱστορ.* III).

§ 20.

Der Kultus.

Der Kultus verlor in dieser Periode infolge der Knechtschaft und der durch sie erzeugten Armut den einstigen Glanz, der ihm zur Zeit der Byzantiner eignete, und wurde armselig. Auch die Gotteshäuser, die man jetzt baute, waren zumeist kunstlose Gebäude und nur ein Schatten byzantinischer Pracht. Oben (§ 3) sahen wir, wie unter Selim I. (1520) die schönsten christlichen Kirchen zerstört oder in Moscheen umgewandelt wurden, während den Christen für die Zukunft nur erlaubt wurde, Kirchen aus Holz zu errichten. Dieser Befehl war von Murat III. (1577) ausgegangen. Nur durch ganz enorme pekuniäre Opfer gelang es den Christen, die Mehrzahl der Kirchen zu retten. Ums Jahr 1600 nahmen die Ottomanen wiederum die schönsten Kirchen, die gewölbt waren oder Bleidächer trugen, in Besitz und verboten den Christen andere als kurze und niedrige Gotteshäuser zu bauen. Seit 1730 verbot man ihnen überhaupt, Kirchen zu bauen, ja noch mehr, als 1775 die Christen in Konstantinopel notwendige Reparaturen an ihren alten Gotteshäusern ausführten, damit diese nicht vollends zusammenstürzten, gebot die Pforte, die wiederhergestellten Teile niederzureissen. Und nicht nur die Gotteshäuser, auch die rings um die Kirche liegenden Häuschen der Kleriker auszubessern, war den Christen streng verboten. Die Ottomanen inspizierten die Kirchen fleissig, und wenn sie bloss einen Nagel oder einen neu eingesetzten Ziegel fanden, so verfolgte man die Christen oder man befahl die Zerstörung der Kirchen. (*Μακραίου ἐκκλ. ἱστ. παρὰ Σάθᾳ Μεσαιων. Βιβλ. Γ'*, 311.) Erst seit Ende des 18. Jahrhunderts war es den Christen an manchen Orten gestattet, grössere Kirchen zu bauen.

Die Malerei, die es allerdings auch bei den Byzantinern nicht zur Höhe wahrer künstlerischer Vollendung gebracht hatte, verlor sich ganz. Auch die kirchliche Musik wurde in den allgemeinen Niedergang der schönen Künste mit hereingezogen. Diese wurde durch den ganz offenbaren Einfluss der bei den Türken üblichen asiatischen Musik verderbt. Allein so viel auch verdarb, traditionell erhielt sich immerhin in ihr die byzantinische Musik. Wenn wir die Ehrerbietung des Volkes gegen alles von den Vätern Ererbte ins Auge fassen, wie treu es an dem Überlieferten festhielt, so ist es eine unwahrscheinliche Annahme, dass die musikalische Kunst der Vorzeit völlig verloren gegangen sei. Leider kann man nur mit Schwierigkeit oder vielmehr gar kein sicheres Urteil über die vorliegende Frage abgeben, da niemand die musikalischen Handschriften aus der Zeit vor der Eroberung, die mit eigenartigen, heute unverständlichen Noten geschrieben sind, lesen und verstehen kann. Nach der Eroberung wurden diese Notenzeichen öfters verändert, zuerst von dem während der Eroberung lebenden Kukuselis, dann durch Petros Lampadarios aus dem Peloponnes (1715) und schliesslich im Anfang des 19. Jahrhunderts durch Chrysantos, Churmusios und Gregorios (1816).

Das 19. Jahrhundert ist das Säkulum der Erhebung, die jetzt erbauten Kirchen wurden nach bestimmtem architektonischen Stil erbaut, die Malerei begann sich zu heben und auf die Musik verwandte man viel Musse. Besonders nach der Befreiung von Hellas baute man in Athen und sonst in Hellas und dem hellenischen Orient prächtige Kirchen in byzantinischem Stil nach allen Regeln der Architektonik. Die Metropolis und die russische Kirche des heiligen Nikodimos in Athen sind vollendete Typen des byzantinischen Stils. Auch die Malerei begann in unserer Kirche hauptsächlich in der Neuzeit erfreuliche Fortschritte zu machen. Die russische Kirche geht auf diesem Gebiete voran. Diese Verbesserung entstand dadurch, dass man den hohen Stand der noch erhaltenen byzantinischen Kunst mit der den Byzantinern fast unbekannten Kunst der Neuzeit verknüpfte. Bedeutende ausländische Maler, deren Hilfe man suchte, gaben hierzu den hauptsächlichsten Anstoss. Ludwig Seitz malte hervorragende und in diesem Sinne vollendete Bildwerke für die Metropolis in Athen, der Franzose Flandrine malte die Bilder der Kirche der Grossfürstin Maria Nikoljewna, Ludwig Thiersch die unerreichten Bilder des heiligen Nikodimos in Athen, die griechische Kirche in London, einen Teil der griechischen Kirche in Wien und zwei Schlosskirchen, die des Fürsten Michael und des Fürsten Nikolaos Nikolajewitsch in Petersburg. Durch diese drei grossen Künstler bildete sich bei uns eine Schule in der kirchlichen Malerei, die noch eine grosse Zukunft hat. So sehen unsere kirchlichen Maler den Weg zur Wiedererneuerung der kirchlichen kunstvollendeten Malerei sich vorgezeichnet.

Auch die kirchliche Musik fing trotz aller Hindernisse derer, die an dem Erbe der Väter und den eigenen schlechten Verhältnissen übermässig festhielten, in der Neuzeit an, sich emporzuschwingen. Zwei hervorragende deutsche Musiker in Wien, Randhartinger und Preier, waren die ersten, die auf Veranlassung der dortigen Orthodoxen die kirchlichen Melodien zu kunstvollen, den Ansprüchen der Neuzeit entsprechenden Kompositionen umarbeiteten. Sie machten den Satz vierstimmig und gestalteten so die Musik lebendiger und erhebender. Ihrem Beispiele folgten viele unserer Musiker und so kommt es, dass heute in vielen Kirchen Athens der Chor die Liturgie kunstvoll vierstimmig singt.

Der Gottesdienst muss von jener Armseligkeit frei werden, in die ihn die Zeit der Knechtschaft gestürzt hat, und in aller nur möglichen Schönheit und Würde gefeiert werden, damit er mit den in der Neuzeit sich ausserordentlich entwickelnden und immer mehr vorwärtsschreitenden gesellschaftlichen Verhältnissen und Bedürfnissen des Orients korrespondiere. Die Gottesdienste müssen kürzer werden und unbedingt muss die Predigt, die wegen der herrschenden Unwissenheit sich fast ganz verloren hat, wieder ihren Platz im Gottesdienste finden, denn nur sie kann in unserer Kirche neues Leben wecken.

Gegenüber den Protestanten, die ausser der Taufe und dem Abendmahl alle übrigen Sakramente verwerfen, erkennt die orthodoxe Kirche auf Grund der gegen die kalvinisierende pseudolukarische Homologie gerichteten Synode des 17. Jahrhunderts 7 Sakramente an, nämlich Taufe, die Salbung mit dem heiligen Myron, Abendmahl, Busse, Ehe, letzte Ölung und Priesterweihe (Kimmel, Monum. fidei eccles. orient. Jen. 1858 I, 448, 414, 404). Wir finden diese Zahl auch in der von Petros Mogilas auf Anordnung der vier Patriarchen herausgegebenen Homologie (a. a. O. I, 170). Ebenso tritt die anatolische Kirche auf Grund der apostolischen Überlieferung für ein dreimaliges Untertauchen bei der heiligen Taufe ein und hält dies für die einzig richtige Ausführung derselben (a. a. O. II, 109; I, 172, 174). Bis zum Patriarchen Kyrillos V. (1748) war im Orient auch die Taufe Andersgläubiger gültig, wenn auch gegen die kirchliche Form, da die Katholiken und Protestanten die Täuflinge nur besprengten oder begossen, und denen, die zum orthodoxen Glauben sich wandten, wurde nur das Myron zu Teil. Unter dem Patriarchen Symeon von Konstantinopel (1482) wurde eine Akoluthie aufgestellt, in der man die Lateiner durch Salbung mit dem heiligen Myron aufnahm. (*Ῥάλλη καὶ Ποτλῆ ἐν συλλογῇ καν. Τόμῳ Ε΄.*) Der Patriarch Dositheos von Jerusalem sagt: „Die Häretiker sollen nicht wiedergetauft werden“ (cf. XV. der Jerusalemer Synode 1672). Im Jahre 1718 legte der gelehrte Patriarch Jeremias III. in einem Schreiben an Peter d. Gr. seine Ansicht über diese Frage folgendermassen dar: „Man soll die aus der Häresie des Luthertums oder des Kalvinismns Übertretenden nur mit dem heiligen Myron salben“. (*Ἀνέκδ. ἐγκυκλ. Ἱερεμ. Γ΄. ἐκδ. Μ. Τέδεών. Κωνστ.* 1872.) Allein unter Kyrillos V., in der Zeit, als jene skandalösen Anstrengungen der Katholiken im Orient, Proselyten zu fangen, vorfielen, wurde in einer Synode beschlossen, künftighin sollten die von der römischen oder den protestantischen Kirchen Übertretenden als Ungetaufte getauft werden (*Σεργίου Μακραίου* 403). Dagegen nimmt die anatolische Kirche von altersher die Armenier nur durch das Myron auf und dokumentiert dies damit, dass jene ihrer Ansicht nach die Taufe richtig vollziehen und auch die übrigen Sakramente korrekt verwalten (a. a. O. 400). Dagegen zeigte die russische Kirche in diesem Punkte bis heute viel Mässigung, sie erkannte die Taufe der abendländischen Christenheit als gültig an und nahm sie nur durch die Salbung mit dem Myron auf. Und nicht allein die Taufe, sondern auch die übrigen Sakramente der abendländischen Kirchen liess die russische Kirche gelten und verlangte nur die Verwerfung offenbarer Irrlehren. Seit dem Jahre 1875 beabsichtigte die Kirche von Hellas nach dem Beispiel der russischen Kirche und unter Rückkehr zur Praxis der alten Kirche die Taufe der Katholiken und Protestanten für gültig zu erklären. Sie holte die Meinung des Patriarchen von Konstantinopel über diese Frage ein, empfing auch eine zustimmende Antwort, allein eine endgültige Entscheidung kam nicht zu stande. Über die Kraft bezw. Gültigkeit der Taufe seitens Heterodoxer herrschten auch in der alten Kirche Streitigkeiten zwischen den verschiedenen Kirchen.

Im Gegensatz zu den protestantischen Kirchen hielt die anatolische Kirche die Lehre von der Transsubstantiation im heiligen Abendmahl und die Theorie von der Eucharistie als einem Opfer fest. (*Ὀρθ. ὁμολ.* 76 *καὶ Δοσιθέου ὁμολ.* 17 *καὶ* 15 *παρὰ* Kimmel.)

Die grosse Zahl der Feste vergrösserte sich nach der Eroberung durch Hinzunahme neuer Märtyrerfeste. Die zu grosse Zahl der Feste aber ist ein Krebsschaden. Die jetzige Generation hält aus eigenem Antriebe nur die Hauptfeste, denn Müssiggang ist aller Laster Anfang.

Kapitel 3.

Die Beziehungen der anatolischen Kirche zu den protestantischen Kirchen.

Litteratur. Melanchthon epist. ad Joasaphum *ἐν* Append. ad Philippi Cyprii *Χρονικὸν τῆς ἀνατολικῆς ἐκκλησίας* C. 2 ff. Martini Crusii Turco-graecia. Annot. ad Malaxi historiam p. 204, Bas. 1584. Acta theologorum Virtenbergensium et Hieremiae P. l. 143. Virtenbergae 1584 fol. Le Quien, Oriens Christianus I, p. 347—360. Aymon, Monuments de la réligion des Grecs. Smith, Collect. de Cyrillo Lucari, Lond. 1707. Pichler, Geschichte des Protestantismus in der griechischen Kirche, Berlin 1862. Gass, Symbolik der griechischen Kirche. *Μελετίου Γ'*, 402—446. *Μαθᾶ, Κατάλογος πατριαρχῶν* 180, 181, 190.

§ 21.

Dimitrios Mysos.

Zwischen den protestantischen Kirchen des 16. Jahrhunderts und der anatolischen Kirche entwickelten sich auf mancherlei Wegen Beziehungen, die auf eine Vereinigung beider abzielten, allein alle diese Versuche scheiterten. Denn gewichtige Unterschiede in der Lehre, in der Verwaltung und im Kultus machten allezeit eine Vereinigung höchst schwierig.

Die erste Veranlassung zu solchen Beziehungen ging von einem gewissen Dimitrios Mysos aus. Es hiess, der Patriarch Joakim II. (1564) habe ihn nach Wittenberg geschickt, um durch Studien an Ort und Stelle Aufschluss über die Lehre der Protestanten zu erhalten. Melanchthon, einer der hervorragendsten Reformatoren, machte sich diesen Umstand zu nutze und bemühte sich eifrig, dem hellenischen Kleriker eine Vorstellung von dem Wesen des Protestantismus beizubringen. Er gab ihm bei seiner Rückkehr i. J. 1569 die griechische Übersetzung der Confessio Augustana, die Paulus Dolskius angefertigt hatte, mit, zugleich mit einem Briefe an den Patriarchen, in dem er seine Freude darüber aussprach, dass Gott die anatolische Kirche mitten unter den grausamen Feinden des Christentums unversehrt erhalten habe, und ausserdem Aufklärungen über die protestantische Kirche gab. Für die Protestanten sei die heilige Schrift die Quelle der christlichen Lehre, die durch die Synoden bestätigten Dogmen würden auch ihrerseits anerkannt und die alten Irrtümer der Häresien verworfen, jedoch könnten sie den abergläubischen Kultus, den die unwissenden lateinischen Kleriker als Gottesgebote ansähen, durchaus nicht billigen. Ferner bat er den Patriarchen, den Anklagen, die die Katholiken im Abendlande gegen sie ausbreiteten, kein Gehör zu schenken. Jedoch hatte dieser Brief keinen Erfolg.

§ 22.

Die Tübinger Theologen und der Patriarch Jeremias II. von Konstantinopel.

Viel wichtiger waren die Beziehungen zwischen den Tübinger Theologen und dem Patriarchen Jeremias II. Im Jahre 1574 schrieben der Theolog Jakob Andreae und der Professor der griechischen Philologie Crusius an diesen Patriarchen einen Brief und legten eine neue Übersetzung der Confessio Augustana bei, um ihm ein klares Bild zu geben, wie ihr Glaube mit dem der orthodoxen Kirche übereinstimme. Zugleich baten sie ihn, ein Urteil über die Confessio Augustana abzugeben. Im Jahre 1575 antwortete ihnen der Patriarch und fügte eine ausführliche Beurteilung ihres Glaubenssymbols bei. Er tadelte es, dass sie den Glaubenssatz der Nicänischen und Konstantinopolitanischen Synode „der heilige Geist sei allein vom Vater ausgegangen" nicht billigten und verwarf auch die Taufe mittels Besprengung oder Begiessung. Bei der Rechtfertigung wendete er ein, die guten Werke seien für diese notwendig, denn ohne sie sei der Glaube tot, Glaube und Werke seien zur Seligkeit nötig. Ferner hielt er an der Siebenzahl der Sakramente fest, denn so seien sie uns von Christus und seinen Jüngern überliefert. Besonders missbilligte der Patriarch die Lehre der Protestanten vom heiligen Abendmahl; er hielt fest daran, dass in diesem Sakramente durch die Wirkung des heiligen Geistes das Brot (und zwar gesäuertes) in der That sich in den Leib und der Wein in das Blut Christi verwandle. Denn weder werde nach dem biblischen Bericht vom heiligen Abendmahl der Leib und das Blut des Herrn, wie er dieses getragen, übermittelt, noch steige jetzt der Leib des Herrn bei der Feier der Eucharistie vom Himmel herab — das sei eine Blasphemie —, sondern damals wie heute würde dies durch die Anrufung des allmächtigen Geistes bewirkt. Er verwarf also die sogenannte ubiquitas corporis domini der protestantischen Lehre. Ferner hielt er es für nötig, dass das Sündenbekenntnis vor dem Priester abgelegt werde und für eine wirkliche Besserung des

Lebens es für sehr zweckdienlich, dass der Priester dem Beichtenden eine Sühne auferlege. Namentlich rühmte er das Almosengeben, dadurch der Sünden Menge bedeckt würde. Auch das Gebet für die Gestorbenen, die Verehrung (*τιμὴ καὶ προσκύνησις*) der Heiligen und die Feier der Heiligenfeste nahm er stark in Schutz. Auch damit stimmte er nicht überein, dass die Protestanten diejenigen verurteilten, die alle ihre Habe verkauften und sich um ihres Seelenheiles willen von der menschlichen Gesellschaft zurückzögen, und sah im Gegenteil in Übereinstimmung mit den heiligen Vätern das mönchische Leben als den Weg zur christlichen Vollendung an. Gleichfalls wies er die Lehre von dem freien Willen und der Prädestination zurück und führte dazu folgendes an: Der Mensch hat zwar, um das Gute zu vollbringen, die Hilfe der göttlichen Gnade absolut nötig, aber er muss sich erst für das Gute entschieden haben, dann wird die göttliche Hilfe erfolgen; diese geht dem menschlichen Willensentschluss nicht voran, sonst gäbe es keinen freien Willen. Paulus schreibe zwar, wenn wir das Heil erringen, so liege das nicht an unserm Wollen oder Laufen, sondern an Gottes Erbarmen, allein dies Wort müsse so verstanden werden, dass Paulus dem, der das Grössere gibt, das Ganze zuschreibt. Der Apostel greife hier den menschlichen Hochmut an und zeige, wie ohne Gottes Hilfe all unser Streben vergeblich sei, nicht als ob wir ganz vergeblich liefen, sondern weil nur dann unser Streben zum Ziele kommen kann, wenn die göttliche Hilfe das Meiste dabei thue. Jeremias folgte hierin ganz und gar den alten hellenischen Vätern, die über die vorliegende Frage anders dachten, als Augustinus, dem die Protestanten folgen. Schliesslich trat Jeremias für die Tradition der Kirchenväter ein.

Auf diesen Brief des Jeremias antwortete i. J. 1577 der gelehrte Lucas Osiander anstatt des abwesenden Jakob Andreae und Martin Crusius, der auch diesen Brief ins Griechische übersetzte (Act. theol. etc. 144, 149). In ihrer Antwort suchten sie den Patriarchen zu überzeugen, dass es für die Lehren der christlichen Religion keine sicherere und entscheidendere Richtschnur gäbe, als Gottes Wort. Auch die Väter seien derselben Ansicht Die heilige Schrift dürfe

— nach ihrer Ansicht — nicht verstanden werden, wie dieser oder jener Kirchenvater oder die Mehrzahl von ihnen sie ausgelegt habe, sondern wie sie aus sich selbst heraus von jedem verstanden werde. Die Lehre vom Ausgang des heiligen Geistes verstosse nicht gegen das Symbolum Nicaenum, weil dieses über den Ausgang des heiligen Geistes nichts sage. Sie beriefen sich bei ihrer Lehre darauf, dass der Sohn den Geist gesandt habe, ferner dieser der Geist der Wahrheit genannt werde, der sich im Vater und im Sohne offenbare, dann darauf, dass er der Geist der Heiligkeit genannt werde, eine Bezeichnung, die dem Sohne und dem Vater in gleicher Weise zugehöre, und schliesslich darauf, dass offenbar zwischen Vater und Sohn Gleichheit herrsche. Bei der Lehre von der Rechtfertigung wendeten sie hinsichtlich der guten Werke ein, sie schlössen sie deshalb von der Rechtfertigung aus, weil sonst zweifellos Christi Werk verringert werde, denn das ganze Heil beruhe dann nicht auf diesem Werke allein, ferner wenn wir die guten Werke zur Rechtfertigung und zur Seligkeit für nötig hielten, könnten wir offenbar niemals die Gewissheit unserer Seligkeit haben, insofern immer der Zweifel bliebe, ob unsere Werke auch hierzu ausreichten oder nicht. So schrieben die Tübinger Theologen an Jeremias.

Jeremias antwortete ihnen in einem zweiten Briefe, in dem er wieder ihre Ansichten widerlegte und sie zum Schluss bat, sie möchten doch, da sie nun einmal von verschiedenen Prinzipien ausgingen und ein Einverständnis beider ein Ding der Unmöglichkeit sei, förderhin nicht mehr an diese Fragen rühren. Gleichwohl antworteten die Tübinger. Diese letzten Entgegnungen enthielten nichts Hauptsächliches mehr, sie waren ausser einigen Nebenbemerkungen eine erweiterte Wiederholung des früher Gesagten.

Die lutherischen Theologen suchten die anatolische Kirche über ihre Lehren deshalb aufzuklären, weil man die Protestanten überall verleumdete, sie wären eine Gesellschaft ohne jede Religion und alle Irrlehren bei ihnen zu finden.

Als Stanislaus Sokolovius eine Abschrift der ersten Antwort des Patriarchen Jeremias unter die Hände bekam, veröffentlichte er dieselbe unter dem Titel Censura orientalis

Latio donata und fügte ein Vorwort hinzu, in dem er die Protestanten anklagte, sie hätten sich um ihrer entsetzlichen Irrlehren willen von der römischen Kirche getrennt und suchten nun Anschluss an die anatolische Kirche, wären aber von dieser heftig zurückgewiesen worden. Dieses Urteil hätten die Protestanten verheimlicht. Überdies zeige sich in alledem die volle Übereinstimmung zwischen der anatolischen und der lateinischen Kirche. Daraufhin gaben damals die Tübinger Theologen sämtliche zwischen ihnen und dem Patriarchen Jeremias gewechselten Briefe heraus und wiesen dadurch nach, dass weder sie den Patriarchen als ihren Richter anerkannt hätten, noch jener Briefwechsel zwischen den beiden alten Kirchen eine volle, sondern eine nur teilweise Übereinstimmung gezeigt habe. Besonders wiesen sie auf die in jenem Jahre in Konstantinopel am Feste der Orthodoxie erfolgte Verurteilung des Papstes unter die anderen Häretiker hin.

Diese Verhandlungen hatten das wichtige Resultat, dass durch sie der Unterschied der Lehren der anatolischen, der römischen und der protestantischen Kirchen zum ersten Male ins Licht gestellt wurde. Die anatolische Kirche weist ebenso die römische Kirche wegen ihrer Irrtümer wie die protestantischen Kirchen, die in den entgegengesetzten Irrtum verfallen sind, zurück und hält zwischen dem Katholizismus und Protestantismus die Mitte.

§ 23.

Die Protestanten in Polen und Meletios Pigas.

Litteratur. Pichler, Geschichte der Trennung I, 446.

Ein anderer Einigungsversuch fand i. J. 1599 in Polen statt. Von dort aus wandten sich die Protestanten, die ebenso wie die Orthodoxen von den Katholiken hart bedrängt wurden und im Papsttum den gemeinsamen Feind sahen, in einem Schreiben an den Patriarchen von Konstantinopel und schlugen ihm vor, beide Konfessionen sollten einander als Brüder und hauptsächlich als Bundesgenossen gegen Rom anerkennen.

Allein die Orthodoxen nahmen diese Bundesgenossenschaft nicht an, gedachten vielmehr die Protestanten zum orthodoxen Glauben herüberzuziehen. In diesem Sinne fragte ein orthodoxer Kleriker, als auf der Synode zu Wilna von einer derartigen Vereinigung die Rede war, ob die Protestanten sich dem Patriarchen von Konstantinopel zum Gehorsam zu verpflichten gedächten. Die Antwort lautete, sie könnten nur Christum allein als Haupt ihrer Kirche anerkennen, wollten aber, wie einst der Heidenapostel Paulus dem Petrus und den übrigen Aposteln aus der Beschneidung dem Patriarchen die Freundeshand zum Bunde bieten. In diesem Sinne war auch ihr Brief an den Patriarchen abgefasst, in ihm liessen sie ihren Wunsch, mit der anatolischen Kirche, für deren Glaubensreinheit sie bewundernde Worte hatten, in enge Beziehungen zu treten, offen durchblicken. Diesem Briefe legten sie eine Darlegung ihres Glaubens bei. Im J. 1600 erfolgte die Antwort des Patriarchats durch den damaligen Patriarchatsverweser Meletios Pigas, Bischof von Alexandria. Dieser sprach darin seine Betrübnis darüber aus, dass sie nicht nur lokal voneinander getrennt seien, sondern auch durch Dinge, über die alle Christen einig sein müssten. Eine Vereinigung beider Kirchen sei unmöglich, solange diese Differenzen beständen. Er sprach aber auch die Hoffnung aus, es möchte einst vielleicht eine Zeit kommen, in der Gott dieser Uneinigkeit ein Ende machen würde, bis zu diesem Augenblick aber sollten die Christen in Liebe und Freundschaft leben.

Dieser zuletzt angeführte Rat des Pigas ist sehr richtig. Die verschiedenen Konfessionen können und müssen friedlich nebeneinander leben. Eine kann die andere von der Wahrheit ihres Glaubens zu überzeugen suchen, ohne in Fehde zu leben und ohne es zu vergessen, dass sie alle den Namen Christi tragen. Es ist nicht recht wenn sie einander schädigen und durch elende Proselytenmacherei gegenseitig Störungen verursachen.

So handelt thatsächlich nur die anatolische Kirche den übrigen gegenüber.

---

§ 24.

Kyrillos Lukaris.

Litteratur. *Μάρκου Ῥενιέρη, Κύριλλος Λούκαρις. Ἐν Ἀθήναις. Κυρίλλου Λουκάρεως διάλογος Περὶ Γεζουϊτῶν ἐν τῇ Ἱεροσολ. Σταχυολογίᾳ Ἀ. Παπαδοπούλου Κεραμέως.*

In der Geschichte der Beziehungen zwischen der anatolischen und den protestantischen Kirchen nehmen die Vorfälle unter dem Patriarchen Kyrillos Lukaris von Konstantinopel eine hervorragende Stellung ein. Kyrillos war einer der bedeutendsten Patriarchen dieser Epoche. Er wurde in Kreta als venetianischer Unterthan geboren, studierte später in Padua die Wissenschaften und hörte unter anderen die Vorlesungen eines berühmten Hellenen, bereiste dann verschiedene Länder und kam auch nach Genua. Hier kam er zum ersten Male mit kalvinistischen Theologen in freundschaftliche Beziehungen. Kurze Zeit darauf kehrte er nach dem Orient zurück und gewann das Wohlwollen des Alexandriner Patriarchen Meletios Pigas, der damals in Konstantinopel weilte. Unter ihm wurde er zum Priester geweiht und wurde Abt. Als dann in Polen seit 1595 jene schweren Kämpfe zwischen Orthodoxen und Katholiken, die eine Vereinigung der orthodoxen mit der römischen Kirche erzwingen wollten (teilweise gelang es ihnen auch) ausbrachen, sandte Meletios ihn dorthin. Beide waren heftige Gegner der katholischen Kirche. In Polen herrschte unter dem besseren Teile der Bevölkerung eine starke Strömung gegen eine Vereinigung mit Rom. Im J. 1600 kam Kyrillos zum Könige von Polen und eröffnete ihm, die Orthodoxen wären nie im stande, die Herrschaft des Papstes anzuerkennen. Allein der grösste Teil der polnischen Orthodoxen wurde eine Beute der papistischen Umtriebe. Die Wenigen, die dem orthodoxen Glauben treu blieben, hatten schwere Leiden auszustehen und selbst Kyrillos wurde aus Polen verbannt.

Kurz darauf starb Meletios, und Kyrillos ward sein Nachfolger auf dem Patriarchenstuhl Alexandrias (1602). Er war stets ein ausgesprochener Feind der Katholiken und hielt, da die Protestanten gleicherweise mit dem Katholizismus im Kampfe lagen, ein Freundesbündnis der Orthodoxen und Protestanten für segensreich. Deshalb unterhielt er einen regelmässigen Briefwechsel mit ihren bedeutendsten Vertretern, besonders den Kalvinisten. Bei einem Aufenthalte in Konstantinopel (1612) trat er gegen einen von den Jesuiten gewonnenen Kleriker auf, der öffentlich römische Dogmen lehrte. Im J. 1614 verwaltete er bei einer Vakanz das Amt eines ökumenischen Patriarchen. Zwei Jahre später (1616) schrieb er an den Erzbischof Abbot von Canterbury: seine Glaubensgenossen hätten unter den Türken schwer leiden müssen, aber da sie um ihres Glaubens willen alles willig erduldet hätten, drohe ihnen von dieser Seite keine Gefahr. Dagegen stehe die anatolische Kirche durch die Machinationen der Jesuiten in viel grösserer Gefahr, denn diese suchten sie mit allem Eifer unter das päpstliche Joch zu bringen. Und in der That waren die Jesuiten durch ihre tückische Hinterlist und ihre Sophisterei, gegen die die einfachen, unwissenden hellenischen Kleriker nicht aufkommen konnten, sehr gefährliche Feinde.

Der Erzbischof machte dem Kyrillos im Auftrag seines Königs den Vorschlag, einen Kleriker nach England zu schicken, damit dieser dort ihre Theologie studiere. Kyrillos sandte daraufhin den Mitrophanis Kritopulos, einen in der hellenischen Philologie feingebildeten Mann, der einige Jahre in England studierte, im Jahre 1624 nach Deutschland ging, wo er viele protestantische Universitäten besuchte und 1625 auf die Bitte einiger theologischer Professoren das Glaubensbekenntnis der anatolischen Kirche verfasste (vergl. Kimmel, Monumenta fidei etc.). Mitrophanis erscheint in dieser Schrift als treuer Sohn seiner Kirche und verleiht, obwohl er der Schüler und Freund des Kyrillos war, gegenüber der berüchtigten Abweichung desselben zum Kalvinismus offen seiner Missbilligung Ausdruck (Aymon I. c. 46. 327. Fabricii Biblioth. Graec. V. X. 498).[1] Damals schenkte Kyrillos dem

[1] Irrigerweise verdächtigt man diese Homologie des Mitrophanis als protestantenfreundlich, während ganz im Gegenteil der Protestantismus in ihr bekämpft wird. Vergl. *Ἀνδρονίκου Δοκίμιον περὶ Μητροφάνου*, Leipzig 1870 und Gass, Symbolik 67.

Könige Karl I. von England die berühmte Alexandriner Handschrift der Heiligen Schrift, die auch den Brief des römischen Bischofs Clemens an die Korinther enthält.

Kyrillos war schon seit 1621 zum Patriarchen von Konstantinopel erwählt worden. Er kämpfte mit allen Mitteln gegen die Jesuiten, die ganz besonders durch ihre Schulen den Orient dem Papsttum zu unterjochen sich mühten. Seit jener Zeit begannen diese ihre Angriffe gegen Kyrillos. Seine Beziehungen zu den kalvinistischen Theologen waren bekannt, da Kyrillos sie nicht verheimlichte, sondern auch in der Hauptstadt sich damit beschäftigte. Schon seit längerer Zeit war es den Bemühungen der Jesuiten gelungen, geeignete hellenische Kleriker zu gewinnen, die für eine Vereinigung mit Rom waren und dem Papste gegenüber eine freundliche Gesinnung hegten. Solch ein Jesuitenfreund war der Hauptgegner des Kyrillos Athanasios Patellarios, der zweimal auf den Patriarchenstuhl erhoben wurde, ein hochgebildeter Mann und ein gewaltiger Redner. Als er zum ersten Male aus seinem Amte als Patriarch verjagt wurde, kam er nach Ancona in Italien und bat den Papst brieflich, er möchte ihm mit dem Titel „Patriarch von Konstantinopel" Aufenthalt in Rom zu nehmen gestatten. Allein seine Neigung nach Rom hin war keine vollkommene. Als der Papst in seinem Antwortschreiben ihn aufforderte, die Grundsätze des lateinischen Glaubens zu unterschreiben, flüchtete er aus Italien. Doch kam er durch den Einfluss der Jesuiten nochmals zur Patriarchenwürde. Weitere Freunde des Papsttums waren Kyrillos von Berroea und Gregor, Bischof von Amasia. Diese erfuhren durch Rom besonders seitens der Jesuiten und der französischen Gesandtschaft in Konstantinopel jede nur mögliche Unterstützung. Den letzteren war die Erhöhung des Kyrillos ein Dorn im Auge, sie versuchten deshalb gleich von vornherein, ihn zu Falle zu bringen und anstatt seiner ihren Freund Gregor von Amasia auf den Patriarchatsthron zu bringen, umsomehr als Kyrillos seinen Klerikern alle Gemeinschaft mit den Katholiken aufs strengste untersagt hatte. Gegenüber diesen Intriguen berief Kyrillos den ihm treu gebliebenen Klerus zu einer Synode zusammen und liess den

Gregor verdammen. Allein die Anklagen der Feinde Kyrillos wegen seiner Hinneigung zum Kalvinismus hörten nicht auf. Während nämlich der Patriarch Theophanis von Jerusalem auf der Synode zu Jasion öffentlich Kyrills Unschuld bezeugte, verklagten ihn die Jesuiten beim Sultan: Er habe in einer von ihm in England herausgegebenen Schrift die mohammedanische Religion beschimpft und die auf den Inseln des Archipels wohnenden Hellenen aufgehetzt, sie sollten sich nur von der ottomanischen Herrschaft freimachen und unter den Schutz des Grossherzogs von Toskana stellen. Dieser Anklage hatte Kyrillos seine Verbannung auf die Insel Rhodos zu verdanken. Aber auch Gregor erlangte die Patriarchenwürde nicht, da er den Türken die von ihnen verlangte gewaltige Geldsumme nicht bezahlen konnte. Des Kyrillos Nachfolger im Patriarchat wurde Kyrillos, Bischof von Berroea. Aber nach kurzer Zeit trat dieser seine Würde wieder an Kyrillos ab, da es dem englischen Gesandten gelang, letzteren vor dem Sultan zu rechtfertigen. Erneute Anstrengungen der Feinde des Kyrillos, diesen wieder zu stürzen, erreichten ihren Zweck. Das Erscheinen einer kalvinfreundlichen Homologie der anatolischen Kirche in Genf (1629), die als Verfasser den Namen des Kyrillos trug, erregte im Orient grosses Aufsehen (bei Kimmel). Diese Homologie verwarf die Tradition, nannte die Heilige Schrift die alleinige Quelle der kirchlichen Lehre, lehrte die Rechtfertigung ausschliesslich auf Grund der göttlichen Gnade, missbilligte die Verehrung der Heiligen und ihrer Bilder und erkannte nur zwei Sakramente an und das allgemeine Priestertum. Der Verfasser dieser Homologie ist ungewiss. Man geht wohl nicht fehl, wenn man den Jesuiten die Autorschaft zuschreibt, die ihren unermüdlichen Gegner Kyrillos in Anklagezustand bringen wollten. Dieser verwahrte sich ausdrücklich dagegen, der Verfasser zu sein, und seine Homilien vor und nach dem Erscheinen jener Homologie widerlegen auch die in ihr ausgesprochenen Lehren. Es ist auch ganz unwahrscheinlich, dass der überaus scharfsinnige Kyrillos durch eine so leichtfertige und leicht zu entdeckende Täuschung die anatolische Kirche habe protestantisch machen wollen. Allerdings wollte Kyrillos aus zarter Rücksichtnahme gegen seine zahlreichen protestantischen Freunde und um der Gesandten der protestantischen Mächte willen, deren Freundschaft er in dem gewaltigen Kampfe gegen die Jesuiten und den Papst notwendig bedurfte, jene Homologie niemals auch schriftlich widerlegen.[1]) Immerhin war dieser Umstand für den Teil seiner Zeitgenossen, der ihm sonst nicht unfreundlich gesinnt war, ein Grund, seine Anschauungen für verdächtig zu halten. Es gelang seinen mit den Jesuiten eng verbündeten Gegnern, ihn zum dritten Male zu stürzen. Sie boten den Türken für das Patriarchat eine grosse Summe (man spricht von 40000 Thalern!). Im J. 1633 wurde Kyrillos Lukaris zum 4. Male Patriarch, aber wieder stürzte man ihn und an seine Stelle wurde Athanasios Patellarios Patriarch. Schliesslich wurde ersterer i. J. 1637 zum 5. Male Patriarch und auch das letzte Mal gestürzt. Seine letzte Absetzung i. J. 1638 hatte seinen Tod zur Folge. Wegen angeblicher revolutionärer Umtriebe wurde er auf Befehl der türkischen Regierung von Janitscharen erdrosselt und sein Leichnam ins Schwarze Meer geworfen.

Kyrillos war ein besonnener, energischer und hochgebildeter Mann. Als Freund der Wissenschaft arbeitete er für ihre Ausbreitung durch Gründung der ersten Buchdruckerei in Konstantinopel. Er glaubte durch gesteigerte Bildung und sittliche Wiedererneuerung des Klerus die anatolische Kirche zur alten Herrlichkeit wieder zurückführen und die damals von Rom drohende Gefahr bannen zu können.[2]) Für sein

[1]) Dositheos bemühte sich auf der Synode zu Jerusalem Kyrillos Unschuld darzuthun, Meletios lässt in seiner Geschichte diese Frage als unentschieden beiseite, Mathas hält ihn in seinem Katalog der Patriarchen (S. 255) für unschuldig, desgleichen Gedeon. Dagegen halten Kimmel, Gieseler und unter den Orthodoxen Masarakis und Rhenieris die Homologie für echt.

[2]) Vergleiche den Brief des Kyrillos bei Aymon S. 130. Mihi displicet pastores et episcopos nostros tenebris ignorantiae obmergi, hoc est, quod nostratibus exprobo. Und den Brief an David Le Leu de Wilhelm S. 176. Ego omnia illa capita apte credo ad tria posse reduci: quae si missa fierint et opposita introducerentur, facilis esset reformatio. Explodatur ambitio, avaritio et superstitio. Introducatur humilitas ab exemplum Domini Christi, contemptus temporalium, et simplicitas evangelii, et facile obtinetur capitum.

Ringen gegen die Jesuiten gebührt ihm Ruhm und Ehre, denn ihm ist es zu verdanken, dass damals der Papismus den Orient nicht überwältigte. Die Verhältnisse waren derart, dass sie der anatolischen Kirche die Bundesgenossenschaft mit dem Protestantismus gegen den gemeinsamen Feind unwiderstehlich aufdrängten.

Die Veröffentlichung der mysteriösen Homologie des Kyrillos erregte im Orient gewaltigen Aufruhr. Vier Synoden versammelten sich, um sich gegen die in ihr ausgesprochenen, der Orthodoxie fremden Lehren zu verwahren, 1639 in Konstantinopel, 1643 in Jasion, 1672 in Jerusalem und zugleich auch in Konstantinopel. Diese legten die genaue Lehre der anatolischen Kirche im Gegensatz zum Protestantismus und zur katholischen Kirche fest.[1]) Die Schrift und die Tradition seien die Quellen der christlichen Lehre, bei der Auslegung der Heiligen Schrift und der kirchlichen Lehre habe man die Beschlüsse der ökumenischen Synoden und die einhellige Lehre der Väter als alleinige Richtschnur anzunehmen. Die Rechtfertigung sei des Menschen und Gottes Werk, denn die guten Werke seien notwendig zur Seligkeit und ohne sie sei der Glaube tot. Ferner seien 7 Sakramente von der alten Kirche überliefert worden und die Verehrung der Heiligen sowie ihrer Bilder und Reliquien seien ehrwürdige kirchliche Ordnungen. Das Priestertum schliesslich sei eine göttliche Einrichtung.

Die Beschlüsse der unter dem Patriarchen Dositheos von Jerusalem i. J. 1672 tagenden Synode, die von allen Patriarchen angenommen wurden, gab man später als „Schreiben der orthodoxen Patriarchen des Orients“ heraus, sie genossen eine Art symbolischen oder halboffiziellen Charakter.

Ähnliches Ansehen hatte die *Ὀρθόδοξος ὁμολογία* des Petros Mogilas, des Metropoliten von Kiew, der sie für seine Kirche verfasst hatte, da lateinische und protestantische Anschauungen in ihr Boden gefasst hatten. Sie wurde

---

[1]) Die Beschlüsse dieser Synoden wurden veröffentlicht von Kimmer und von J. Mesoloras in seiner *Συμβολικὴ τῆς Ὀρθοδόξου Ἀνατολικῆς Ἐκκλησίας.*

später von verschiedenen hellenischen (Meletios Syrigos) und russischen Theologen revidiert, von den Patriarchen 1642 bebestätigt und als offizielle Ausgabe der Lehre der orthodoxen Kirche veröffentlicht.

Die neueren orthodoxen Dogmatiker, besonders die Russen gebrauchen meist diese Homologie. Teil I dieser Homologie enthält eine Auslegung des Glaubenssymbols, Teil II des Vaterunsers und der Seligpreisungen und Teil III des Dekalogs.

§ 25.

Die Beziehungen der Orthodoxen und Protestanten im 18. Jahrhundert.

Litteratur. *Ἱστορία ῥωσσικῆς ἐκκλ. ὑπὸ Βαλλιάνου μεταφρ.* S. 314, 315.

Der Bischof Athanasios von Thebais, der im Anfang des 18. Jahrhunderts wegen einer Kollekte für die notleidenden Christen des Orients in England weilte, begeisterte einige englische Bischöfe für die Idee, eine Union zwischen ihrer und der orthodoxen Kirche herbeizuführen. Bei seiner Rückkehr in den Orient (1734) gaben sie ihm Briefe an die Patriarchen mit, in denen sie diese Absichten offen aussprachen. Allein die Patriarchen und ihre Bischöfe erwiderten, es könne nur dann eine Einigung der beiden Kirchen zu stande kommen, wenn die englische Kirche alles das aus ihrem Bekenntnis und Kultus entferne, was dem orthodoxen Glauben widerspräche, dagegen die entsprechenden Ordnungen der anatolischen Kirche annehme. Besonders forderten sie die Annahme der alten Tradition, die Anrufung der Heiligen und die Verehrung der Bilder. Die englischen Bischöfe wandten sich darauf an die Synode in Russland und suchten ihre Vermittlung bei den Patriarchen, allein ohne Erfolg.

In derselben Zeit (1737) entspannen sich auch Beziehungen, die eine Union der Kirchen zum Zwecke hatten, zwischen Zinzendorf, dem Haupte der Herrenhuter, und dem Patriarchen Neophytos, allein auch in diesem Falle verliefen die Verhandlungen ergebnislos.

In allen diesen Fällen zeigte es sich klar, dass eine

Union unmöglich war. Beide Kirchen stehen auf ganz verschiedener Basis. Es war eine ganz geringe Zahl orthodoxer Kleriker, die der Protestantismus für sich gewann. Im allgemeinen konnte man während des ganzen 18. Jahrhunderts derartige protestantenfreundliche Neigungen und Gesinnungen wahrnehmen.

§ 26.

Die protestantischen Missionsversuche im Orient im 19. Jahrhundert.

Litteratur. *Φαρμακίδου, Ἀπολ. σελ.* 145. *Οἰκονόμου περὶ τῶν Ο'.*

Die Beziehungen der Orthodoxen und Protestanten gestalteten sich seit Anfang des 19. Jahrhunderts durch das Auftreten der protestantischen Missionare ungünstig. Im Abendland glaubte man im Anfang des 19. Jahrhunderts, der Orient sei durch die asiatische Eroberung verroht. Deshalb ist es keineswegs auffällig, wenn die protestantischen Missionsgesellschaften in Amerika, England, in der Schweiz und Deutschland, die am Ende des 18. und im Anfang des 19. Jahrhunderts zur Ausbreitung des protestantischen Christentums gegründet wurden, ihr Augenmerk auf diesen richteten. Zuerst beschränkten sich die Missionare darauf, Bibeln zu verbreiten und die allgemeine Bildung durch Gründung von Schulen zu heben. Wenn sie nur diese Thätigkeit mit unverfälschter Ehrlichkeit betrieben hätten, so hätten sie im Orient, wo es ebenso an Schulen wie an Bibeln fehlte, viel Segen stiften können. Anfänglich nahm man diese Missionare mit aufrichtiger Freude auf und die Bibelverbreitung sowie die Gründung von Schulen trafen anfänglich nirgends auf Widerstand. Im J. 1810 erschien in England zuerst das Neue Testament im Urtext und in der Übersetzung des Maximos, von Malta aus wurde diese Übersetzung im ganzen Orient verbreitet. Dieser Maximos war ein Schüler des Kyrillos Lukaris und lebte im Anfang des 17. Jahrhunderts. Diese Übersetzung des Neuen Testaments war die erste in neuhellenischer Sprache. Zwar wurde sie von dem überaus zelotischen Meletios Syrigos angefeindet, allein dies konnte ihre Verbreitung nicht hindern. Im J. 1703 wurde sie in vielfach verbesserter Auflage von Seraphim Mitylinaeos nachgedruckt. Wir haben noch eine dritte Ausgabe, die von Anastasios Michail in Halle in Ordnung gebracht worden war und von der Londoner Bibelgesellschaft i. J. 1810 nachgedruckt wurde. Der selige Patriarch Kyrillos VI. gab i. J. 1814 dieser Ausgabe seine Genehmigung, einige Zeit später erfolgte seitens der russischen Bibelgesellschaft die russische Bibelübersetzung (in Petersburg 1817), der Urtext wurde i. J. 1821 in Moskau gedruckt.[1])

Eine neue Übersetzung des Neuen Testaments gab der spätere Metropolit Hilarios von Tirnowo mit Erlaubnis desselben Kyrillos i. J. 1818 heraus. In demselben Jahre entstand mit Genehmigung des ökumenischen Patriarchen Kyrillos VI. in Korfu eine hellenische Gesellschaft zur Verbreitung der Heiligen Schriften. Ihr erster Vorsitzender war Baron Immanuel Theotokis, das Haupt der Gerusie und ihr zweiter Vorsitzender der Bischof Makarios, damals provisorischer Stellvertreter des Episkopats Korfu. Die englische Bibelgesellschaft treibt seitdem durch diese aus Hellenen bestehende Gesellschaft ihr Werk. Die gleiche Methode befolgte diese Bibelgesellschaft in Russland, hier gliederte sie sich einer aus Russen bestehenden Gesellschaft an. (Vergl. S. de Viasis über diese Sache in *Ἐκκλ. Ἀλήθεια* 4. Jahrg. 12. Heft.)

Zur Zeit des Patriarchen Gregorios V. (1819), der der erste Blutzeuge des hellenischen Volksaufstandes wurde, kam Pinkerton, der Leiter der englischen Bibelgesellschaft, nach Konstantinopel und machte dem Patriarchen namens seiner Gesellschaft den Vorschlag, sie wollten auf ihre Kosten die heiligen Schriften ins Neugriechische übertragen lassen und auch verbreiten. Gregorios verkannte den Segen nicht, der hierin für sein Volk lag und nahm deshalb den Vorschlag be-

[1]) Die Bibel d. i. die Heilige Schrift Alten und Neuen Testaments, und zwar das Alte Testament nach der LXX mit genauer Zugrundelegung der alten Alexandriner Handschrift, das Neue Testament nach der vom Patriarchen Kyrillos in Konstantinopel i. J. 1810 besorgten Ausgabe. Der Druck geschah auf Veranlassung des heiligen Synods aller Russen durch die in Moskau bestehende Bibelgesellschaft. Moskau 1821.

reitwilligst an. So kam unter Zustimmung der Patriarchatssynode, des in Konstantinopel anwesenden Patriarchen von Jerusalem, des Erzbischofs Konstantios vom Sina und hervorragender Laien eine Übereinkunft zwischen ihm und Hilarion, dem berufenen Geschäftsführer der anatolischen Kirche, wegen Übersetzung und Verbreitung der Bibeln zu stande. Die Übersetzung des Alten Testaments sollte laut Übereinkunft nach der Septuaginta erfolgen. In der Patriarchatsdruckerei begann man unter Aufsicht des Erzbischofs Konstantios vom Sina die Drucklegung der Übersetzung beider Testamente. Allein der Ausbruch des griechischen Aufstandes i. J. 1821 unterbrach dieses Unternehmen. Dass die anatolische Kirche in dieser Bibelübersetzung durchaus keine Ursache zum Misstrauen fand, vielmehr dieses Werk bereitwilligst förderte, zeigt folgendes Schriftchen, das i. J. 1818 in derselben Patriarchatsdruckerei veröffentlicht wurde: „Blumenlese aus den Schriften des heiligen Johannes Chrysostomos über das Lesen des Alten und Neuen Testaments. Zum ersten Male herausgegeben von der Londoner Gesellschaft zur Verbreitung religiöser Schriften." Nach Beendigung des Aufstandes nahm die Bibelgesellschaft das unterbrochene Werk wieder auf. Auf ihre Kosten kam in der That eine Übersetzung des Alten und Neuen Testaments, das erstere nach dem hebräischen, das andere nach dem griechischen Urtext ins Neugriechische zu stande (1840). Mitarbeiter bei dieser Übersetzung waren die Engländer Livs und Launds, zwei ausgezeichnete Kenner des Hebräischen, ferner Valetta, Vamvas, Typaldos, Ch. M. Philadelphevs u. a. Im. J. 1850 erfolgte wieder wie das erste Mal in London eine neue Ausgabe dieser Übersetzung. Die Übersetzung war nicht besonders gelungen, ausserdem waren die Apokryphen völlig weggelassen. Doch ist in dogmatischer Beziehung nichts dagegen einzuwenden.

Im J. 1843 entstand in Athen unter Aufsicht des heiligen Synods eine neue Ausgabe der Septuaginta in vier Bänden, deren Kosten die Londoner Bibelgesellschaft trug und die an Klerus und Volk umsonst verteilt wurde.

Abgesehen von der Bibelverbreitung gründeten die Missionare überall im Orient Schulen zur Ausbreitung der

Bildung, so im Siebeninselreiche (Gilford), in Konstantinopel, Adrianopel, Prusa, Smyrna, Athen (King, Hill, Kork), in Ägina (Artlev), in Syros (Hildner) und anderen Orten. Auch diese Schulen waren zuerst willkommen. Aber als die Missionare mit der Zeit im Orient proselytistische Absichten zu verfolgen begannen, erwachte sehr richtig überall eine allgemeine Missbilligung und offener Widerstand gegen ihre Bestrebungen. Ihre Schulen wurden mit Recht geschmäht, ebenso entstand gegen die von ihnen verbreiteten Bibeln, und ihre Lehrbücher für den Elementarunterricht wie für die allgemeine Bildung der Verdacht, dass zugleich mit ihnen Schriften verteilt würden, die die anatolische Kirche angriffen und für den Protestantismus arbeiteten. Die einzigen, die aus reinen, nur philhellenischen und nur auf die Bildung der Hellenen berechneten Absichten arbeiteten, waren Gilford und Hill.

Und auch gegen die Bibelübersetzung wendete sich der Sturm. Der Patriarch ging in seinem Eifer gegen die Missionare so weit, dass man durch die synodale Encyklika vom Jahre 1836 den Gebrauch dieser Bibelübersetzung verbot und die Verbrennung aller dieser Bibeln anordnete. In Hellas trat Oikonomos, der sich zwar an anderen Orten für die Übersetzung ausgesprochen hatte, gegen den hebräischen Text und die neugriechische Übersetzung in seinen Schriften auf und erklärte bezüglich des Alten Testamentes die Septuaginta als die einzige kanonische und der Verehrung würdige Übersetzung. Vergeblich warnten die beiden berühmten Gelehrten Vamvas und Pharmakidis vor Übereilung. Man müsse doch zwischen den proselytistischen Machinationen der Missionare, die man natürlich mit allen Mitteln bekämpfen solle und der Verbreitung der Bibel in einer dem Volke verständlichen Sprache einen Unterschied machen. Diese sei nicht im geringsten schädlich, sondern vielmehr von höchstem Segen und habe doch auch die Billigung einer ganzen Anzahl von Patriarchen (Kyrillos VI. und Gregorios V.) und des russischen Synods, die doch auch den gleichen Glauben hätten, gefunden. In diesem Streite gingen beide Teile, Oikonomos wie auch Pharmakidis und Vamvas, zu weit. Oikonomos war im Unrecht, weil er den hebräischen Urtext verachtete, dagegen die Septuaginta bis ins Übermass vergötterte und ihre offenbaren Fehler, die dunkeln Stellen, die grammatischen Verstösse und die zahlreichen Hebraismen nicht zugestehen wollte, vielmehr die Vorzüge einer Übersetzung ins Neugriechische verkannte. Und auch Vamvas und Pharmakidis waren im Unrecht, denn sie traten für eine ohne Wissen und ohne Aufsicht der Synode angefertigte Übersetzung, die auf die Septuaginta keine Rücksicht nahm und auch die von unserer Kirche hochgeschätzten deuterokanonischen Bücher vollständig wegliess, allzusehr ein. Für die Gegner dieser Bibelübersetzung war das treibende Motiv zum Kampfe die unausgesetzte, unverhüllte und ärgerliche Proselytenfängerei der Missionare. Im J. 1844 waren bereits ca. 300 Proselyten über die ganze Türkei zerstreut. Die skandalöseste Art der Proselytenfängerei betrieb der fanatische, niedrig gesinnte amerikanische Missionar King in Athen, der in seinem Hause predigte und ganz offen die Lehren und Gebräuche unserer Kirche angriff. Allein unser Volk hielt fest an der Religion seiner Väter, die aufs innigste mit der vaterländischen Geschichte verknüpft ist, und wollte von ihren Lehren durchaus nichts wissen. So war es ihnen nicht möglich, eine grössere Anzahl zum Übertritt zu bewegen und ihre proselytistischen Anstregungen waren so völlig vereitelt, dass Dr. Southgate, ohne dass ihn seine Vorgesetzten zurückgerufen hätten, i. J. 1852 unverrichteter Sache nach Amerika zurückkehrte und alle Absichten auf den Orient als hoffnungslos aufgab.

Der Protestantismus kann zwar bisweilen Katholiken, die der Herrschsucht des Papismus, des toten lateinischen Kultus und der verlogenen neuen Dogmen der katholischen Kirche überdrüssig sind, zum Übertritt bewegen, bei den Orthodoxen gelingt ihnen dies nur schwer. Denn unsere Kirche ist uns lieb, sie tyrannisiert niemanden, der Kultus ist dem Volke verständlich und ihre Dogmen stammen aus den ersten Zeiten des Christentums. Protestanten treten auch bisweilen zum Katholizismus über, weil sie die Unsicherheit der protestantischen Glaubenslehren, die Nüchternheit ihres Kultus und der Mangel an Einheit in der Verfassung unbefriedigt lässt. Also Katholiken wie Protestanten wechseln leicht ihren Glauben, aber die Hellenen und allgemein die Orthodoxen sind nur schwer zu einem Glaubenswechsel zu bewegen. Deshalb haben von den Hellenen, die auf Kosten der amerikanischen oder englischen Mission in Amerika ihre Ausbildung genossen oder sonst von ihnen protegiert wurden, nur wenige den protestantischen Glauben angenommen. Ihre Zahl ist verschwindend klein. Ein Hellene wird — und wenn er noch so schlecht erzogen ist und über religiöse Fragen noch so kühl denkt, nie von seiner Kirche abfallen. Was den Orthodoxen am Protestantismus missfällt und sie von ihm zurückhält, liegt darin begriffen, dass die Protestanten die alte kirchliche Tradition der ersten christlichen Jahrhunderte verwerfen, ferner in ihrem falschen Urteil über den Wert der guten Werke, in ihrer Lehre von der absoluten Prädestination, in der Nüchternheit des protestantischen Kultus, im Aufgeben des altkirchlichen Bischofsamtes und der Konzilien. Das alles hat im Protestantismus eine Art Anarchie gezeitigt und sie in unzählige einander bekämpfende Kirchen und Sekten zersplittert.

Die Fortschritte, die der Orient auf dem Gebiete der Wissenschaften in der Neuzeit gemacht hat, die Errichtung von Schulen, Gymnasien und Theologenschulen seitens der Hellenen in Hellas und allgemein im Orient haben den einstigen Einfluss der fremden Missionare aufgehoben. Zwar sind noch einige in Konstantinopel, Smyrna, Alexandria, Thessalonich und auch in Athen thätig, aber ohne wesentliche Erfolge. Nur wenige haben sich unter dem Namen „Evangelische“ (*εὐαγγελικοί*) ihnen angeschlossen.

Auch die Deutschen suchten durch Ausbreitung von Bildung, vor allem theologischer Bildung im Orient (Fabri in Barmen) und durch Gründung von Schulen (in Smyrna und Serre) in der anatolischen Kirche neues Leben zu erwecken. Zur thatkräftigen Unterstützung dieses Werkes besteht seit 1875 in Bonn eine Konferenz deutscher Gelehrter, besonders Theologen. Aber auch diesen Bestrebungen steht man im Orient nicht ohne Misstrauen gegenüber.

Die anatolische Kirche kann nur durch sich selbst eine Wiedergeburt erleben und zwar durch Neubelebung der theologischen Bildung. Eine Restauration, nicht eine Reformation thut not. Möchten doch diese Missionare ihre Kraft lieber den Heiden des Orients und Asiens zuwenden, ein nachahmenswertes Vorbild bietet die englische Judenmission in Palästina.

Der Plan König Friedrich Wilhelms IV. von Preussen, den englischen Bischof in Jerusalem als Oberhaupt der protestantischen Mission im Orient zu bestellen, schlug fehl, da die deutschen Missionen nicht einverstanden waren und auch die Pforte den englischen Bischof in dieser Eigenschaft nicht anerkannte.

§ 27.

Philorthodoxe Regungen unter den Episkopalen Englands und Amerikas.

Während diese proselytistischen Bestrebungen die Geister im Orient allgemein gegen die Protestanten in Erregung brachten, entwickelten sich in protestantischen Ländern selbst, besonders unter den Episkopalen Englands und Amerikas, äusserst freundschaftliche Beziehungen zu der anatolischen Kirche und es machte sich vielfältig der Wunsch geltend, eine Aussöhnung und enge Freundschaft dieser beiden Kirchen anzubahnen. Derartige Wünsche wurden auf den allgemeinen Synoden der anglikanischen Kirche in den Jahren 1866, 1867 und 1868 laut. Im Anschluss an eine Einladung eines englischen Priesters zur Einweihungsfeier einer Kirche seitens des Patriarchen gab der Erzbischof von Canterbury, Archibald Campbell, dem Patriarchen Gregor VI. von dieser Stimmung Kunde, übersandte ihm die Beschlüsse dieser Synoden über diese Frage und ein Exemplar der 39 Artikel des englischen Glaubens. In seiner Antwort betonte der Patriarch, auch er wünsche eine Einigung der Kirchen, wies aber zugleich auf die Schwierigkeiten hin, die infolge der vielen Unterschiede beider Kirchen der Ausführung dieses Planes entgegenstünden. Diese Bewegung innerhalb der anglikanischen Kirche ist keineswegs auffällig oder unerklärlich, denn diese Kirche behielt auch nach der Reformation des 16. Jahrhunderts das Priestertum und viele katholische Elemente in ihrem Kultus bei und steht der Kirche des Orients und dem Katholizismus weit näher als die protestantischen Kirchen und hält gewissermassen die Mitte zwischen diesen.

Seit einigen Jahrzehnten zeigten mehrere anglikanische Theologen, deren Führer der Professor Pusey in Oxford war (seit 1841), eine starke Hinneigung zu der altkirchlichen Tradition, andere versuchten den altkirchlichen Kultus, den der Protestantismus des 16. Jahrhunderts verworfen hatte, wieder in die anglikanische Kirche einzuführen. Aber die Mehrzahl dieser Männer dachte trotz aller Unionsbestrebungen mit der anatolischen Kirche nicht daran, die Prinzipien und Überlieferungen der anglikanischen Kirche aufzugeben. Im Gegenteil hofften sie (allerdings u. E. nach vergeblich) bei dieser Union auf eine Reinigung der anatolischen Kirche, eine Reform ihrer Lehre und ihres Kultus im engsten Anschluss an ihre Kirche und die Heilige Schrift. So lange nach ihrer Meinung beide Kirchen an ihren Dogmen festhalten, ist nur ein Band christlicher Liebe zwischen beiden Kirchen zu wünschen. Wenige Engländer, wie die Ritualisten, gingen einen Schritt weiter und waren bereit, ihre Lehren und Satzungen einer Vereinigung beider Kirchen zuliebe zum Opfer zu bringen. Solche englische Theologen fanden sich auf der Bonner Synode (1874), in der Vertreter der orthodoxen, anglikanischen und altkatholischen Kirche zum Zwecke einer Union dieser Kirchen zusammengetreten waren. Sie waren bereit, den Zusatz filioque als falsch aufzugeben, ferner erkannten sie die Tradition (als Quelle der christlichen Lehre) an, ebenso die Beichte, die Kirchenbusse, die Evcharistie als Opfer und selbst das Gebet für die Verstorbenen.

In der Synode, die im nächsten Jahre wieder in Bonn abgehalten wurde, beschloss man, den Zusatz filioque als falsch aus dem Symbol auszutilgen und erkannte den Ausspruch des Damaskeners als richtig an: „der heilige Geist geht vom Vater durch den Sohn aus“. Allein die Mehrzahl der Theologen Englands und Amerikas verwarfen diese Zugeständnisse jener aufrichtigen Freunde unter den englischen

Theologen als eine Rückkehr zum Katholizismus und hielten an den Prinzipien des Protestantismus fest. Nur wenige Engländer, wie der Theologe Overbeck und seine Anhänger, traten schliesslich zur orthodoxen Kirche über. Overbeck hielt die Gründung einer orthodoxen Kirche im Abendland auf der Basis der alten lateinischen Kirche der ersten Jahrhunderte für möglich. Für die Verwirklichung dieser Idee hat Overbeck in England viel gearbeitet, besonders durch die von ihm ins Leben gerufene Zeitschrift: „Revue des orthodoxen Katholizismus". Er begann seine Arbeit für die orthodoxe Kirche i. J. 1865 mit dem Werke: „Die Orthodoxie im Gegensatz zum Papismus und Protestantismus". Kurze Zeit später liess er erscheinen: „Die orthodoxe katholische Kirche ein Protest gegen die katholische Kirche und ein Aufruf zur Gründung katholisch orthodoxer Kirchen". Sein letztes, demselben Zwecke dienendes Werk hat den Titel: „Die providentielle Stellung des orthodoxen Russland und seine Berufung zur Gründung einer orthodoxen Kirche im Abendland". Allein seine und seiner Anhänger Ideen fanden in England wenig Beifall.

Zur Kräftigung dieser philorthodoxen Absichten der Engländer trugen zwei Vorfälle besonders bei. Es waren dies die Encyklika Gregorios VI. „die Beerdigung im Orient verstorbener Engländer durch orthodoxe Priester betreffend" v. J. 1869 und der Aufenthalt des gelehrten Erzbischofs Alexandros von Syros zur Einweihung der neuerbauten hellenischen Kirche in Manchester i. J. 1870. Diese Bewegung besteht bis heute in England und Amerika. Im J. 1872 sandten die zur allgemeinen Konferenz versammelten Episkopalen Amerikas dem Metropoliten Theophilos von Athen und allen Patriarchen des Orients ein Schreiben, in dem sie von neuem dem Wunsche nach einer Union Ausdruck verliehen, in ihrer Antwort drückten diese denselben Wunsch aus. Die englischen Bischöfe pflegen bis heute diese Freundschaft mit den Orientalen. Die gleichen Wünsche wurden auch auf der Konferenz des J. 1887 laut. In diesem Jahre benachrichtigte der Erzbischof Eduard von Canterbury den ökumenischen Patriarchen Dionysios V., den er seinen sehr verehrten und lieben Bruder im Glauben und in der Anbetung der allheiligen und ungetrennten Trinität nennt, er habe im Einverständnis und unter Zustimmung des Jerusalemer Patriarchen Nikodemos den englischen Bischof Blaith nach Jerusalem entsendet, damit dieser die Leitung des englischen Klerus in Palästina und Syrien übernehme. Er habe den ausdrücklichen Auftrag überkommen, der orthodoxen Kirche überall mit liebevoller Freundlichkeit entgegenzukommen, das alte Band der Freundschaft zwischen der anglikanischen und orthodoxen Kirche noch fester zu knüpfen und jede proselytistische Thätigkeit der anglikanischen Missionare unter den Orthodoxen jener Länder aufs strengste zu verbieten. Der Patriarch Dionysos antwortete dem Eduard in gleich freundschaftlichem Sinne, wünschte ihm Frieden, begrüsste ihn im Namen Christi und machte den genannten Bischof Blaith brieflich mit dem Patriarchen Nikodemos von Jerusalem bekannt.

Zur Millenniumsfeier der Bekehrung der Russen zum Christentum (1888 in Kiew) sandte der Erzbischof von Canterbury der russischen Kirche ein Gratulationsschreiben, in dem er dem Wunsche nach Freundschaft und Union Ausdruck verlieh.

Den Erzbischof Latas von Zakynthos, der am religiösen Weltkongress in Chicago (1893) teilnahm, überschütteten die anglikanischen Bischöfe mit Liebenswürdigkeiten und nahmen ihn aufs herzlichste auf.

Solche freundschaftlichen Beziehungen müssten zwischen sämtlichen christlichen Konfessionen herrschen, man kann in vielen Punkten anderer Ansicht sein und braucht doch keine Feindschaft zu hegen, sondern könne sich gegenseitig achten.

In England besteht seit 1862 die sogenannte The anglocontinental society, der die bedeutendsten anglikanischen Bischöfe und Theologen Englands und Nordamerikas angehören. Diese beabsichtigt die Verbindung zwischen den nichtrömischen Episkopalkirchen immer inniger zu gestalten und mit allen Mitteln ihre Wiederbelebung und Erneuerung anzustreben. Bei dieser Gesellschaft ist jede proselytistische Absicht ausgeschlossen. Ihr einziger Zweck ist, mitzuhelfen, dass alle Kirchen durch sich selbst von innen heraus sich erneuern. Diese Gesellschaft ist der anatolischen Kirche sehr sympathisch gesinnt.

Kapitel 4.

Der Papismus im Orient seit der Eroberung Konstantinopels.

Die Beziehungen der anatolischen Kirche zur römischen Kirche.

Litteratur. Zhismann, Die Unionsverhandlungen seit Anfang des 15. Jahrh. Wien 1858. Schroekh, Kirchengesch. s. d. Reformat. T. IX. Pichler, Geschichte d. Trennung. Bd. I. 437—543. Raynaldi, annales eccles. Rom 1616. Theiner, Annales ecclesiastici. Rom 1864. Zinkeisen, Geschichte des osmanischen Reiches II. Hammer, Geschichte des osmanischen Reiches. Pest 1827.

§ 28.

Der Kampf der Päpste gegen die Türken.

Die Päpste hielten den Zusammensturz des byzantinischen Reiches für ein Gottesgericht an den Hellenen wegen ihrer Trennung vom Stuhle Petri. Oft, aber immer vergeblich suchten sie die Fürsten des Abendlandes zum Kampfe gegen die Türken zu bewegen, um nach Unterwerfung des Orientes, diesen unter die Botmässigkeit der römischen Kirche zu bringen. Der Sieg über die Türken bei serbisch Belgrad, den der unermüdliche fränkische Mönch Capistra mit einem ungeordneten Haufen Christen errungen hatte und der darauf erfolgte Rückzug der Türken veranlasste den Papst Calixt III. zu der Annahme, dass das Werk gethan und der Orient der Macht des Papstes unterworfen sei. Allein der Hass der Serben gegen die Katholiken vereitelte jeden Fortschritt der päpstlichen Macht in Serbien. Mit noch grösserem Eifer suchte der Nachfolger des Calixt Pius II. (1459) die in Mantua versammelten Fürsten des Abendlandes zum Kriege gegen die Türken zu entflammen, aber die Zwietracht derselben und ihre Uneinigkeit über die Verteilung des Orients nach der Vertreibung der Türken vereitelte auch diesen Plan. Um den Fürsten Furcht einzujagen, suchte dieser unternehmende Papst eine Verständigung mit Mohammed II. herbeizuführen. Pius II. bot dem Sultan im Falle seines Übertrittes zum Katholizismus an, er wolle ihn als rechtmässigen Herrn aller der den Hellenen entrissenen Länder anerkennen. Ähnliche Absichten verfolgten seine Nachfolger Paulus II. Sixtus IV., Innocentius VIII. und Alexander VI. Die drei letzten benutzten den Kampf der beiden Söhne Mohammeds, Tsems und Bajasits, für ihre Absichten. Als Tsem nach Rom floh, hielten ihn die Päpste im Gefängnis und besonders Alexander und Bajasit waren mit einander im Einverständnis. Letzterer versprach dem Papste 300 000 Dukaten zu zahlen, falls man den Tsem heimlich vergifte.

Julius II. wollte den König der Perser als Mittel gegen die Türken benutzen und ihn in dieser Absicht zunächst zum Christentum bekehren. Noch mehr Eifer für einen Krieg gegen die Türken entwickelte Leo X. gleich im Anfang seiner Thronbesteigung als Papst. Allein die Fürsten zogen es vor, ohne den Papst zu handeln, dies zeigte vornehmlich die Synode von Cambrai (1517), bei der König Franz I. von Frankreich, der Kaiser Maximilian und Ferdinand der Katholische zur Eroberung des türkischen Reiches und zur Teilung desselben in 3 gleiche Teile ein Bündnis schlossen. Doch wollte der Papst bei diesem Unternehmen nicht unbeteiligt bleiben. Die 5. Lateransynode (1517) fasste deshalb den Beschluss, die ganze christliche Welt solle am Kampfe gegen die Ungläubigen teilnehmen, zu diesem Zwecke sollten alle Kriege zwischen den christlichen Fürsten bei Strafe des Bannes und Interdikts auf fünf Jahre ruhen. Das türkische Reich sollte unter päpstlicher Entscheidung nach Massgabe der Teilnahme an den zukünftigen Kämpfen an die einzelnen Mitkämpfer verteilt werden. Jedoch vereitelte der Tod Maximilians (1519) und

Leos (1521) und die Wirren, die infolge der Reformation in Deutschland und in der Schweiz ausbrachen, auch dies Unternehmen.

War es bisher schon allgemein eine Gewohnheit der Päpste gewesen, die Wiedervereinigung mit den Orientalen zu betreiben, so hielt von nun an jeder Papst den Kampf gegen die Türken für seine erste und heiligste Pflicht. Adrian VI. glaubte nach dem Fall von Rhodos, den zu verhindern er gar nichts beigetragen hatte, er könne den wegen der Reformation feindlich gegenüberstehenden Ländern einen allgemeinen Frieden diktieren. Doch wollten die Fürsten weder einen solchen noch waren sie im stande, Frieden zu halten. Zwar suchten römische Mönche, besonders Minoriten oder Franziskaner, die einen Kampf gegen die Türken für eine Leichtigkeit hielten, dem Papste einzureden, er habe ja unter den Mönchen eine grosse Zahl geübter Krieger zum Kampfe gegen die Türken. Schliesslich aber sah der Papst ein, dass mit solchen Mitteln nichts zu erreichen sei. Seitdem verloren die Päpste fast jeden Einfluss auf die Fürsten. Die Republik Venedig kam nicht im mindesten ausser Fassung, als der Papst Clemens VII. ihre friedliche Politik gegen die Türken tadelte. Einmal noch schloss Paul III. mit Venedig und Karl V. ein Bündnis gegen Soliman, auf Grund dessen Karl das ehemalige byzantinische Reich mit alleiniger Ausnahme der im Besitz der Venetianer befindlichen Teile erhalten sollte. Doch blieb dieses Bündnis ebenso wie auch die heilige Liga, die Pius V. mit Venedig und dem Könige Philipp II. von Spanien schloss (1571), ergebnislos. Auf diese Weise konnten die Päpste im 15. und 16. Jahrhundert hinsichtlich der Vertreibung der Türken aus dem Orient durch die Fürsten des Abendlandes und hinsichtlich der Verwirklichung ihrer Pläne im Orient nichts erreichen. Denn unwiederbringlich vorüber waren die Zeiten, in denen die Fürsten und Völker des Abendlandes, dem Rufe der Päpste gehorsam, Kreuzzüge gegen die Ungläubigen unternahmen.

§ 29.

Die Jesuiten im Orient.

Die Päpste hatten allen moralischen Einfluss auf die Fürsten verloren und mussten deshalb neue Werkzeuge zur Verwirklichung ihrer Pläne im Orient suchen. Als solche stellten sich ihnen bereitwilligst die Jesuiten zur Verfügung. Dieser Orden war schon auf Grund seiner Stiftung verpflichtet, auch im Orient in dieser Hinsicht zu arbeiten, umsomehr als die Protestanten eine Union mit den Orientalen anzubahnen versucht hatten. Der Nichterfolg der Protestanten erweckte in ihnen die schönsten Hoffnungen für ihre Absichten. Eben hatte der Patriarch seine letzte abweisende Antwort an die Tübinger Theologen abgesandt, da ordnete Gregor XIII. eine Jesuitenschar nach Konstantinopel ab, die sich dort niederlassen und festsetzen sollte. Da ihre Erfolge den Erwartungen des Papstes aber nicht entsprachen und von fünf Mitgliedern dieser Jesuitenkolonie drei an der Pest starben, rief Sixtus V. allerdings gegen den Wunsch des französischen Gesandten den Rest (1586) nach Rom zurück. 1609 ermöglichte der französische Gesandte in Konstantinopel, Baron Salaniac, beim Sultan den Jesuiten die Erlaubnis zur Niederlassung in der Hauptstadt. Thatsächlich kamen i. J. 1609 fünf Jesuiten nach Konstantinopel. Diese verfolgten ausser ihren kirchlichen Zwecken im Auftrage König Heinrichs IV. noch einen politischen Zweck, sie sollten einen Plan, an dem der König seit 10 Jahren arbeitete, mit verwirklichen helfen, der eine Union aller christlichen Staaten Europas zu einem christlichen Staatenbund mit voller Religionsfreiheit im Auge hatte. Er unterstützte die Jesuiten mit um so grösserem Eifer, als er im Oktober 1609 erfahren hatte, das hellenische Volk sei bereit, sich gegen seine Tyrannen zu erheben und baue auf ihn als seinen Befreier. Allein der Tod raffte ihn hinweg, ehe er seine Pläne ausführen konnte. Da die Pforte von diesen Absichten Kunde bekommen hatte, verfolgte sie die Jesuiten und würde sie mit dem Tode bestraft haben, wenn der französische Gesandte nicht für sie eingetreten wäre. Aus dieser Gefahr waren sie gerettet, aber von ihren proselytistischen Umtrieben liessen sie nicht. Sie gründeten Schulen und suchten das Volk durch unentgeltlichen Unterricht zu ködern. Im J. 1611 drohte die Pest, die in Konstantinopel gegen 200 000 Menschen hinraffte, auch die Jesuiten auszurotten. Doch die Minoriten und Dominikaner, die seit langer Zeit Klöster in Konstantinopel besassen, sich aber von allem Proselytismus fernhielten, nahmen sie bei sich auf und retteten sie.

Die Arbeit der Jesuiten war nicht ohne Gefahr für die orthodoxe Kirche. Mit ihrer bekannten Schlauheit erschlichen sie sogar das Wohlwollen einiger Patriarchen. Vier Patriarchen, Raphael II., Neophytos, Timotheos und Athanasios Patellarios, waren ihnen wohlgesinnt. Anderseits sahen wir, wie vor allem Kyrillos Lukaris ihre Pläne bekämpfte. Ausser Frankreich unterstützten auch noch andere katholische Mächte die päpstlichen Bestrebungen. So wirkte Österreich im 6. Artikel des Wiener Vertrages (1615) den Katholiken die Erlaubnis aus, in der Türkei Kirchen zu bauen. Als i. J. 1623 der Kaiser Ferdinand II. Jakob Kurtius als Gesandten nach Konstantinopel schickte, gab er ihm zwei Jesuiten als Begleiter mit, und dieser Gesandte erlangte in einem neuen Erlass des Sultans für die Jesuiten volle Freiheit zur Ausübung ihrer Thätigkeit in dem ganzen türkischen Reiche.

Die Gesandten der anderen Mächte, vor allem Englands und Hollands, konnten den Fortschritten der Jesuiten gegenüber nicht unthätig bleiben. Und nicht allein der konfessionelle Unterschied, sondern zumeist politische Interessen trieben zur Reaktion. Die Türken selbst fühlten sich im Hass gegen die unaufhörlich neue Gefahren heraufbeschwörenden Päpste eins mit den protestantischen Mächten, in denen sie Bundesgenossen im Kampfe gegen ihren verhasstesten Feind erblickten. Deswegen zeigten sie den Protestanten gegenüber mehr Wohlwollen als den Katholiken und Orthodoxen. Auch aus einem rein religiösen Grunde waren die Protestanten den Mohammedanern lieber, ihr Glaube, der die Bilder und die Heiligenverehrung verwirft, erschien ihnen richtiger. In dieser Ansicht bestärkten sie natürlich die protestantischen Mächte. Die Königin Elisabeth von

England bekannte offen, sie wäre bereit, mit dem Sultan ein Bündnis gegen die Katholiken zu schliessen, und nannte jene in einem Briefe an den Sultan Götzendiener, die weiter nichts als den Namen Christen trügen! Murat III. nannte die Königin in seinem Antwortschreiben „die von Gott geschätzte Schützerin des göttlichen Gesetzes und das Urbild der Weisheit". England hatte bei diesen freundschaftlichen Beziehungen zu der Pforte nicht im geringsten religiöse Pläne im Auge, ihm lag nur sein Handel im Orient am Herzen. In der That erreichten die protestantischen Staaten England, Holland und die Niederlande gleiche Handelsvorrechte wie die Katholiken und benutzten diese als Gegengewicht gegen die katholischen Mächte und ihren von den Jesuiten und dem Katholizismus in der Türkei ausgehenden Druck.

§ 30.

Fortsetzung: Das Collegium Graecum in Rom. Propaganda.

Als ein weiteres Förderungsmittel seiner Ziele im Orient erschien dem Papst Gregor XIII. die Gründung einer Schule in Rom, in der junge Hellenen ausgebildet wurden, die später als Missionare in ihr Vaterland zurückkehren sollten, und die Gründung von Missionsstationen in den hellenischen Ländern. Einer von den in jener Schule gebildeten Männern war Leo Allatius († 1669), ebenso ausgezeichnet durch Gelehrsamkeit als durch Fanatismus gegen die orthodoxe Kirche. Sein bedeutendstes Werk handelt „Von der fortlaufenden Übereinstimmung des Bekenntnisses der griechischen und römischen Kirche". Er bemüht sich darin nachzuweisen, dass nur einige orientalische Apostaten sich gegen den Papst erklärt hätten, die wahre anatolische Kirche aber immer mit ihm übereingestimmt und ihm gehorcht hätte!

Ausser Allatius schrieben und wirkten noch folgende Hellenen für die römische Kirche: Dimitrios Pepanos (1667), Neophytos aus Rhodos, Nikolaos Komninos Papadopulos und Aloïsios Andruzis. Doch waren die Erfolge dieser Apostaten der orthodoxen Kirche gering, allerwärts hasste man sie.

Ihre eifrigsten Genossen waren die Jesuiten in Konstantinopel. Von hier aus dehnten sie ihre Wirksamkeit auch über die anderen Teile der Türkei aus. Zwar wurden sie infolge des Dazwischentretens des englischen Gesandten Rhoe (1628) aus der Türkei ausgewiesen, allein die beiden Priester, die sich im Gefolge des französischen Gesandten befanden, blieben als fruchtbarer Samen zurück und wenige Monate später erteilte ihnen der Sultan die Erlaubnis, ihre Schulen wieder zu öffnen. Besonders seitdem Rhoe von seinem Gesandtschaftsposten abgerufen war, konnte man sie überall, wo sie sich nicht festgesetzt hatten, wieder finden, in Chios, Naxos, Cypern, Smyrna Saïda, Haleb. Auf ihre Thätigkeit ist auch die Katholisierung vieler Hellenen auf den Inseln des ägäischen Meeres zurückzuführen, die durch die Niederlassung vieler Franken in jenen Gegenden schon seit der Zeit der Kreuzzüge vorbereitet war. Auch Österreich versuchte im Frieden von Wien (1615) aufs neue den Jesuiten Nachsicht und Duldung im ottomanischen Reiche zu verschaffen. Der Streit der Protestanten und Jesuiten und ihre beiderseitigen Bemühungen, die anatolische Kirche für sich zu gewinnen, bot der Pforte ein merkwürdiges Schauspiel, von dem nur sie den Nutzen zog. Beide Teile suchten einander durch Aufopferung immer grösserer Geldsummen zu überbieten.

Abgesehen von den Jesuiten und dem collegium graecum in Rom arbeitete auch die 1622 gegründete „römische Propaganda“ an der Unterjochung der orthodoxen Kirche unter Rom. Das Arbeitsfeld dieser Gesellschaft war die ecclesia in partibus infidelium; zu diesen Ungläubigen rechneten die Jesuiten auch die Orthodoxen und Protestanten. Die Propaganda hat nach ihrer Gründungsurkunde vom 21. Juli 1622 die Aufgabe, besonders an der Bekehrung „der sonst durch so herrliche Vorzüge ausgestatteten Völker des türkischen Reiches zu arbeiten, die jetzt sich im Zustand der Verdummung befänden und fast tierische Natur hätten, die nur zur Vermehrung der Bewohnerschaft der Hölle dienten und nur für den Teufel und seine Engel taugten“. [1]) Der Gründer der

---

[1]) Bullarium ed. Luxemburg 1727, III, 472. Si enim mentis nostrae

Propaganda war Gregor XV., der erste Jesuitenzögling auf dem päpstlichen Thron — erzogen im collegium germanicum. Die Propaganda wurde in kurzer Zeit sehr reich. So arbeitete der Papismus mit allen Mitteln an der Unterjochung der anatolischen Kirche. Den Jesuiten gelang es, für ihre Absichten auch die Sympathien vieler Patriarchen zu gewinnen. Unter den papstfreundlichen Hellenen ist auch der Patriarch Dimitrios Kapasulis von Alexandria zu nennen; dieser vermochte seinen von der Regierung unterstützten Nachfolger, den Patriarchen Kosmas von Alexandria, nicht vom Throne zu drängen, wendete sich deshalb gewissenlos an den Papst Clemens XI. und trug ihm seine Unterwerfung an (1713). Auch der Patriarch Jeremias III. soll, wie das Gerücht geht, verführt von den Jesuiten daran gedacht haben, dem Papst die Unterwerfung der anatolischen Kirche anzutragen. Man stiess ihn deswegen vom Throne, die ottomanische Regierung verfolgte ihn als Aufrührer und nur mit Mühe retteten ihn die Lateiner vor der auf Hochverrat ruhenden Strafe (1731). Doch waren derartige Beispiele immer nur vereinzelt, Roms Erfolge im Orient waren trotz aller Anstrengungen nirgends erheblich. Der Hauptverteidiger der orientalischen Kirche gegen die Lateiner war in jenen trüben Zeiten Kyrillos Lukaris. Die anatolische Kirche rettete sich aus jenen drohenden Gefahren dadurch, dass sie jeden Vorschlag zur Unterwerfung unter Rom mit Energie und Abscheu zurückwies. Nur in seltenen Fällen waren die Papisten trotz all ihrer unaufhörlichen Bemühungen so glücklich, einzelne Orientalen zum Übertritt in die katholische Kirche zu bewegen, besonders in Syrien (im 18. Jahrhundert unter dem Patriarchat des Athanasios und Sylvester). Die Papisten machten sich die Uneinigkeit unter dem ersten und den thörichten Fanatismus

aciem convertimus ad innumerabilem populorum multitudinem jam tot saeculis agarenorum impurissima dementia captam insanique errori, ac mendacii tenebris obcoecatam, miseratione commoventur viscera nostra, cerventes tam multis et variis coelestibus donis olim celebres nationes per ignorantiam et pestilentis persuasionis stuporem humanitatem in bestiarum naturam fere mutasse atque ad aeterna incendia diabolo et angelis suis parata adhuc propagari.

des zweiten zu nutze (§ 13). Sonst sind im Orient die mit Rom unierten Orientalen, Gräkokatholiken oder Unierte oder Levantiner genannt, sehr gering an Zahl, unter ihnen viele Abkömmlinge von Einwanderern aus der Zeit der Kreuzzüge und der fränkischen Herrschaft.

Im allgemeinen verabscheute der Orient den Papismus. Die Gründe dieses Abscheus gegenüber dem Katholizismus sind vielfältig: zunächst ist es das grosse und unbeschreibliche Elend, das in der Zeit der Kreuzzüge und unter der Herrschaft der Franken im Orient über die orientalischen Länder kam, ferner der Despotismus des Papismus, in dem sie einen Widerspruch gegen die heilige Schrift und die Satzungen der alten Synoden und ein Hindernis des Fortschrittes, der Wissenschaft und der Freiheit sahen. Auch die katholischen Fälschungen der alten Dogmen und Zeremonien und die neuen Dogmen der katholischen Kirche waren ein Grund des Abscheus, und schliesslich war es auch der überaus pompöse und fast theatralische Gottesdienst der Römischen, der in der toten lateinischen Sprache abgehalten wurde.

§ 31.

Die orientalischen Gemeinden in Italien.

Litteratur. Rodota, dell' origine et stato presente del rito greco in Italia. Rom 1758. 3. T. 4.

Mehr Erfolg hatten die päpstlichen Anstrengungen gegen die orientalische Kirche in Italien und anderen europäischen Ländern, wo die orthodoxen Gemeinden mitten unter katholischer Bevölkerung wohnten. In den südlichen Teilen Italiens, besonders in Kalabrien und Sizilien, erhielten sich bis in die Neuzeit Reste von hellenischen Kolonien aus der Zeit der byzantinischen Herrschaft, die im 15. Jahrhundert, besonders nach der Vernichtung Skenderbeis, durch neue Einwanderung von Hellenen und Albanesen, besonders aus Epirus, verstärkt wurden. Diese in Italien wohnenden Hellenen zwang man mit allen Mitteln zur Unterwerfung unter den Papst und nannte sie Unierte. Ihre fast völlige Unterwerfung datiert seit der Synode in Bari (unter Urban II.). Die mit Rom Unierten genossen im Anfang manche Sonderrechte, verloren diese aber nach und nach, und wurden vollständig mit den Lateinern verschmolzen.

Im 16. Jahrhundert gab es in Unteritalien noch hellenische Klöster, aber ihr Zustand war bedauernswürdig. Die Mönche konnten kaum lesen und schreiben. Schon Philipp II. fasste den Plan, diese hellenischen Mönchsorden aufzuheben. Die Rechte, die Rom den unierten Orientalen in Italien gewährleistet hatte, waren der Gebrauch der hellenischen Sprache im Gottesdienst, die Erlaubnis zur Priesterehe und die Feier der Evcharistie unter beiderlei Gestalt. Doch wurden diese Rechte, wo Lateiner mit Hellenen vermischt lebten, vielfach aufgehoben. So z. B. hörte die hellenische Sprache in den Städten Brindisi, Bari und Trani auf. Die hellenischen Priester in Rivello baten, um nur dem Hohn und Übermut der Lateiner zu entgehen, den Papst Pius V. den lateinischen Gottesdienst annehmen zu dürfen. Dagegen gefiel an anderen Orten, wie in Altamura, die hellenische Sprache den Lateinern, besonders den Landbewohnern, besser als die lateinische. Da diese deshalb häufiger in die hellenischen Kirchen gingen, untersagte der lateinische Erzbischof den verheirateten anatolischen Priestern die Ausübung der Sakramente. Daraus entstand ein wüster Streit, den der Papst Clemens VIII. mit dem völligen Verbot des hellenischen Gottesdienstes beendigte. Seitdem hat die hellenische Kirche des heiligen Nikolaos in Altamura lateinische Priester (1602). Ebenso heftig wurde der hellenische Gottesdienst in Nardo bekämpft. Nur wenige und geringe Freiheiten blieben den Hellenen in der Republik Ragusa (1803). Dagegen gewährte der Grossherzog Franz I. von Toskana schon i. J. 1757 den Orthodoxen ein eigenes Gotteshaus und völlige Religionsfreiheit. Die Zahl der hellenischen Kleriker in Unteritalien war im Verhältnis zur Volkszahl zu gross. Auf einer Synode i. J. 1585 waren 200 hellenische Priester anwesend. Die Bulle vom 16. August desselben Jahres bestimmte deshalb, überall da, wo sich zwar viele Priester aber wenig hellenisches Volk fände, sei der lateinische Gottesdienst einzuführen. Auch in Sizilien wurde an vielen Orten der Gottesdienst auf hellenische Weise gefeiert. Gregor XIII. verschmolz die Mönche vom Orden des heiligen Basilios mit denen in Sizilien zu einem und gab ihnen ein Oberhaupt. Dieser Orden hatte den sogenannten gräkolatinischen Kultus. Diese griechisch unierten Gemeinden in jenen Gegenden wurden jedoch immer schwächer und heute gibt es nur noch wenige Gemeinden unierter Hellenen und Albanesen in Kalabrien und Sizilien (*Καλαβρέζοι*). Die bedeutendsten hellenoalbanischen Gemeinden befinden sich in Palermo, Messina, Palazzo, Contessa und Piana auf Sizilien, in St. Kosma, St. Adriani, Spenzano und Russano in Kalabrien und in Neapel. Für die Ausbildung ihrer Priester hatten sie zwei Priesterschulen in Palermo und in St. Demetrio.

Auch in Corsika besteht eine solche hellenische unierte Gemeinde. Nach der Eroberung Konstantinopels wanderten etwa 600 Lakoner unter einem gewissen Apostolos Stephanopolis nach Corsika aus. Diese hellenischen Einwanderer wurden in Corsika zur Anerkennung des Papstes gezwungen, denn nur unter dieser Bedingung hatte die Republik Genua, die damals Corsika besass, sie aufgenommen. Doch behielten sie als Sonderrechte verheiratete Priester, den Gottesdienst in hellenischer Sprache und das Sakrament in beiderlei Gestalt. Der Klerus dieser Hellenen zeigte, obwohl er sich dem Zwang gehorchend dem Papismus unterwarf, dennoch bis in die Anfänge des 19. Jahrhunderts grosse Zuneigung zur orientalischen orthodoxen Kirche. Seitdem man aber die Priester von Karyae auf Corsika nach Rom zur Ausbildung zu schicken zwang, herrschten papistische Anschauungen bei ihnen vor. Denn die in Rom ausgebildeten Priester wurden absichtlich mit Hass gegen alles, was anatolisch war, angefüllt (vergl. darüber den Artikel des N. Phardys über die hellenische Kolonie auf Corsika in der Estia XVI. Nr. 13 pag. 174).

Ausser diesen unierten anatolischen Gemeinden bestehen gegenwärtig einige orthodoxe Gemeinden in Italien, so in Livorno, Neapel, Ancona, Messina, Malta, Venedig und anderswo. Diese stammen aus der Neuzeit und bestehen aus hellenischen Kaufleuten, die sich in diesen Städten niedergelassen haben. Auch diese Kirchen suchten die Päpste sich zu unterjochen, allein es war vergeblich. Die Gemeinde in Neapel ist ein wenig älter, sie stammt aus dem 15. Jahrhundert. Das hellenische Gotteshaus in Neapel ist von orthodoxen Hellenen erbaut, die nach der Eroberung Konstantinopels nach Neapel flohen und dort gastfreundlich aufgenommen wurden. Trotzdem dass dieses Gotteshaus seit Jahrhunderten als Eigentum der Orthodoxen anerkannt war, riss es die Regierung, die vor der Einigung Italiens in Neapel herrschte, widerrechtlich zu gunsten der unierten Hellenen an sich. Erst unter der liberalen Regierung Viktor Emanuels, die dem Königreich Italien volle Religionsfreiheit brachte (1870), erhielten es die Orthodoxen wieder zurück. Allein noch heute erheben die Unierten Rechtsansprüche an diese Kirche.[1])

§ 32.

Die Orthodoxen in Venedig. Die Venedig unterworfenen hellenischen Länder.

Litteratur. *Ἰωάννου Βελούδου, Ἑλλήνων ὀρθοδόξων ἀποικία ἐν Βενετίᾳ. Ἐν Βενετίᾳ* 1872.

Als die Türken Herren über Konstantinopel geworden waren, suchten viele orthodoxe Hellenen ihre Zuflucht in Venedig. Die Republik, überzeugt von den Handelsvorteilen, die ihr diese Fremden boten, und in Würdigung der Dienste, die jene besonders im Seewesen ihnen leisten konnten, beabsichtigte, sie durch freundliche Aufnahme an ihr neues Vaterland zu fesseln. Sie gaben ihnen die Erlaubnis zum Bau einer Kirche, ferner das Recht eigene Priester, später sogar einen Bischof ihres Stammes zu haben. Zwar verlangte man nach den Begriffen jener Zeit anfangs, zur Anstellung der Priester sei die Bestätigung des lateinischen Patriarchen von Venedig oder des päpstlichen Vertreters beizubringen und der Papst sei als Oberhaupt der Kirche anzuerkennen, gab aber diesen Plan sehr bald wieder auf, da man die Unmöglichkeit einsah, die Orthodoxen auf diese Weise für sich zu gewinnen, und zu

---

[1]) *N. Κατραμῆ, περὶ τῆς ἐν Νεαπόλει ἑλληνικῆς ἐκκλησίας.*

der Überzeugung kam, religiöse Toleranz müsse das erste Prinzip einer Handelsrepublik sein. Deshalb gestattete man dem Patriarchen von Konstantinopel, den Bischof der Orthodoxen Venedigs, der den Titel eines Bischofs von Philadelphia annahm, zu ernennen, auch verlangte man den Nachweis der Rechtgläubigkeit vor den lateinischen Prälaten nicht und übersah es sogar, dass die Orthodoxen einen bekannten romfeindlichen Mann, den früheren Bischof Gabriel Severos von Philadelphia in Lydien, zu ihrem Bischof erwählten (1577). Dieser Bischof der orthodoxen Gemeinde Venedigs hatte das Aufsichtsrecht über alle unter Venedig stehenden orthodoxen Länder, dazu über die orthodoxen Gemeinden in Ancona, Messina, also allgemein über Italien und Malta. Unter solchen Verhältnissen blieben die Orthodoxen in Venedig dem Glauben ihrer Väter treu und nur ganz wenige fielen zum Katholizismus ab. Die Sehnsucht nach religiöser und politischer Freiheit führte von Tag zu Tag mehr Hellenen nach Venedig. Ihr Handel blühte schnell empor und ihre Kirche befand sich in ausserordentlich günstigen Verhältnissen. Im J. 1583 bestand die hellenische Kolonie aus fast 400 Seelen, i. J. 1635 gab es bei der Wahl des Erzbischofs Athanasios Velerianos 474 Wähler. Im J. 1626 wurde in Venedig eine hellenische Schule, nach seinem Gründer Thomas Phlanginis aus Korfu Phlanginion genannt, in Venedig ins Leben gerufen, die bis zum J. 1795 in hoher Blüte stand. In ihr haben wir die beste hellenische Schule jener Zeit und zugleich die Bildungsstätte für die Lehrer des griechischen Volks in der Zeit der Knechtschaft. Paparregopulos (V, 505) berichtet: „Der hellenischen Gemeinde in Venedig verdanken wir unbestreitbar das Wiedererwachen der Volksbildung des 17. Jahrh. in allen Ländern hellenischer Zunge.“ In diesen glücklichen Verhältnissen befand sich die venetianische Kolonie bis zum J. 1700.

In jenem Jahre versuchten die dortigen Orthodoxen sich hinsichtlich der Wahl ihrer Priester von dem Einfluss, den der Rat der Zehn auf dieselbe ausübte, völlig frei zu machen. Aber dieser Versuch hatte sehr schädliche Folgen für ihre kirchliche Lage. Denn sie kamen so mit der Regierung in Streit, und diese nahm dies zum Anlass, die bestehenden Bestimmungen über fremde Kirchen in katholischen Ländern anzuwenden, nach denen deren Priester den Papst und die lateinischen Bischöfe anzuerkennen hatten. Alle Versuche der Hellenen, den status quo ante wieder herzustellen, schlugen fehl. Der Patriarch Barbarigos von Venedig beharrte auf seinem Verlangen, die hellenische Kirche müsse zur Union schreiten, und umsoweniger waren die Hellenen im stande, etwas dagegen auszurichten, als ihr damaliger Bischof Typaldos, durch römisches Geld bestochen, sich dem römischen Stuhle unterwarf und selbst das Inkrafttreten der den Orthodoxen so nachteiligen, aber in der That zu Recht bestehenden Bestimmungen wünschte. Die Hellenen verloren den Mut, unterliessen aber nach dem Tode des Typaldos (1718) die Wahl eines neuen Bischofs, da sie doch aller Voraussicht nach einen lateinisch gesinnten Bischof hätten wählen müssen. Seitdem wurden die kirchlichen Verhältnisse der Hellenen in Venedig immer trauriger. Die lateinischen Prälaten mischten sich in ihre kirchlichen Verhältnisse und zwangen die anatolischen Priester, den Katholizismus anzunehmen. Sie drohten, ihre Kirchen in Venedig und den anderen venetianischen Besitzungen in Dalmatien, Albanien, auf den griechischen Inseln und Morea zu schliessen.

Seitdem i. J. 1204 das byzantinische Kaisertum durch die Franken aufgelöst und ein lateinisches Kaisertum gegründet war, gehörten viele orientalische Länder, so Kypern, Kreta, die Ionischen Inseln, viele Küstengebiete des Peloponnes und Evvias, Dalmatien, Albanien und andere Länder unter die Herrschaft des gewaltigen Venedig. Doch verlor dieses eins nach dem anderen von diesen Ländern. Nachdem die Türken 1453 Konstantinopel erobert hatten, begannen sie die Venetianer aus dem Orient zu verdrängen. 1571 entrissen sie ihnen Kypern, kurz darauf den Peloponnes, 1669 Kreta. In demselben Jahre kamen zwar durch den Vertrag von Karlowicz Teile des Peloponnes an Venedig zurück, allein die Venetianer wurden 1718 im Vertrage von Passarovitz gezwungen, sie den Türken wieder zu überlassen. Es blieben ihnen demnach nur noch die Ionischen Inseln, Dalmatien und Teile von Albanien, aber auch diese Besitzungen wurden ihnen von den Türken und anderen Mächten entrissen. So verlor das einst so gewaltige Venedig alle Macht und verfiel völlig. Die Ursachen dieses Verfalls sind mannigfach. Auf der einen Seite raubte der Despotismus, der lähmend auf Venedig ruhte und jede Reform und Verbesserung der Verhältnisse unmöglich machte, der jede freie Bewegung erstickte, das politische Leben versumpfte und dem Tode entgegenführte, dem Volke alle Stärke und Thatkraft, und streute die Todessaat in die Republik Venedig. Auf der anderen Seite bewirkte die Entdeckung Amerikas und die Auffindung des Seewegs nach Ostindien und China ein Aufwärtssteigen der Seemächte Spanien, Portugal, Holland und England, und besiegelte den Verfall des Handels und der Schiffahrt Venedigs und seinen völligen Sturz.

Der Druck, den die Päpste auf die Hellenen unter venetianischer Herrschaft ausübten, war schwer. Man drohte den Hellenen, sofern sie sich weigerten, den Papismus anzunehmen, ihre Kirchen zu schliessen, und in der That wurden an vielen Orten aus Hass gegen den Widerstand der Orthodoxen, die hellenischen Kirchen geschlossen. Nur dem Zwang gehorchend ertrugen die hellenischen Bewohner jener Länder diese Leiden und trösteten sich mit der Hoffnung auf eine bessere Zukunft. Die Gewaltthätigkeit des lateinischen Klerus wurde infolge des Beistands seitens Venedigs so stark, dass viele ihre unter türkischer Herrschaft lebenden Brüder glücklich priesen. Vergeblich war alles Mühen der bedrängten Griechen, die zur Wahrung ihrer Existenz und ihrer alten Rechte den Beistand der Regierung gegen die Übergriffe der lateinischen Priester anriefen. 1672 oktroyierte man trotz energischstem Widerspruch gegen diese Wahl der orthodoxen Kirche unter venetianischer Herrschaft den lateinisch gesinnten Bischof Phazeas. Als dieser Bischof, der die Beschlüsse der Synode von Florenz feierlich angenommen hatte, auch beim Patriarchen von Konstantinopel um die Bestätigung seiner Wahl nachsuchte, weil er sich die Zuneigung der Hellenen erwerben wollte, verweigerte dieser die Bestätigung und exkommunizierte ihn auch. Aber auch der Papst exkommunizierte den Phazeas, weil er sich an den Patriarchen gewandt hatte, und nur durch das Einschreiten des Senats kam zwischen ihm und dem Papste eine Aussöhnung zu stande! Immerhin erkannte ihn nur ein kleiner Teil der anatolischen Bevölkerung an, die übrigen sahen in ihm einen Abtrünnigen. Nach dem Tode des Phazeas unterblieb die Neuwahl eines Bischofs, die hellenische Kirche blieb ohne Oberhaupt und geriet in sehr zweifelhafte Verhältnisse. Doch wurde der Druck, der auf der hellenischen Kirche ruhte, mit der Zeit etwas leichter. Bald darauf (1781) versetzte man auf Bitten der Orthodoxen in Venedig den Bischof von Korfu und Zakynth nach Venedig. Dieser war der letzte Bischof der venetianisch-orthodoxen Gemeinde.

In Albanien gelang es den Lateinern einen grossen Teil der ungebildeten Bevölkerung zur Union zu verlocken. Dies war besonders in Nordalbanien der Fall, dessen Bewohner (*Τόσκοι, Γκέκηδες καὶ Μιριδῖται*) Katholiken oder Türken sind. Nur die Südalbanesen (*Τσάμηδες καὶ Λιάπηδες*) blieben der hellenischen orthodoxen Kirche treu. Der Druck, den die Lateiner auf die Orthodoxen innerhalb der venetianischen Machtsphäre ausübten, hörte seit Ende des 18. Jahrhunderts auf.

Unter der Herrschaft Venedigs hatten die Orthodoxen bisweilen mehr zu leiden als unter den Türken. Deshalb urteilte Garsonis (*Γαρζόνης*) i. J. 1586 folgendermassen: „Die Hellenen in Kreta sehnen sich nach dem Ende der venetianischen Macht und ziehen derselben die türkische Herrschaft vor.“ La Motraye (der i. J. 1827 eine Reisebeschreibung herausgab) berichtet, „die Hellenen, die im Peloponnes unter türkischer Herrschaft leben, bezahlen jedes Jahr ihre Kopfsteuer und bleiben dann von den Türken unbelästigt, während die venetianischen Gebieter in den Häusern und Gärten der hellenischen Bewohner wohnen, was ihnen gefällt, wegnehmen, und jeden, der sich beschwert, misshandeln. Ferner liegen auch die venetianischen Soldaten bei ihnen im Quartier, die Offiziere verführen ihre Weiber und Töchter und ihre Priester zwingen sie zur Verleugnung ihres Glaubens.“

Erst als Venedig an Österreich kam, hörte das Elend der Orthodoxen auf. Im J. 1808 befahl der Kaiser der Franzosen, die dalmatinische hellenische Kirche solle von nun an einen Bischof, einen Verwaltungsrat und eine Priesterschule haben. Seit 1797, also seit Aufhören der venetianischen

Macht (z. B. auf den Ionischen Inseln) trat für die orthodoxe Kirche eine Zeit der Ruhe und Erleichterung ein, da jede äussere Bedrängnis aufhörte. Und als der Ruhm Venedigs erlosch und sein so bedeutender Handel aufhörte, verliessen auch die dort ansässigen Hellenen diese Stadt, und heute finden sich dort von jener einst so blühenden hellenischen Kolonie nur spärliche Überreste.

Unter der Regierung Österreichs und später nach der Einigung Italiens genossen die orthodoxen Hellenen in Venedig wie in ganz Italien volle Religionsfreiheit.

§ 33.

Der Papismus und die Orthodoxen in Österreich.

Der Papst suchte seine Macht auch über die Orthodoxen in Österreich auszudehnen. Denn in Ungarn, Slavonien, Syrmien, Kroatien, Böhmen, Istrien, Krain, in der Bukowina, Dalmatien und Siebenbürgen wohnten zum Teil von alters her eine ziemlich bedeutende Anzahl orthodoxer Slaven, Walachen und Ruthenen, zum Teil hatten sie sich später von der Türkei aus oder sonst aus anderen Ländern dort angesiedelt. Der Druck des türkischen Despotismus und die Sehnsucht nach Befreiung aus den Händen der Ungläubigen lenkte von Zeit zu Zeit die Schritte der verfolgten Christen nach diesen Ländern. Nicht selten riefen auch kaiserliche Erlasse die Christen in der Türkei, besonders in der Walachei und Moldau, zur Auswanderung in die benachbarten österreichischen Länder. Im J. 1690 wanderten viele Orthodoxe nach Dalmatien, Slavonien und Kroatien aus, nachdem die Regierung auf die energische Fürsprache des Patriarchen Kallinikos hin den orthodoxen Einwanderern die Erlaubnis zur Ansiedlung in diesen Ländern, volle Religionsfreiheit und gleiche Rechte mit den Katholiken in religiöser und politischer Beziehung zugesichert hatte. So wurde die Zahl der orthodoxen Bewohner Dalmatiens und der angrenzenden Länder nach und nach stärker, und die Orthodoxen bildeten in vielen Bezirken die Majorität der Bewohnerschaft. Die österreichische Regierung zeigte sich ihnen gegenüber anfänglich gerecht und nachsichtig und zog sie sogar den Protestanten vor. Allein so gerecht die Regierung war, um so grösseren Eifer entwickelten die lateinischen Priester, vor allem die Jesuiten, sie zum lateinischen Glauben zu bekehren. Dies gelang ihnen zum Teil. Um sie dem Übertritt geneigter zu machen, gestatteten sie ihnen anfänglich eigne kirchliche Verwaltung und liessen ihre religiösen Bräuche unangetastet. Ihre Priester durften sich verheiraten, die hellenische Sprache im Gottesdienst beibehalten und das Abendmahl unter beiderlei Gestalt reichen. Nur den Primat des Papstes und das filioque mussten diese mit Rom Unierten anerkennen. So trennten sich die Angehörigen der orientalischen Kirche in Österreich in Unierte und Orthodoxe.

Weniger Eingang als in Österreich fanden die lateinischen Missionare bei den anatolischen Serben Syrmiens und Slavoniens, deren kirchliche Verhältnisse gefestigter waren. Die Orthodoxen dieser Länder hatten einen eigenen Metropoliten, der anfänglich unter dem serbischen Erzbischof von Ipec in Serbien stand, seit 1740 aber unabhängig wurde und seinen Sitz in Karlowicz in Syrmien nahm. Er wurde von den 7 unter ihm stehenden Bischöfen frei gewählt. Die reichen Einkünfte, sein hoher Rang und seine Unabhängigkeit gegenüber den unteren Regierungsorganen setzten diesen Metropoliten in den Stand, für seine Glaubensgenossen erfolgreich wirken zu können und die Bekehrungsversuche der Jesuiten zu vereiteln. In der Neuzeit ist dieser Teil der anatolischen Kirche innerhalb der österreichischen Monarchie genügend gesichert und gekräftigt. Im J. 1776 kamen die orthodoxen Bischöfe in Karlowicz, dem gegenwärtigen Sitze ihres Metropoliten zusammen und konstituierten eine Synode, die viele kirchliche Verbesserungen einführte. Im J. 1889 trennten sich mehrere unierte Gemeinden in Böhmen, Istrien und Krain von der Papstkirche, schlossen sich an die orthodoxe Kirche an und stellten sich unter die geistliche Oberleitung des orthodoxen Erzbischofs von Karlowicz. Sie thaten dies wegen der unaufhörlichen Bedrängnisse, die sie von dem päpstlichen und unierten Klerus zu erdulden hatten. Diese Übertritte erfolgen bis auf die Gegenwart.

§ 34.

Fortsetzung. Die orthodoxe Kirche in Ungarn, Siebenbürgen und in der Bukowina.

Viel häufiger waren die in Ungarn zerstreut wohnenden griechischen Orthodoxen den Angriffen der lateinischen Eiferer ausgesetzt. Diese Nachstellungen hatten die Intervention der Kaiserin Anna zur Folge. Ganz besonders richteten die lateinischen Priester ihre Anstrengungen gegen die Walachen Siebenbürgens, die dem Glauben der orthodoxen Kirche anhingen. Im J. 1697 gelang es den lateinischen Priestern, den walachischen Bischof Theophilos und einen Teil seines Klerus für sich zu gewinnen, und sie zur Annahme des päpstlichen Primats, der Lehre vom Fegefeuer, des ungesäuerten Brotes im kirchlichen Gebrauch, dazu der Lehre vom Ausgang des heiligen Geistes auch vom Sohne zu bewegen. Die österreichische Regierung unterstützte sie dabei und gewährte den Unierten gleiche Rechte wie den Katholiken und sonst noch viele Vorrechte. Aber nicht alle walachischen Priester nahmen die Union an, der Hass der orthodox Bleibenden gegen die Katholiken wuchs so sehr, dass sie die Altäre, an denen lateinische Priester amtiert hatten, als entheiligt vernichteten und selbst den Fussboden, darauf sie gestanden hatten, reinigten. Allein es war gewiss, dass die Zahl der unierten Priester und der unierten Gemeinden, die ohne tiefere Kenntnis der anatolischen Kirche in ihrem Unverstand ihren Priestern folgten, täglich immer mehr wuchs, so dass sogar Bischöfe die Union annehmen konnten, ohne beim Volke auf Widerstand zu stossen.

Im J. 1744 schien es, als sei das ganze walachische Volk zur Union übergegangen. Allein plötzlich vereitelte ein unvorhergesehenes Ereignis alle aufgewandte Zeit und Mühe. 1744 kam nämlich ein sonst unbekannter orthodoxer Mönch in jene Gegenden, bereiste das Land, erweckte durch seine schlichte Predigt grosse Abneigung gegen die Union und rief die Walachen zur Treue gegen ihren väterlichen Glauben zurück. Zwar wurde dieser Mönch ergriffen und nach Wien gebracht, aber andere Mönche folgten ihm nach und vollendeten sein Werk. Die Regierung versuchte die Union durch Verfolgungen und Misshandlungen zu erzwingen, allein ihr Mühen war vergeblich, die Union schwand langsam dahin. Nur wenige Bauern und von katholischen Herren Abhängige liessen sich zum Bleiben zwingen. Und auch von diesen flohen viele in das benachbarte türkische Reich. Nach und nach sah sich die österreichische Regierung gezwungen, den Thatsachen Rechnung zu tragen, und gewährte auch den Orthodoxen Siebenbürgens ihren Schutz.

Die Regelung der kirchlichen Lage der nicht unierten griechischen Bevölkerung in Siebenbürgen erfolgte unter Maria Theresia, sie liess ihnen alle Privilegien, die sie vorher besessen hatten. Das Toleranzedikt Josefs II. bestätigte und vermehrte ihre Privilegien und das Konkordat von 1791 sicherte völlig ihre kirchliche und politische Existenz. Heute sind sie im Genuss derselben Rechte, wie die Katholiken und Protestanten. Ihre Bischöfe haben Sitz und Stimme im Reichstag. Der Metropolit von Siebenbürgen mit dem Sitz in Hermannstadt, der sonst unter das Episkopat Karlowicz gehörte, ist seit 1864 autokephal. [1])

Das Schicksal der orthodoxen slavischen Ruthenen in der Bukowina war ähnlich. Auch hier hatten die Jesuiten das orthodoxe Volk hart bedrängt. Allein die Ruthenen blieben dem orthodoxen Glauben treu. Heute geniessen auch sie seitens der österreichischen Regierung volle Religionsfreiheit und staatlichen Schutz. Im J. 1873 wurde ihre Kirche autokephal, ihr Haupt wurde der Erzbischof von Czernowitz, dem auch die orthodoxe Bevölkerung Dalmatiens unterstellt ist.

Die orthodoxe Bevölkerung Österreichs beträgt etwa 4 Millionen, die unierte etwa 2 Millionen.

---

[1]) Das Wirken des Jesuitismus in Polen soll bei der Geschichte der russischen Kirche berichtet werden.

§ 35.

Pius IX. und die orientalische Kirche. Leo XIII.

Waren auch die Versuche der Päpste zur Unterjochung der orientalischen Kirche so oft misslungen, so liessen sie doch bis in unsere Tage herab dies Ziel nicht aus den Augen. So gab Pius IX. gleich im Anfang seines Pontifikats (6. Januar 1848) eine Encyklika heraus, die sich auf die Unterwerfung der orientalischen Völker bezieht. Auf diese Encyklika, die die alten nichtssagenden Gründe für die römischen Ansprüche wiederaufnahm, liess der Patriarch Anthimos VI. von Konstantinopel eine gebührende Antwort erfolgen. Eine Widerlegung dieser Encyklika verfasste auch Konstantios von Sinai, der frühere Patriarch von Konstantinopel. Aber diese Widerlegungen, die ein Beweis dafür sind, dass die anatolische Kirche ihren Überlieferungen treu bleibt, und vor den anmassenden Ansprüchen der Päpste keine Achtung hat, machten Pius IX. nicht klüger. Denn sein ganzes Leben lang kannte er keinen sehnlicheren Wunsch, als die geistliche Herrschaft über den Orient zu gewinnen und arbeitete stetig an der Ausführung dieses Wunsches.

Dieser Neigung Pius IX. schmeichelte der Übertritt des gelehrten aber sonst arglistigen Griechen Pitzipios zur katholischen Kirche in ausserordentlicher Weise. Pitzipios entwarf ihm einen Plan zur Union beider Kirchen, man solle eine ökumenische Synode berufen und die Teilnehmer durch die Kaiser von Russland und Frankreich einladen lassen. Nach diesen Vorschlägen des Pitzipios entstand auch im Interesse der Union i. J. 1855 eine „Christlich-orientalische Gesellschaft“, deren Haupt Pitzipios selbst war. Diese Gesellschaft sollte in den verschiedenen Städten des Orients Komitees einsetzen. Auch die Protestanten sollten zu dieser geplanten Synode mit eingeladen werden. Als Grundlage für ihre Beratungen sollte die Synode die durch die Propaganda gedruckte und verbreitete Schrift des Pitzipios „die anatolische Kirche“ (l’église orientale. Rome 1855) benutzen. Der Plan des Pitzipios misslang, denn zwischen ihm und dem Papste entstand ein Bruch, infolgedessen Pitzipios eine Schrift „über den Romanismus“ (Le Romanisme, Paris) herausgab. Diese Schrift hob den Inhalt des ersten Werkes vollständig auf und führte alle Übel, die von Anfang an über die christliche Kirche gekommen seien, auf den Papismus zurück. Als der Papst 1862 einen neuen Ausschuss zur Beratung der Mittel für die so heiss ersehnte Union einsetzte, protestierte Pitzipios im Namen der christlich-orientalischen Gesellschaft und proklamierte die Ausschliessung des Papstes aus derselben. Unter diesen Umständen liess Pius IX. endlich seine Lieblingsidee, die Unterwerfung des Orients unter seine geistliche Herrschaft fallen.

Als im Dezember 1869 die letzte ökumenische Synode der Katholiken zur Wahrung der Interessen der katholischen Kirche, oder besser zur Steigerung der päpstlichen Macht, zusammentrat, erinnerte sich Pius IX. wieder der Orientalen, richte eine Encyklika an sie und lud die Bischöfe der orientalischen Kirche zur Teilnahme an der Synode und zur Union mit dem Stuhle Petri ein. Dem Patriarch Gregor VI. übergab der Vertreter des Papstes in Konstantinopel eine besondere Einladung. Allein diesem war schon von früheren Fällen her Art und Inhalt dieser Einladung bekannt. Darum hielt er es für unwürdig, den Brief des Papstes auch nur in die Hand zu nehmen und handelte er damit ganz korrekt. Dieser Misserfolg bei dem Patriarchen von Konstantinopel, diesem obersten Bischof der orientalischen Kirche, überzeugte die Lateiner, dass alle ihre Mühe zur Unterwerfung der Orientalen vergeblich, und dass es überflüssig sei, bei den anderen Kirchen des Orients anzufragen. Trotz dieser Verhältnisse wurde nach der ersten Sitzung des Konzils unter den Ausschüssen, die die Themata, die zur Beratung kommen sollten, vorzubereiten hatten, auch ein solcher eingesetzt, der die Union mit der orientalischen Kirche zur Aufgabe hatte. Doch auch hier kam man zu keinem Resultat. Nach der Proklamation der Infallibilität kam das Konzil in eine sehr üble Lage, da die Truppen Viktor Emanuels im September 1870 in Rom einrückten, und löste sich auf. Die Beschlüsse der Vatikanischen Synode über die Infallibilität des Papstes, die den Widerstand der katholischen Welt wachriefen und die Bildung der altkatholischen Kirche verursachten, und die Verhandlungen der letzteren mit den Orthodoxen in Bonn i. d. J. 1874 u. 1875 sollen an einer anderen Stelle genau besprochen werden.[1])

Der jetzige Papst Leo XIII. trat in die Fusstapfen seiner Vorgänger und suchte von Anbeginn seines Pontifikats (1878) die Unterwerfung der orientalischen Kirche zu erreichen, allein auch ihm gelang es nicht. Leo sprach diese seine Absicht schon 1878 in einem Briefe an den Kardinal Nina aus. Denselben Zweck hatte auch seine Encyklika v. J. 1880, die die ganze katholische Welt aufforderte, das Fest der Slavenapostel Methodios und Kyrillos feierlich zu begehen. Um die Sympathien der anatolischen Slaven zu gewinnen, behauptete diese Encyklika, diese Slavenapostel seien vom Papste ausgeschickt worden und hätten im Auftrage Roms sich der Bekehrung der Slaven gewidmet, während es eine bekannte historische Thatsache ist, dass es zwei orthodoxe hellenische, mit der slavischen Sprache vertraute Kleriker aus Saloniki waren, die von dem byzantinischen Kaiser Michael III. und dem Patriarchen von Konstantinopel zu den Bulgaren, Mähren und Böhmen ausgeschickt waren. Allerdings mussten sie bei ihrer Thätigkeit in Böhmen und Mähren notgedrungen zu dem damals in Deutschland und Österreich allmächtigen Papste in ein bestimmtes Verhältnis treten, um in ihrem Werke nicht gehindert zu werden. Auf diese Encyklika erfolgte überallher aus der anatolischen Christenheit der nötige Widerspruch.

Als 1885 die slavischen Völker die Millenniumsfeier ihrer Bekehrung durch diese Apostel begingen, liess Leo XIII. eine neue Encyklika ausgehen, durch die er eine allgemeine Feier dieses Festes anordnete. Gleichzeitig entfaltete die Propaganda unter Zustimmung Leos von Rom aus den skandalösesten Proselytismus unter unseren Glaubensgenossen, besonders in Syrien und Palästina unter den Syrern und Arabern, und unter dem Schutz der Franzosen und der österreichischen Regierung in Makedonien unter den Bulgaren. Gleichzeitig gründete man in Konstantinopel unter thätiger Beihilfe des

---

[1]) *Α. Διομήδους Κυριακοῦ Θεολογικαὶ διατριβαί* 12. 13. Athen 1898.

dortigen römischen Klerus die Gesellschaft „Eintracht“ (*Συμπνοία*), die dem Anscheine nach nur der Versöhnung der Gräkokatholiken und orthodoxen Hellenen, in der That aber den Plänen der römischen Propaganda dienen sollte.

Während so Leo auf die verschiedenste Weise gegen unsere Kirche arbeitete, gab er sich den Anschein, als sei er ihr Freund. Zu der Thronbesteigung des Patriarchen Joakim IV. i. J. 1886 liess er durch seinen Legaten in Konstantinopel die herzlichsten Glückwünsche aussprechen. Etwas derartiges hatte ein Papst bisher noch nicht gethan. Dies wurde mit einem gelegentlichen Besuche Joakims in Rom, der einige Jahre vor Antritt seines Patriarchats Krankheit wegen ins Abendland reiste, in Verbindung gebracht und so die Veranlassung zu dem lächerlichen Gerücht, dieser Patriarch beabsichtige angeblich die orthodoxe Kirche unter die Gewalt des Papstes zu bringen. Das lächerliche Gerücht wurde, wie es nicht anders zu erwarten war, sofort dementiert. Während dessen verfolgte Leo sein Ziel weiter. In einem Briefe an Rampolla sprach er aus, er wünsche die Orientkirche seinem Stuhle unterworfen zu sehen, und wiederholte diesen Gedanken in einer Ansprache an die Versammlung der Kardinäle. Der Moniteur, das Organ des Papstes, nahm dies auf und wandte sich mit der Aufforderung an die Völker des Orients, der Stimme des Papstes Gehör zu schenken. Im Mai 1893 berief Leo eine Versammlung der katholischen Bischöfe nach Jerusalem, um über die besten Mittel für die Union zwischen Orient und Occident zu beraten. Durch eine neue Encyklika wandte er die Aufmerksamkeit besonders auf die Russen und hoffte, er könne sie vielleicht seinen Wünschen geneigt machen. Aber auch bei ihnen fand er denselben Widerstand, wie auch sonst im Orient. Schliesslich schritt Leo zu einem Hauptcoup, er wandte sich in einer Encyklika an alle orthodoxen Völker und forderte sie auf, ihn als Haupt der Kirche anzuerkennen und sich ihm zu unterwerfen. Dieses Vorgehen des Papstes beantwortete der ökumenische Patriarch Anthimos i. J. 1895 auch seinerseits mit einer Encyklika, in der er die herrschsüchtigen Forderungen des Papstes zurückwies und nachwies, wie die römische Kirche in Dogma, Verwaltung und Kultus von der alten Kirche abwiche, und ermahnte den Papst, er solle, anstatt andere zur römischen Kirche hinüberzulocken, selbst seine Irrtümer verlassen und in den Schoss der anatolischen Kirche zurückkehren, denn diese sei dem alten echten Christentum des Evangeliums und der ersten Jahrhunderte treugeblieben. Eine gleiche Erwiderung erfolgte auch seitens der anderen orthodoxen Kirchen. In Rom aber hielt man an der Hoffnung fest, der Erfolg könne zuletzt doch nicht ausbleiben. Deswegen berief man eine Versammlung unierter lateinischer Bischöfe nach Rom, um nochmals über eine Union mit der Orientkirche zu beraten. Diese gab den Rat, man solle in Konstantinopel eine hellenische unierte theologische Schule errichten, auf der man geeignete Werkzeuge zur Verwirklichung der päpstlichen Pläne im Orient heranbilden könne.

Das war das Wirken Leos und seines Vorgängers Pius, die orientalischen Völker zu gewinnen und sich zu unterwerfen. All ihr Mühen war aber umsonst. Die orientalische Kirche weist heute und in alle Zukunft die Pläne des Papismus zurück und wird der Väter Erbe sich nicht entreissen lassen. Sie ist gewiss, dass sie das wahre Christentum der ersten Jahrhunderte, von dem die römische Kirche abgewichen ist, repräsentiert. Sie hält an ihrer Unabhängigkeit fest, die sie schon in den ältesten Zeiten besass, und die sie niemals preisgeben wird.

Kapitel 5.

Kirchliche Schriftsteller.

Litteratur. Fabricii, Bibliotheca graeca. Hamburg 1708—28. *Ἀνδρέου Παπαδοπούλου Βρετοῦ: Νεοελληνικὴ φιλολογία. Ἐν Ἀθήναις* 1854. *K. Σάθα: Νεοελληνικὴ φιλολογία. Ἐν Ἀθήναις* 1868. *Ἀνδρονίκου Δημητρακοπούλου: Προσθῆκαι εἰς τὴν Νεοελ. φιλολογίαν Σάθα. Ἐν Λειψίᾳ* 1871. *Τοῦ αὐτοῦ: Ὀρθόδοξος Ἑλλάς. Ἐν Λειψίᾳ* 1872. *K. Οἰκονόμου: Περὶ τῶν Ο'. Ἐν Ἀθήναις* 1844. *Ἐν τόμ. Δ' Δὲ Κιγάλα*

Σχεδίασμα νεοελληνικῆς φιλολογίας. Ἐν Σύρῳ 1846. *Ζαβίρα: Νέα Ἑλλάς. Ἐν Ἀθήναις* 1872. *Παρανίκα Σχεδίασμα περὶ καταστάσεως παιδείας ἀπὸ ἁλώσεως κτλ. Ἐν Κωνσταντινουπόλει* 1867. *Ἐν Ἀληθείᾳ Κωνσταντινουπόλεως περὶ τῆς πατριαρχικῆς μεγάλης σχολῆς τοῦ γένους ὑπὸ Μ. Δ. Χαμουδοπούλου (ἀπὸ τοῦ Α΄τεύχους τοῦ Α΄ἔτους.) Μανουὴλ Γεδεὼν Περὶ τῆς πατριαρχικῆς Ἀκαδημίας. Ἐν Κωνσταντινουπόλει* 1883.

§ 36.

Allgemeine Übersicht über das wissenschaftliche Leben innerhalb der orthodoxen Kirche.

Wenn das wissenschaftliche Leben innerhalb der orientalischen Kirche unter türkischer Herrschaft in dieser Periode nicht zur Blüte kommen konnte, so braucht man nicht nach Gründen zu suchen. Die theologische Wissenschaft kann nur da gedeihen, wo die Wissenschaften allgemein blühen. Wie hätten bedeutende und hervorragende kirchliche Schriftsteller aus dem armen hellenischen Volke hervorgehen können, dem die entsetzliche Knechtschaft alles geistige und allgemein wissenschaftliche Leben geraubt hatte! Deshalb war die Zahl der hellenischen Theologen und kirchlichen Schriftsteller jener Zeit im Verhältnis zu früheren Epochen und zu der Menge der gleichzeitigen gebildeten Männer des Abendlandes sehr gering und ihr wissenschaftlicher Wert von geringer Bedeutung. Diese Periode hatte keine Männer wie Origenis, oder Chrysostomos oder Photios aufzuweisen. Wer sich eine bessere Bildung angeeignet hatte und sich über das allgemeine Niveau erhob, hatte sie dem europäischen Abendland zu verdanken, wohin nach der Eroberung Konstantinopels die Gebildeten zum grossen Teile geflohen waren und ihre Bildung gebracht hatten, so in Venedig, Padua, Pisa, Rom, Florenz, Paris, Oxford und Deutschland. Die hellenischen Schulen waren dünn gesät und von geringem Wert. Die erste erwähnenswerte hellenische Schule errichtete die venetianische Kolonie i. J. 1626, sie wurde Phlanginion genannt (vergl. § 32), aus ihr gingen die Lehrer der hellenischen Wissenschaft in den Schulen des Orients hervor. Die bedeutendsten dieser Schulen waren in Konstantinopel (die grosse Patriarchatsschule *σχολὴ* τοῦ γένους), in Janina, Smyrna, Kydonia, Chios, Patmos, Dimizani, Athos, Agrapha, Bukurest und Jasion und sind zumeist im 18. Jahrhundert gegründet. Seit dem 18. Jahrhundert hauptsächlich beginnt die Wiedergeburt der hellenischen Bildung unter dem geknechteten Volke, es treten bedeutende Lehrer auf, die das Geschlecht der Neuzeit bildeten, und ihm ihre Liebe zum alten Hellas und zur Freiheit einflössten. Ihnen hat man es zuzuschreiben, dass das Volk erwachte, sich im 19. Jahrhundert wieder aufrichtete und den grossen Kampf um die Freiheit des Volkes durchführte.

Die bedeutendsten dieser Lehrer waren folgende: Evgenios Vulgaris (*Εὐγένιος Βούλγαρις*) [er war in Janina, Athos und Konstantinopel als Lehrer thätig], Theotokis (Lehrer in Konstantinopel und Jasion), Neophytos Kavsokalyvitis (*Καυσοκαλυβίτης*) [in Chios und anderen Orten], der einen bedeutenden Kommentar zu dem 4. Buch der Grammatik des Theodoros Gazis schrieb, ferner Daniel Keramevs (*Κεραμεύς*) auf Patmos, der gleichfalls einen Kommentar zu der Grammatik des Gazis schrieb. Durch ihn wurde die Schule auf Patmos so berühmt, dass sie wie die Schule des Vulgaris auf dem Athos 200 Schüler hatte. Ausser diesen führen wir noch folgende bedeutende Lehrer an: Psallidas in Janina, der eine Fortsetzung der Grammatik des Laskaris herausgab, Lampros Photiadis in Bukurest, Pesaros (*Πέζαρος*), Proïos (*Πρώϊος*), Gazis (*Γαζῆς*), Lukas, Konstantas, Venjamin (*Βενιαμίν*), Kumas, Vamvas (*Βάμβας*), Ikonomos (*Οἰκονόμος*) und Pharmakidis.

Die Studien beschränkten sich auf Grammatik, Interpretation der alten klassischen und kirchlichen Schriftsteller einschliesslich des Oktoichos (*Ὀκτώηχος*) und des Psalters, Arithmetik, Geometrie, Algebra, Physik, Psychologie, Logik, Metaphysik und Dogmatik.

Besonders die älteren Lehrer verfassten ihre Bücher gewöhnlich in klassischem Griechisch. Die Methode der Interpretation war die psychagogische, die Umschreibung des Textes durch verschiedene Ausdrücke. In den Händen der Schüler befand sich allgemein die Encyklopädie des Patusa. Diese Lehrmethode erhielt ihren Reformator in dem „grossen“

Korais: die Interpretation der hellenischen Schriftsteller wurde durch ihn praktischer und beschränkte sich nicht mehr allein auf Worterklärung. Auch die Gesetze der neugriechischen Schriftsprache wies Korais nach, diese habe sich ebenso dem klassischen Griechisch wie der vulgären Volkssprache fern zu halten.

Aus diesen Schulen, sowohl den aus früheren Zeiten, wie denen, die erst im 18. Jahrhundert errichtet wurden, gingen die wenigen kirchlichen Schriftsteller dieser Periode hervor. Diese hatten zum grössten Teil mit der Verteidigung ihres orthodoxen Glaubens zu thun und suchten die Angriffe der römischen Missionare auf den Orient durch Kampf gegen die Lehren und Ordnungen der römischen Kirche zu nichte zu machen. Diese Abwehr war damals von hervorragender Wichtigkeit und höchst nötig, und es ist nur zu verwundern, wie manche sie deshalb zu tadeln vermochten, denn unserer Kirche drohte in der That die grösste Gefahr von Rom. Wenn darum einer etwas schrieb, so war es natürlich gegen Rom gerichtet und dies ist der Grund, weshalb wir fast gar keine oder nur sehr wenige dogmatische, ethische, historische oder exegetische Werke bei ihnen finden.

Von Dogmatik handeln einzelne Werke des Koresios, Damodos, Evgenios, Anthimos und Parios. Die Kirchenhistorik wurde vernachlässigt, Meletios war der einzige, der eine solche schrieb, Evgenios begann nur Aufzeichnungen zu einer Kirchengeschichte. Von Interpretationsschriften sind des Theotokis Auslegungen der Evangelien, der Apostelgeschichte, der Briefe und der Sonntagsperikopen, und die Auslegung der Psalmen von Anthimos zu nennen. Dagegen gab es viele Streitschriften gegen das Papsttum. Unter den polemischen Schriftstellern ragen Nektarios, Dositheos, Argentis, Meletios Syrigos, Meletios Pigas (*Πηγᾶς*), Jeremias, Koresios, Miniatis (*Μηνιάτης*), Vlasopulos (*Βλασόπουλος*) und Elias Tantalidis hervor.

Immerhin beweisen auch diese wenigen hellenischen kirchlichen Schriftsteller, in jenen Zeiten fast die einzigen unter den Hellenen, die schriftstellerisch thätig waren (damals waren die Kleriker zumeist die einzigen Gebildeten), dass die Bildung in den Zeiten der Knechtschaft zwar darniederlag, aber niemals ganz verschwand, dass vielmehr immer ein Funken übrig blieb, der zur Neubelebung und Wiederaufrichtung von Hellas genügte. Der Klerus war in jenen Zeiten der Retter der hellenischen Bildung. In der Neuzeit hob sich mit der allgemeinen Verbreitung der Wissenschaften im Orient auch die Bildung des Klerus, besonders seit dem Entstehen der Theologenschulen in Chalki und in Jerusalem. Viele orthodoxen Kleriker holen sich in der Gegenwart ihre Bildung auf den hohen Schulen des freien Hellas besonders auf der Universität Athen, in seiner Theologenschule und auf den gelehrten Universitäten Deutschlands. Das Wiederemporkommen der orientalischen Kirche hängt nur von der Bildung ihres Klerus ab.

§ 37.

Die kirchlichen Schriftsteller des XV. und XVI. Jahrhunderts.

Der einzige erwähnenswerte kirchliche Schriftsteller des XV. Jahrhunderts nach der Zeit der Eroberung Konstantinopels ist Maximos Peloponnisios (*Μάξιμος ὁ Πελοποννήσιος*), ein tugendhafter und hochgebildeter Mann, der seit 1482 Patriarch von Konstantinopel war. Er hinterliess Schriften über Plethon, über Markos Ephesios, über die Florentiner Synode u. a. Er war ein vorzüglicher Redner und entwickelte ausserordentlichen Eifer in der Verkündigung des göttlichen Wortes. Man verehrte ihn als den weisesten Mann seiner Zeit, deshalb forderte gerade ihn der Sultan auf, ihm eine Auslegung des christlichen Glaubensbekenntnisses anzufertigen. Sein Hauptwerk ist überschrieben „Verteidigungsschriften oder eine Widerlegung der 7 Kapitel eines abendländischen Mönches“ (*ἀπόλογοι ἢ ἀνατροπὴ τῶν ζ' κεφαλαίων, ἅπερ ἔπεμψέ τις τῶν δυτικῶν φρατόρων*).

Im 16. Jahrhundert traten folgende kirchliche Schriftsteller hervor: Manuil Peloponnisios oder Korinthios (*Μανουὴλ Πελοποννήσιος ἢ Κορίνθιος*). Er beherrschte die Profanwissenschaften wie die Theologie in gleicher Weise, seine Blütezeit ist der Anfang des 16. Jahrhunderts. Zuerst war er Lehrer an der Patriarchatsschule, dann Chartophylax und Prediger der Kirche von Konstantinopel, die *Μεγάλη ἐκκλησία* genannt wird. Seine Schriften sind gegen die Lateiner gerichtet.

Pachomios Rhusanos (*Παχώμιος Ῥουσᾶνος*) (1530), ein gelehrter Mönch und ein Meister der hellenischen Sprache hinterliess eine grosse Menge theologischer Schriften, Homilien, dogmatischer Abhandlungen, Briefe und a. m. Über ihn hat Mustoxydis (*Μουστοξύδης*) im Hellinomnimon (*Ἑλληνομνήμων* Band I. 626) eine bedeutende Abhandlung veröffentlicht.

Maximos Agioritis (*Μάζιμος ὁ Ἁγιορείτης*), der circa 1518 wirkte, wurde unter Vasilios Iwanowitzsch der Lehrer der Russen. Er schrieb gegen die Lateiner, Lutheraner, Heiden und Mohammedaner.

Der bedeutendste Mann des 16. Jahrhunderts war Meletios Pigas † 1600 (*Μελέτιος ὁ Πηγᾶς*), der Patriarch von Alexandria. Er war 1535 in Kreta geboren, erhielt seine wissenschaftliche Ausbildung in Padua und beherrschte die hellenische, lateinische, syrische, arabische und hebräische Sprache. Er schrieb verschiedene dogmatische und polemische Schriften gegen die Lateiner, ferner Homilien, den „Orthodoxen Christen" in Gesprächsform, „Stromatis", „Gegen die Herrschaft des Papstes" und über 300 Briefe an verschiedene Empfänger über die Dogmen der orthodoxen Kirche und die Neuerungen der Papstkirche. Meletios kämpfte mit grossem Eifer gegen die Lateiner, i. J. 1600 schickte er den Kyrillos Lukaris nach Polen und gab sich alle Mühe, die dortige orthodoxe Kirche zu kräftigen. Mit den protestantischen Theologen in Polen, die ein Bündnis der orthodoxen und protestantischen Kirchen gegen die Lateiner beabsichtigten, hat er mehrere Briefe gewechselt (§ 23).

Jeremias II., seit 1572 Patriarch von Konstantinopel, ist durch seine Erwiderungen gegen die lutherischen Theologen in Tübingen (1573—1586) berühmt, doch verfasste er auch noch andere Schriften. 1588 kam Jeremias nach Russland, erhob den damaligen Metropoliten von Moskau zum Patriarchen und arbeitete an der Wiederherstellung der damals darniederliegenden kirchlichen Verhältnisse in Russland.

Maximos Margunios (*Μάξιμος Μαργούνιος*) aus Kreta († 1602) war Bischof von Kythera, schrieb viele Schriften, unter ihnen viele Briefe. Er war ein wissenschaftlich gebildeter und trefflicher Schriftsteller in Poesie und Prosa und mit der hellenischen Sprache und Litteratur wohl vertraut. Einige seiner Schriften waren gegen die Lateiner gerichtet, wie sein „Enchiridion über den Ausgang des heiligen Geistes“, seine „Einwände gegen die Lateiner“ und sein „Dialog eines Griechen und Lateiners“. Trotzdem fühlten sich einige Lateiner auf Grund eines Briefes, den er an Gabriel Seviros geschrieben hatte, zu der Behauptung veranlasst, Margunios sei schliesslich den Lateinern günstig gesinnt gewesen. Das einzige Wahre daran ist, Margunios hielt eine Union zwischen Hellenen und Lateinern für möglich und hoffte die Lateiner von der Wahrheit des orientalischen Glaubens zu überzeugen. Er reiste deshalb nach Rom und überreichte dem Papste zwei Abhandlungen über den Ausgang des heiligen Geistes. Als man ihn dort unter Androhung der Einkerkerung zum lateinischen Glauben zwingen wollte, kam er ihnen zuvor und floh von dort nach Venedig und dann nach Konstantinopel. Margunios schrieb später gegen die Jesuiten und Franziskaner (vergl. *Οἰκόνυμος Περὶ τῶν Ο'* IV. 803).

Manuil Malaxos (*Μανουὴλ Μαλαξὸς*) aus Navplion trug aus verschiedenen Werken die Geschichte des Patriarchats Konstantinopel in dem Zeitraum 1458—1578 zusammen, die in lateinischer Uebersetzung von Martinus Crusius in der Turcograecia herausgegeben wurde. Sie ist die Hauptquelle für die Kirchengeschichte jener Zeiten.

Unter die Gelehrten des 16. Jahrh. rechnen wir auch Dorotheos von Monemvasia (*Δωρόθεος ὁ Μονεμβασίας*), den Verfasser des „Chronographen“. Dieser enthält eine Geschichte von der Schöpfung der Welt bis z. J. 1629 und ist auch für die Kirchengeschichte brauchbar.

§ 38.

Die Schriftsteller des 17. Jahrhunderts.

Auch das 17. Jahrh. hat bedeutende kirchliche Schriftsteller hervorgebracht. In der hellenischen Schule des heiligen Athanasios in Rom, die Gregor XIII. aus proselytistischen Absichten gründete, wurden Allatios, Petros Arkudios, Joh. Matth. Karyophyllos, Andrustis und Nikolaos Komninos Papadopulos ausgebildet. Sie schrieben viele Werke, aber nur im Interesse des Papismus.

Ein bedeutender Gelehrter auf unserer Seite war Gavriil Seviros (*Γαβριὴλ Σεβῆρος*). Er studierte in Padua, wurde dann Bischof von Philadelphia in Lydien und unter diesem Titel der oberste Geistliche in Venedig. Er schrieb gegen die Lateiner, über die Sakramente, über die fünf Unterschiede und anderes († 1616).

Kyrillos Lukaris war nicht nur in kirchenregimentlicher Hinsicht höchst bedeutend, sondern muss auch unter die ersten Gelehrten seiner Zeit gezählt werden. Er stammte aus Kreta, studierte in Padua, besuchte dann das übrige Europa und verweilte besonders in der Schweiz, wo er mit vielen kalvinischen Theologen Freundschaft schloss. Er wurde zuerst Patriarch von Alexandria, dann von Konstantinopel. Kyrillos hoffte, die anatolische Kirche durch Ausbreitung wissenschaftlicher Bildung wieder in die Höhe zu bringen und so die Gefahren, die von Rom drohten, mit Erfolg abwehren zu können, er fasste deshalb die Bildung des Klerus zunächst ins Auge. In dieser Absicht schickte er den Kritopulos nach England und errichtete die erste Buchdruckerei in Konstantinopel. Er hatte das feste Vertrauen, für seine Kirche würden freundschaftliche Beziehungen zu den protestantischen Kirchen und die blühende Theologie derselben von höchstem Nutzen sein. Kyrillos schrieb auch Briefe und Abhandlungen. Es ist völlig unwahrscheinlich, dass jene unter seinem Namen erschienene Homologie aus seiner Feder stammt. Markos Rhenieris schrieb eine Monographie über Kyrillos Lukaris.

Georgios Koresios (*Γεώργιος Κορέσιος*) war ein für

seine Zeit bedeutender Mann und gewaltiger Theolog. Als infolge der pseudolukarischen Homologie grosse Aufregung in Konstantinopel entstand, rief man ihn dorthin, um ihn gegen den Lutheraner Anton Leger zu verwenden. Er schrieb viele Werke, die meisten davon sind polemischer Art, gegen Lateiner und Protestanten gerichtet, so das Theologikon, über die Sakramente, über Prädestination, Gnade und Selbstbestimmung, über die Anrufung der Heiligen und die Verehrung der heiligen Bilder, gegen Bellarmin, über den Ausgang des heiligen Geistes u. a. m. († 1641).[1])

Mitrophanis Kritopulos (*Μητροφάνης Κριτόπουλος*) studierte in Oxford (1618—23), wohin ihn Kyrillos Lukaris geschickt hatte, als er noch Patriarch von Alexandria war. Er besuchte auch die deutschen Universitäten und verfasste und veröffentlichte hier das „Bekenntnis der orientalischen Kirche“. Gegen dieses Werk erhoben sich wegen der Beziehungen des Verfassers zu Kyrillos Lukaris Bedenken, aber mit Unrecht, denn Mitrophanis war dem Glauben seiner Kirche nicht untreu geworden. Seit 1630 wurde er Patriarch von Alexandria. Die pseudolukarische Homologie ächtete auch er bereitwilligst († 1641).[2])

Ein Schüler des Lukaris war auch Maximos Kallipolitis (*Μάξιμος ὁ Καλλιπολίτης* 1637), der zuerst das Neue Testament in die hellenische Volkssprache übersetzte.

Petros Mogilas (*Πέτρος Μογίλας*), Metropolit von Kiew, stammte aus der Moldau und wurde durch die unter seinem Namen gehende Homologie bekannt. Er hatte sie zunächst um seiner Gemeinden willen verfasst, unter denen römische und protestantische Missionare an der Ausbreitung ihrer Ideen arbeiteten, später wurde sie von Meletios Syrigos und anderen hellenischen und russischen Theologen revidiert, aufs neue umgearbeitet, von den Patriarchen sanktioniert und 1642 als Bekenntnis der orientalischen Kirche veröffentlicht.

Auch Meletios Syrigos (*Μελέτιος Συρίγος*) aus Kreta

---

[1]) Vgl. über Koresios *Ἀθανασίου Κ. Ὑψηλάντου τὰ μετά τὴν ἅλωσιν.*

[2]) Über Mitrophanis Kritopulos besitzen wir zwei Abhandlungen, eine von Andr. Dimitrakopulos und die andere von Ger. Mazarakis.

(† 1662) hatte in Padua studiert. Ausser der Revision der Homologie des Mogilas schrieb er 24 theologische Kapitel gegen die Lateiner und entwickelte in seinen Predigten eine heftige Polemik gegen das durch Maximos Kallipolitis in die Volkssprache übersetzte Neue Testament. Er wurde deshalb von dem Patriarchen Parthenios als Unruhestifter des Landes verwiesen. Ferner schrieb Meletios im Auftrage der Synode in Konstantinopel eine Widerlegung der „Kapitel und Fragen" des Kyrillos Lukaris.

Theophilos Korydalevs (*Κορυδαλεύς*), ein gelehrter Athener, studierte in Padua, lehrte in Venedig, Athen, Zakynth und Konstantinopel hellenische Wissenschaft († 1646) und verfasste u. a. ein „dogmatisches Sendschreiben" (*Δογματικὴν ἐπιστολήν*) an Poksaskis, den Rektor der Schule in Kiew.

Der Patriarch Nektarios von Jerusalem, wie viele andere bedeutende Männer von Kreta stammend, war einer der ersten Theologen seiner Zeit († 1676). Er hatte in Athen unter Theophilos Korydalevs studiert, verfasste den „Chronographen" und einige Schriften gegen die Lateiner, besonders eine Streitschrift gegen die Herrschaft des Papstes, die i. J. 1682 in Jasion herausgegeben wurde. Sie ist die beste Schrift dieser Gattung in jener Zeit, die alles, was der Orient Bedeutendes vorgebracht hatte, zusammenfasste und die später in allen Kämpfen gegen das Papsttum als Quelle diente. Vor allem ist dieser Schrift der historische Nachweis gegen die Ansprüche der Päpste gelungen. Die Veranlassung zu dieser Schrift war eine Schrift des Franziskanermönchs Petrus in Jerusalem, die für den Papst eintrat.

Nikolaos Keramevs (*Νικόλαος Κεραμεύς*) aus Janina († 1672) befasste sich mit Philosophie, Medizin und Theologie, und hinterliess Schriften aus diesen drei Wissenschaftsgebieten. Sein bedeutendstes Werk trägt den Titel „die ungerechten Beschuldigungen gegen die eine und alleinige katholische Kirche — ein Verbrechen" („*Ἔγκλημα τῶν ἐγκαλούντων ἀδίκως κατὰ τῆς μιᾶς καὶ μονῆς καθολικῆς ἐκκλησίας*") und eine „Streitschrift wider den Papst".

Joannis Karyophyllis (*Καρυοφύλλης*) war ein Schüler des Theophilos Korydalevs und beschäftigte sich mehr mit

Philosophie als mit Theologie. Ihm und seinem Lehrer schrieb man einige Glaubensirrtümer zu, besonders die Leugnung der Transsubstantiation.

Paisios Ligaridis (*Παΐσιος Λιγαρίδης*) aus Chios († 1678) erhielt seine Bildung in Rom, trat zuerst eine Zeitlang für die lateinische Kirche ein, wandte sich dann langsam der Orthodoxie zu und schrieb warmempfundene Verteidigungsschriften für sie. Der ökumenische Patriarch entsandte ihn nach Russland, um die Streitigkeiten beizulegen, die der Patriarch Nikon von Moskau durch die Verbesserung der liturgischen Bücher hervorgerufen hatte. Die Folge dieser Streitigkeiten war das Schisma der Raskolniken. Ferner schrieb Paisios Ligaridis gegen den Papst und gegen die Protestanten.

Gegen Ende des 16. Jahrhunderts wirkte der Patriarch Dositheos von Jerusalem († 1717), ein überaus fleissiger Mann und ausgerüstet mit tiefer theologischer Bildung. Er schrieb gegen Joannis Karyophyllis, ferner „Prolegomena zu den Büchern Versöhnung (*καταλλαγή*), Liebe (*ἀγάπη*) und Freude (*χαρά*)“, in denen er Werke älterer hellenischer Schriftsteller und eigene Schriften sammelte und veröffentlichte. Es waren dies Schriften gegen den Papst und die römische Kirche, ferner eine Geschichte der Patriarchen von Jerusalem, ein bedeutendes und für die Kirchengeschichte der Neuzeit höchst wertvolles Werk, da er bei der Geschichte der Patriarchen zugleich auch die gleichzeitige allgemeine Kirchengeschichte darstellt. Unter Dositheos tagte i. J. 1672 die gegen die Homologie des Kyrillos Lukaris gerichtete Synode in Jerusalem, die in ihren Beschlüssen auch die Lehre der anatolischen Kirche auslegt.

Ein Zeitgenosse des Dositheos war Alexandros Mavrokordatos (*Ἀλέξανδρος Μαυροκορδάτος*), ein gelehrter und sprachenkundiger Mann, der zu hohen politischen Ehrenstellen in der Türkei emporstieg. Er schrieb „Das Jüdische im Alten Testament“ (*τὰ ἰουδαϊκὰ ἐκ τῆς Π. Δ.*) und eine „Geschichte bis zur Gegenwart“ (*τὰ κατὰ τὰς ἡμέρας αὐτοῦ συμβάντα*) 1719.

§ 39.

Die kirchlichen Schriftsteller des 18. Jahrhunderts.

Die kirchlichen Schriftsteller des 18. Jahrhunderts blieben weder durch ihre Zahl noch durch ihre Bedeutung hinter denen des 17. Jahrhunderts zurück. Die Gründung von besseren Schulen und das Hervortreten bedeutender Lehrer waren die Hauptgründe für das zahlreiche Auftreten und die grössere Bedeutung wissenschaftlich thätiger Männer. Es waren dies folgende:

Chrysanthos (*Χρύσανθος*), seit 1707 Patriarch von Jerusalem, studierte in Paris, bereiste ganz Europa und hinterliess viele theologische und philologische Werke. Wir heben unter ihnen als besonders wertvoll sein Werk „über die Ämter (*ὀφφίκια*) und kirchlichen Würden“ und „über die fünf Patriarchate“ hervor.

Joannikios und Sophronios Lichudis (*Λειχούδης*), zwei Brüder aus Kephallinia, hatten in Padua und Venedig Philosophie und Theologie studiert, waren dann Priester geworden und wirkten in Kephallinia, Thessalien, Makedonien als Lehrer, später wandten sie sich einer Aufforderung des Kaisers Theodoros Folge leistend, nach Russland (1685), errichteten in Moskau eine Akademie und lehrten in ihr hellenische und lateinische Litteratur, Rhetorik, Philosophie und Theologie. Joannikios starb 1717, Sophronios 1730. Beide schrieben viele Verteidigungsschriften der orthodoxen Kirche, übersetzten andere Schriften ins Slavische und verbesserten die slavische Bibelübersetzung.

Ilias Miniatis (*Ἠλίας Μηνιάτης*) tritt als gelehrter Kenner der hellenischen, hebräischen, lateinischen, französischen und italienischen Litteratur, als Theolog im allgemeinen und besonders als Redner in dieser Zeit hervor (1714). Er studierte in Venedig, kam dann nach Konstantinopel, wo er „Prediger (*ἱεροκῆρυξ*) der Kirche von Konstantinopel“ wurde, zuletzt war er Bischof von Kalavryta (*Καλάβρυτα*). Seit vielen Jahrhunderten hatte die orientalische Kirche keinen derartigen beliebten Redner gesehen. Sein Vorbild war der berühmte italienische Kanzelredner Senieri. In seinen Schriften tritt er uns als ein von heiligster, innigster Vaterlandsliebe entflammter Hellene entgegen. Miniatis trat auch als Polemiker hervor, er schrieb: „den Fels des Ärgernisses“ (πέτρα σκανδάλου), worin die Irrtümer und Neuerungen der römischen Kirche entlarvt werden, eins der besten Werke dieser Gattung in dieser Zeit. Miniatis findet in der päpstlichen Forderung des Primats die Hauptursache des Schismas.

Der einzige erwähnenswerte hellenische Kirchenhistoriker dieser Zeit ist Meletios aus Janina (Μελέτιος). Er studierte in Venedig, wurde dann Metropolit von Arta und zuletzt von Athen († 1714). In seiner Kirchengeschichte, die bis 1695 reicht, folgt er dem Vorbilde der abendländischen Magdeburger Centurien und teilt sie auch nach Jahrhunderten ein. Aus dieser Kirchengeschichte darf man mit Recht den Schluss ziehen, dass Meletios ein hochgebildeter, von wenigen seiner Zeitgenossen erreichter Gelehrter war. Seine Kirchengeschichte ist wegen der zahlreichen Notizen, die sie über die orientalische Kirche in der Zeit nach der Eroberung und ebenso aus dem Gebiet der Profangeschichte bringt, von hohem Wert. Die Kirchengeschichte des Meletios wurde 1783 von Georgios Vendotis (Βενδότης) in Wien herausgegeben, allein nicht in der Urschrift, sondern in einer von einem gewissen Joannis Palaeologos angefertigten Übersetzung in verderbtem Vulgärgriechisch. Georgios Vendotis fügte abgesehen von vielen Anmerkungen als Vervollständigung noch die Kirchengeschichte des 18. Jahrhunderts bei, die ganz im Geiste und in der Art des Meletios geschrieben war. Nikolaos Adamidis arbeitete diese Kirchengeschichte in sprachlicher Hinsicht um und gab den I. Teil in verbesserter Auflage heraus. Die Urschrift ist auf Patmos und an anderen Orten erhalten geblieben. Meletios verfasste auch noch andere Werke.

Athanasios Komninos Ypsilantis (Ἀθανάσιος Κομνηνὸς Ὑψηλάντης) studierte in Padua und lebte noch im Jahre 1789. Er schrieb 12 Bücher über Kirche und Politik (ἐκκλησιαστικῶν καὶ πολιτικῶν βιβλία δώδεκα). Der letzte Teil dieses Werkes, der die Ereignisse nach der Eroberung Konstantinopels schildert, wurde 1870 in Konstantinopel herausgegeben und enthält viele wertvolle Notizen kirchlicher Art aus der Zeit nach der Eroberung Konstantinopels.

Gegen Ende des 18. Jahrhunderts lebte Alexandros Elladios (Ἑλλάδιος), der ein bedeutendes Werk „über den gegenwärtigen Zustand der orientalischen Kirche“ in lateinischer Sprache (Status praesens ecclesiae graecae) schrieb. Er hatte in Oxford studiert und weilte viele Jahre in Deutschland.

Abgesehen von vielen unbedeutenderen kirchlichen Schriftstellern wäre auch Evstratios Argentis (*Εὐστράτιος Ἀργέντης*) zu nennen. Er hatte in Halle studiert und war der hebräischen und arabischen Litteratur kundig, ferner ein geschickter Arzt mit reichem Wissen und ein Kenner der Philosophie († 1760). Er weilte im Auftrag des Patriarchen i. J. 1748 in Alexandria und hatte dort einen Streit mit einigen päpstlichen Theologen. Dieser wurde die Veranlassung zu seinem gelehrten Werke über die Azyma (*περὶ ἀζύμων*). Wir besitzen von ihm auch noch andere polemische Schriften gegen die römische Kirche (über die Taufe, gegen das Fegefeuer, und gegen den Papst).

Damodos (*Δαμῳδός*) aus Kephallinia studierte in Padua und schrieb eine Dogmatik. In diesem umständlichen und weitschweifigen Werke folgte er der scholastischen Methode, die auf den lateinischen Theologenschulen üblich war, es liegt noch ungedruckt in der Bibliothek der hellenischen Schule in Wien.

Kontonis (*Κοντονῆς*) aus Zakynth schrieb eine kurzgefasste Dogmatik.

Der geistreichste und gelehrteste Mann nicht nur des 18. Jahrhunderts sondern dieser ganzen Periode war Evgenios Vulgaris (*Εὐγένιος Βούλγαρις*). Seine Familie stammt von Zakynth, er selbst wurde 1717 in Korfu geboren und studierte in Padua Theologie, Philosophie, Mathematik. Zuerst lehrte er Philosophie in Janina, da er aber in seinen philosophischen Vorlesungen den neueren Philosophen Cartesius, Locke, Leibnitz und Wolff folgte, fanden die Strenggläubigen seine religiösen Ansichten verdächtig. Vergeblich suchte er die Anschuldigungen seiner Feinde zu entkräften. Unter ihnen tritt Neophytos Kavsokalyvitis (*Νεόφυτος ὁ Καυσοκαλυβίτης*), der Lehrer der seit der byzantinischen Zeit in der Kirche herrschenden aristotelischen Philosophie hervor. Er musste nach Makedonien fliehen, von da berief ihn der Patriarch Kyrillos V. von Konstantinopel, ein Freund der Wissenschaften, zum Leiter der Athosschule. Allein auch von hier vertrieben ihn die fanatischen und ungebildeten Mönche. Schliesslich war er Direktor der Patriarchatsschule in Konstantinopel. Der Ruhm seiner Weisheit verbreitete sich über die ganze Orientkirche. Als er i. J. 1792 wegen Herausgabe seiner Schriften in Leipzig weilte, rief ihn Katharina II., eine treue Schützerin der Wissenschaft und besonders der hellenischen nach Russland. Dort wurde er der erste Bischof des seit kurzem bestehenden Erzbistums Cherson und Jekaterinoslaw. Sein Todesjahr ist 1800.

Evgenios war ein hochgebildeter und sprachenkundiger Mann, er verstand hellenisch, lateinisch, deutsch, italienisch, französisch, hebräisch, türkisch, arabisch und russisch. Seine Übersetzung von Virgils Aeneis in homerischem Versmass beweist seine Herrschaft über die lateinische und altgriechische Sprache. Ein anderes hochbedeutendes Werk, das er aus dem Lateinischen übersetzte, ist Zörnikaws „über den Ausgang des heiligen Geistes“. Evgenios schrieb auch eine Kirchengeschichte des I. Jahrhunderts, ferner ein dogmatisches Kompendium (*σύνταγμα θεολογικόν*), eine „orthodoxe Homologie“ und eine „kleine Schrift gegen die Lateiner“. Sein theologisches Kompendium wurde zuletzt von dem Archimandriten Agathangelos herausgegeben und ist ein unvollständiges Werk, darin er mehr oder minder der Dogmatik des Damodos folgt. Ausser diesen besitzen wir noch viele andere theologische, philosophische und mathematische Werke des Evgenios.

Über Evgenios als Philosophen urteilt Kotzias in seiner Geschichte der Philosophie (IV. 495) folgendes: „Evgenios Vulgaris ist bis zur Gegenwart der grösste unserer neueren Philosophen, denn er überragt alle an Wissen, ferner ist er der Bahnbrecher für die neuere Philosophie in Hellas. Evgenios folgte nicht ausschliesslich e i n e m System, er hatte auch nicht die Absicht, ein besonderes System aufzustellen, er wollte sein freundschaftliches Verhältnis zur Kirche nicht verlieren und wurde so ein Eklektiker, dem alle als Führer dienen mussten, unter ihnen besonders Genuensis und Grabezandius, und unter den Alten Aristoteles.“

Therianos urteilt in seinem Werke über Korais (II. 65) folgendes über Evgenios Vulgaris: „Evgenios überragt alle Gelehrten seiner Zeit an Tiefe der Bildung und steht vor uns wie eine hochragende Eiche. Als Lehrer, Schriftsteller, disputierend, forschend, polemisierend war er der Mittelpunkt aller geistigen Bewegung der damaligen hellenischen Welt. Als Leiter der Marutziaschule in Janina, als Direktor in Kozani, als Oberhaupt der Athosakademie und als Professor der Philosophie in der Patriarchatsschule wetteiferte er mit allen und siegte über alle. Er hatte ein so gewaltiges Bewusstsein der eigenen Überlegenheit und war eine so ungeheuer anregende Natur, dass er überall, wo er zum höchsten Segen des Volkes gelehrt hatte, Spuren philosophischer, philologischer und anderer Streitigkeiten hinterliess. Und diese sind, wenn man von den persönlichen Motiven absieht, die ihn bewegten, wunderbare Episoden eines wechselvollen Lebens, die von der unermüdlichen Thatkraft, dem heissen Ehrgefühl und dem trotz Tausenden von Hindernissen unerschütterten Eifer dieses ausgezeichneten Vorkämpfers für hellenische Bildung rühmliches Zeugnis ablegen. Von seinen vielen Schülern kann sich keiner auch nur im geringsten mit seinem grossen Lehrer messen. Evgenios schenkte dem hellenischen Volke eine solche Menge der gelehrtesten Werke aus allen Wissensgebieten, dass schon diese genügend waren, diesem Mann den Ruhm des weisesten und fruchtbarsten Lehrers, der den zeitgenössischen gelehrten Männern Deutschlands und Frankreichs ebenbürtig zur Seite stand, zu verschaffen.“

Therianos tadelt den Evgenios nur um seines übermässig hellenisierenden Stiles willen, die Sprache in seinen Werken und Übersetzungen sei für den damaligen geistigen Zustand des Volkes viel zu gelehrt und zu hoch. So hätte er zwar wunderbare und grossartige Meisterwerke geschaffen, aber um ihrer geringen Brauchbarkeit willen viel verlorene Mühe aufgewendet. Man muss in der That dem Evgenios ein umfassendes Wissen zugestehen. Die meisterhafte Übersetzung der Aeneis, die er auf Wunsch der Kaiserin Katharina II. anfertigte, legt von seiner ausserordentlichen Herrschaft über die lateinische und griechische Sprache Zeugnis ab. Ebenso sind seine philosophischen und mathematischen Werke Beweise seiner Kenntnisse auf diesem Gebiete. Er war mit den besten Systemen der neueren Philosophen Cartesius, Locke, Leibniz und besonders Wolff vollständig vertraut. Er übersetzte die mathematischen Werke des Signerus, die Elemente der Geometrie von Takuetius, die Einführung in die Geometrie von Grabezandius, den Grundriss der Metaphysik von Genuensis und andere philosophische Werke. Die Kenntnis seiner Logik war zu seiner Zeit eine unerlässliche Bedingung für jeden wissenschaftlich Gebildeten. Ferner schrieb er nach dem Vorbilde Plutarchs für Philosophen sehr passende Abhandlungen über verschiedene naturwissenschaftliche und philosophische Fragen. Unter anderen übersetzte er auch Augustins Schrift Kekragarion.[1]) Astronomischer Art ist seine Schrift „über das All", das gegen den damals herrschenden Aberglauben der Feinde des in der Wissenschaft noch nicht anerkannten kopernikanischen Systems sich richtete. Evgenios übersetzte auch einige Oden aus dem Russischen. Alles dies beweist die ausserordentlich vielseitige Gelehrsamkeit des Evgenios, er ist unbestreitbar der hervorragendste Gelehrte unter allen hellenischen gelehrten Klerikern nach 1453, wie Korais unter den Profangelehrten den ersten Rang einnimmt.

Gegen Ende des 18. Jahrhunderts lebte der Korfiote N i k i p h o r o s T h e o t o k i s (*Νικηφόρος Θεοτόκης*). Während seiner Studienzeit in Italien erwarb er sich bedeutende mathematische, philologische und theologische Kenntnisse, wurde dann Lehrer in Korfu, Konstantinopel und Jasion, und folgte dem Evgenios in dem Archepiskopat Cherson und Jekaterinoslaw, von dort wurde er nach Astrachan versetzt. Sein bedeutendstes Werk sind seine Perikopen (*Κυριακοδρόμια*).

---

[1]) Das *Κεκραγάριον* ist die Übersetzung des **pseudo**-augustinischen Soliloquiums (richtiger Soliloquia). Leipz. 1804. Mosk. 1824. Diese Schrift ist nach Bardenhewer, Patrologie S. 449 erst im Mittelalter entstanden. Anm. des Übers.

Diese bringen in gutem und trotzdem von der Umgangssprache nur wenig abweichendem Griechisch eine ausserordentlich gelungene Auslegung der Sonntags-Evangelien und Episteln des Jahres. Theotokis schrieb u. a. auch ein Werk gegen die päpstliche Kirche († 1800).

Ein thätiger, allerdings nur durch Selbstunterricht gebildeter Theolog war Nikodimos von Hagion Oros (*Νικόδημος ὁ ἁγιορείτης*), ein im höchsten Grade produktiver Schriftsteller, der sich hauptsächlich mit der Sammlung und Auslegung der Kanones, die den Titel *Πηδάλιον* führt, mit einer Übersetzung der altkirchlichen Exegese der heiligen Schrift ins Neugriechische, mit der Interpretation kirchlicher Hymnen, mit der Übersetzung und Vervollständigung der Schrift des Mavrikios „Über das Leben der Heiligen“ [1]) beschäftigte, und ferner eine Schrift über das Leben der neuen Heiligen und viele andere praktische Werke abfasste († 1809). Seine mangelnde wissenschaftliche Bildung trübte sein Urteil und hielt ihn in manchen Vorurteilen fest.

§ 40.

Die kirchlichen Schriftsteller des 19. Jahrhunderts.

Die kirchlichen Schriftsteller des 19. Jahrhunderts sind folgende:

Athanasios Parios (*Ἀθανάσιος Πάριος*) † 1813, Direktor der Schule in Chios, hinterliess ausser philosophischen Werken auch eine Darstellung der göttlichen Glaubensdogmen (nach dem Kompendium des Evgenios?). Ferner schrieb er „Antipapas“ oder die Kämpfe des Markos von Ephesos, das Leben des Bischofs Clemens von Bulgarien und des Bischofs Gregorios Palamas.

Der gelehrte Korais († 1832) war ein ebenso ausgezeichneter Philologe wie Kenner der kirchlichen Wissenschaft.

---

[1]) Eine Predigt über das Leben der Heiligen im Kreise (*σύναξις*) der Mönche hiess *συναξάριον* und der Schriftsteller von solchen Predigten hiess *συναξαρίστης*. Anm. des Übers.

Er schrieb zuerst „heiliges Vademecum“ (Ἱερατικὸς Συνέκδημος) oder philologische und kritische Auslegung der Pastoralbriefe Pauli an Timotheus und Titus, und schilderte darin das Bild eines gebildeten und tugendhaften Priesters. In der gelehrten Vorrede setzt Korais seine Ansichten über die notwendigen Reformen in der hellenischen Kirche auseinander, durch die diese zu ihrer alten ruhmvollen Höhe wieder emporsteigen und ihrer hohen Bestimmung würdig werden könne. Diese Mittel beständen in wissenschaftlicher Ausbildung des Klerus, in sittlicher und religiöser Hebung des Volkes durch die Predigt des Evangeliums, Abkürzung der langen Gebete, Verminderung der vielen Fasten, Abschaffung der pomphaften Titel und der mancherlei Willkür in den Kirchen. Für den Religionsunterricht der Jugend übersetzte er die orthodoxe Christenlehre des Plato (*Κατήχησις τοῦ Πλάτωνος*) nach der deutschen Übersetzung und vermehrte sie durch Prolegomena. Korais gab noch andere religiöse Werke heraus: „den Beschluss der drei Bischöfe“ (*Συμβουλὴν τῶν τριῶν ἐπισκόπων*), in dem die Verderbtheit in der römischen Kirche und der päpstliche Despotismus klar aufgedeckt wurde, ferner eine „Studie über das heilige Licht“ (*Διατριβὴ περὶ ἁγίου φωτός*), worin er den Aberglauben des grossen Haufens geisselt. In derselben Absicht veröffentlichte er auch den Brief des Gregor von Nyssa an die Pilger nach Jerusalem. Gegen die „Brüderliche Lehre“ (*ἀδελφικὴ διδασκαλία*), allem Anschein nach ein Werk des Patriarchen Anthimos, die das Volk von Unruhen und Aufständen gegen die herrschende Macht zurückhalten sollte, liess er eine äusserst heftige Entgegnung, die sich besonders gegen den Verfasser dieser Schrift richtete, veröffentlichen, in der er die Freiheit in den wärmsten Tönen pries. In der äusserst schlichten Erzählung „Papatrechas“ (*Παπατρέχας*), die in der Einleitung zu den vier Rhapsodien des Homer steht, schildert er einen einfachen, vorher ganz ungebildeten Priester, der vom Lerneifer ergriffen binnen kurzem sich Bildung aneignete und danach für seine Gemeinde das Vorbild eines guten Hirten und Priesters wurde. Er gab ferner zwei Gedichte des byzantinischen Litteraten Ptochoprodromos heraus und geisselte dabei die ungeheuere Verderbtheit der Byzantiner trotz aller ihrer formellen und äusserlichen Frömmigkeit. In allen diesen Schriften bekämpfte Korais die Scheinheiligkeit, die sich nur auf die Beobachtung der äusseren religiösen Formen beschränkt, stellte ihr die wahre Herzensfrömmigkeit gegenüber, die sich in Werken der Gerechtigkeit und Menschenliebe kundgibt, und weist die Notwendigkeit einer wissenschaftlichen Bildung des Klerus nach.

Korais hatte viele Gegner seiner Ansichten, die starren Konservativen, unter ihnen in erster Reihe Ikonomos (*Οἰκονόμος*). Korais war der bedeutendste unter den hellenischen Profangelehrten, wie Evgenios es unter den Klerikern war. Auch sein Eintreten für die neuhellenische Sprache und seine thatsächlich vorzüglichen Ratschläge für ihre Verbesserung machten ihm Gegner wie Freunde. Seine Gegner waren Dukas und Kodrikas, zwei eifrige Vertreter des klassischen Griechisch, Freunde und Verteidiger seiner Ideen waren die Redakteure des Logios Ermis:[1]) Gazis, Pharmakidis und Kokkinakis.

Durch die Wiederherausgabe der alten hellenischen Klassiker in seiner „Hellenischen Bibliothek“ (in 17. BB.), und durch seine Parerga (in 9. BB.) mit Einleitungen (improvisierte Gedanken) und sonstige Atakta (lose Blätter) (Anm. d. Übers.) oder verschiedene Abhandlungen förderte er die Liebe zur alten hellenischen Weisheit und die Sehnsucht nach Freiheit im hellenischen Volke und arbeitete so auf seine Weise an der Wiedergeburt seines Volkes. Für dies alles schulden Kirche wie Volk dem berühmten Korais, einen der Urheber unserer nationalen Auferstehung, vielen Dank.

Die „Verteidigung der griechischen Kirche“ (*ὑπεράσπισις τῆς γραικῆς ἐκκλησίας*) des Stylianos Vlasopulos (*Στυλιανὸς Βλασόπουλος*) († 1822) ist ursprünglich vom Verfasser italienisch abgefasst, von Philitas (*Φιλητᾶς*) ins Griechische übersetzt, ein Werk voll historischer und theologischer Gelehrsamkeit.

Der Patriarch Anthimos († 1808) von Jerusalem, ein

---

[1]) Eine Zeitschrift für gelehrte Fragen; es gibt auch ein Blatt für Handelsinteressen *Κερδῶνος Ἑρμῆς* genannt. Anm. des Übers.

Mann von ausgezeichneter Bildung, schrieb ein Kompendium der Theologie (σύνταγμα θεολογίας) und eine Auslegung der Psalmen.

Eine bedeutende Bildung besass auch der Patriarch Konstantios I. von Konstantinopel († 1859). Er schrieb u. a. „über die mangelnde Übereinstimmung der Orthodoxen und Armenier" (ἀσυμφωνία Ὀρθοδόξων καὶ Ἀρμενίων), eine Übersicht über die hervorragendsten Männer nach der Eroberung Konstantinopels, eine Schrift gegen die Missionare (κατὰ Μισσιοναρίων), und eine Erwiderung auf die Encyklika Pius IX.

Typaldos, B. v. Stavrupolis (Τυπάλδος ὁ Σταυρουπόλεως), war zuerst Leiter der priesterlichen Studienanstalt in Korfu, dann der theologischen Schule in Chalki und förderte als solcher die Bildung des anatolischen Klerus in ausserordentlicher Weise. Er war ein Mann von Bildung, der berühmte Vamvas (Βάμβας) nahm ihn bei der Übersetzung der heiligen Schrift in die Volkssprache zum Mitarbeiter. Er hinterliess verschiedene, bis heute noch nicht veröffentlichte Werke.

Sturzas (Στούρζας) war ein talentvoller und hochgebildeter Schriftsteller, er schrieb verschiedene Werke in hellenischer, russischer und französischer Sprache, darunter „über die Unterschiede der Kirche des Orients und Occidents", eine Antwort auf die Encyklika Pius IX., und „Religiöse Studien" (θρησκευτικαὶ μελέται), die eine Darstellung des Glaubens der orientalischen Kirche enthielten.

Durch theologische Bildung zeichneten sich in der letzten Vergangenheit innerhalb der Türkei folgende Gelehrte aus: Stephanos Karatheodoris (Στέφανος Καραθεοδωρῆς), dessen hauptsächlichstes Werk sich „Papistische Vorwürfe" (παπιστικοὶ ἔλεγχοι) betitelt und von dem gelehrten Ilias Tantalidis (Ἠλίας Ταντα λίδης) herausgegeben wurde.

Ferner Evstathios Kleovulos (Εὐστάθιος Κλεόβουλος), der Metropolit von Caesarea wurde und u. a. auch ein bedeutendes Werk gegen die Protestanten schrieb.

Der frühere Metropolit von Chios, Gregorios, war der Verfasser der „Stimme der Rechtgläubigkeit" (φωνὴ τῆς ὀρθοδοξίας), er sucht in ihr die innere Verwandtschaft zwischen Hellenismus und Orthodoxie nachzuweisen, ferner verfasste er ein Werk über die „Vereinigung der Armenier und Orthodoxen“, zwischen denen nach Gregorios keine wesentlichen Trennungsmomente bestehen, und eine Auslegung des Vaterunsers.

Unter den gebildeten Klerikern der Türkei tritt auch Vryennios (*Βρυέννιος*), B. von Nikomidia, der Herausgeber der Clemensbriefe an die Korinther, hervor. Im J. 1883 gab er zuerst die „Lehre der 12 Apostel“ (*διδαχὴ τῶν δώδεκα ἀποστόλων*) mit kritischen Bemerkungen, eine unbekannte Schrift aus dem Anfang des 2. Jahrhunderts heraus. Es scheint, dass die apostolischen Konstitutionen auf diesem Werke fussen. Die Veröffentlichung dieses Werkes erregte wegen seines hohen Alters ungeheures Aufsehen, es wurde in alle fremden Sprachen übersetzt, aber auch des Vryennios kritische Tüchtigkeit kam zur vollen Geltung. Ferner redigierte Vryennios die „kirchliche Wahrheit“ (*ἐκκλησιαστικὴ Ἀλήθεια*) und veröffentlichte in ihr eine gewichtige Widerlegung der Encyklika Leos XIII. über die Slavenapostel.

Philaretos Vaphidis (*Φιλάρετος Βαφείδης*), vorher Professor an der theologischen Schule in Chalki, dann Metropolit von Kastoria, veröffentlichte 1884 einen Abriss der Kirchengeschichte und eine ausführlichere Kirchengeschichte in 2 Bänden (Teil I. 1884. II. 1886). Beide Werke fussen auf den Forschungen der neueren deutschen Kirchenhistoriker und reichen nur bis 1453. Die Ereignisse nach 1453 darf innerhalb der Türkei niemand behandeln.

Manuil Gedeon (*Μανουὴλ Γεδεών*) arbeitet mit gutem Erfolge an der Veröffentlichung unedierter Schriften aus der byzantinischen Zeit und aus der Zeit nach der Eroberung Konstantinopels. Er gab ausser anderen Monographien heraus: „die Chronik der Patriarchatsakademie“ (1883), die Chronik der Patriarchatskirche (1884), den „Athos“ (1883), eine Bearbeitung und Vervollständigung der Geschichte der Patriarchen von Mathas, die Patriarchatstabellen und viele andere brauchbare Werke. Er redigierte auch einige Zeit die „Kirchliche Wahrheit“, eine vom ökumenischen Patriarchat ausgehende und inspirierte Zeitschrift. Seine Nachfolger in der Redaktion waren M. Chamudopulos, (*M. Χαμουδόπουλος*) und Vasilios Georgiadis (*Βασίλειος Γεωργιάδης*). Der letztere wurde nachher Metropolit von Anchialos und schrieb viele erwähnenswerte Abhandlungen. Er beschäftigte sich ebenso wie Gedeon mit der unedierten Litteratur des Mittelalters und ist ein genauer Kenner der Handschriften dieser Zeiten.

Auch Athanasios Keramevs Papadopulos (*Ἀθανάσιος Κεραμεὺς Παπαδόπουλος*) gab viele unedierte Texte kirchlicher Schriftsteller und viele Abhandlungen, die sich auf die byzantinische und nachbyzantinische Epoche beziehen, heraus.

Nikiphoros Glykas (*Νικηφόρος Γλυκᾶς*), B. v. Imbros, Vasilios (*Βασίλειος*), B. v. Smyrna, und der Patriarch Anthimos VII., früher B. v. Auchialos, veröffentlichten Homilien, Apostolos Christodulu (*Ἀπόστολος Χριστοδούλου*), Professor in Chalki, gab eine „Patrologie“ und „das kanonische Recht“ heraus.

Unter den Schülern der Theologenschule in Jerusalem waren durch ihre kirchlich-wissenschaftliche Bildung bekannt: Photios, Benjamin (der eine Rhetorik der Väter und ein Werk über Palästina schrieb), Palamas, der Biograph der Patriarchen von Jerusalem, Hieronymos Myrianthevs (*Ἱερώνυμος Μυριανθεύς*), der Übersetzer der „Apologetischen Vorträge“ Luthardts und Grigoriadis (*Γρηγοριάδης*), der Verfasser einer Abhandlung über das Sinakloster.

Pharmakidis und Ikonomos (*Φαρμακίδης καὶ Οἰκονόμος*) und die anderen bedeutenderen Theologen des 19. Jahrhunderts innerhalb des Königreichs Hellas sollen später bei der Darstellung der orthodoxen Kirche von Hellas genau behandelt werden, darum führen wir hauptsächlich nur diese beiden Männer hier mit Namen an.

Teil II.

Geschichte der orthodoxen Kirche in Hellas.

Litteratur. *Φαρμακίδου Ἀπολογία. Ἐν Ἀθήναις* 1840. *Συνοδικὸς τόμος* 1852. *Οἰκονόμου Τριακονταετηρίς. Ἐν τοῖς Σωζομένοις αὐτοῦ τόμ. Β'. Ἐν Ἀθήναις* 1864. *Βάμβα Ἀπάντησις. Ἀντεπίκρισις Γ. Μαυροκορδάτου Θεότευκτος ἐκκλησία. Ἀθήνησι* 1854. Maurer, Das griech. Volk. Heidelberg 1835. Pichler, Geschichte der Trennung, T. II, 341—421. München 1864. Wenger, Beiträge zur Kenntnis des gegenwärtigen Geistes der griechischen Kirche 1839. Schmitt, Geschichte der neugriech. und russ. Kirche. Mainz 1840. *Εὐαγγελικὴ Σάλπιγξ. Εὐαγγελικὸς Κῆρυξ. Ἱερομνήμων. Ὀρθόδοξος Ἐπιθεώρησις. Ἠχὼ Ορθοδοξίας. Θρησκευτικὴ Φωνή. Ἀθηνᾶ. Αἰών. Σιών. Σωτήρ. Ἀνάπλασις. Ἀγάπη. Φιλανθρωπία. Χριστιανικὴ Ἀλήθεια. Ἱερὸς Σύνδεσμος.*

§ 41.

Die ältere Geschichte der Kirche in Hellas.

Die Provinzen, die nach dem Aufstande von 1821 das Königreich Hellas bildeten, standen bis zum Aufstand in kirchlicher Beziehung unter dem Patriarchen von Konstantinopel. Sie waren unter Leo dem Isaurier im 8. Jahrh. in diese Abhängigkeit geraten.

In Hellas wurde das Christentum [1] durch Paulus, der in Athen und Korinth christliche Gemeinden stiftete, eingeführt, seine Nachfolger im Werke der Mission waren nach alten,

---

[1]) Vgl. über die Ausbreitung des Christentums in Hellas die Abhandlung in d. Pandora I, 302 und Komitas (*Κομητᾶς*), Kirchengeschichte herausgegeb. von Chiotis (*Χιώτης*) S. 303.

aber unsicheren Überlieferungen in Patrae Andreas, dessen Schüler Aquilas in Akarnania, Lukas in Böotien, Jason und Sosipatros, zwei Schüler des Paulus, in Korfu, Rhodion und Sopion in Levkas und Maria Magdalena in Zakynth.

Allein das so eng mit der Bevölkerung verknüpfte Heidentum, dem von den römischen Kaisern aller Vorschub geleistet wurde, zumal da die eleusinischen und die anderen heidnischen Mysterien in voller Blüte standen, verschwand nur auf kurze Zeit aus jenen Gegenden. Auch nach Konstantinos war das Christentum nicht allgemein in Hellas verbreitet. Besonders unter Julianos dem Abtrünnigen hatte es für einen Augenblick den Anschein, als ob die heidnische Volksreligion in Hellas, wo durch die Philosophenschule in Athen die alten blühenden nationalen Traditionen sich erhalten hatten, wieder bestimmt zur Herrschaft gekommen sei. Aber Justinian liess diese Schule schliessen und damit war der Sieg des Christentums entschieden, nur schwache Überbleibsel des Heidentums erhielten sich noch bis ins 9. Jahrh. in Maina.[1]) Die ältesten

---

[1]) Konstantinos Porphyrogennitos „an seinen Sohn“ (pag. 50): Die Bewohner von Maina werden bis heute von der Bevölkerung als Hellenen angesehen (alle anderen Einwohner hiessen „Rhomäer“, Anm. d. Übers.), weil sie noch lange der heidnischen Religion der alten Hellenen anhingen, und erst unter der Regierung des bekannten Vasilios (*Βασίλειος*) 867 n. Chr. zum Christentum übertraten und sich taufen liessen.

Über die Ausbreitung des Christentums in Hellas vgl. den Beitrag in der Pandora I, 302.

In der Estia (1. u. 5. Blatt d. J. 1888) stellt jemand mit Beziehung auf die von Sathas veröffentlichten mittelalterlichen Anekdota (Denkmäler der hellen. Geschichte) die Behauptung auf, die hellenische heidnische Religion habe sich in Hellas bis 1453 (!) erhalten, weil in jener Zeit das Vorhandensein hellenischer Soldaten von der Sekte der Manichäer oder Paulikianer erwähnt wird, die damals der bestehenden Kirche feindlich gegenüberstanden. Paparrigopulos widerlegt diese Behauptungen in der Ephimeris. Die Manichäer oder Paulikianer oder Gnostiker waren keine Anhänger des alten hellenischen Heidentums, sondern waren eine Sekte, bei der paulinisches Christentum und orientalische, zumeist persische religiöse Anschauungen sich vermischt hatten. Doch ist es nach Paparrigopulos immerhin eine Thatsache, dass die letzten Spuren der Volksreligion in Maina erst im 9. Jahrhundert unter Vasilios dem Makedonier (*ἐπὶ Βασιλείου τοῦ Μακεδόνος*) vernichtet wurden.

Bischöfe, die in Hellas erwähnt werden, sind die von Korinth, Athen, Sparta und Larissa. Männer von hervorragender kirchlicher Bedeutung in jener Zeit waren Dionysios Areopagita [1]) in Athen, ein Schüler des Paulus, im 2. Jahrh. die christlichen Apologeten Kodratos und Aristides in Athen und Dionysios von Korinth. In der ältesten Periode, vor dem Entstehen der Patriarchatswürde waren die Kirchen von Achaja, wie Hellas unter römischer Herrschaft genannt wurde, von dem Metropoliten in Korinth unabhängig. Tertullian sagt, in Hellas begann man gegen Ende des 2. und im Anfang des 3. Jahrhunderts jährliche kirchliche Synoden abzuhalten, wie wir sie später auch an anderen Orten treffen. Als unter Konstantinos dem Grossen das römische Reich in verschiedene Teile zerfiel, bestimmte sich besonders im Orient die kirchliche Zugehörigkeit nach den politischen Grenzen und so kamen die Kirchen von Achaja zu dem Verwaltungsbezirk Ost-Illyricum, dessen Hauptstadt Thessaloniki war. Der Erzbischof von Thessaloniki war ihr anerkanntes geistliches Haupt. Seitdem aber die Bischöfe dieser Kirchen in den arianischen Streitigkeiten sich an Rom angeschlossen hatten, — Rom schützte den Athanasios und den orthodoxen Glauben gegen die im Orient herrschenden Arianer und Semiarianer — begannen die römischen Bischöfe sich eine Art Beaufsichtigungsrecht über die Erzbischöfe von Thessaloniki und die Kirchen Ost-Illyriens anzumassen. Dies änderte sich, als Leo der Isaurier (714—41) im Bilderstreite mit dem Bischof Gregor II. von Rom zerfiel, ein kaiserlicher Erlass verbot allen Verkehr dieser Kirchen mit Rom und unterstellte sie dem Patriarchen von Konstantinopel. Nach der Besitznahme von Hellas durch die Franken und Venetianer (1204) wurden die orientalischen Bischöfe verjagt und an ihrer

---

[1]) Die Schriften, die man ihm zuschreibt, stammen nicht von ihm.

Über die alten Bischöfe von Athen und die alten christlichen Denkmäler derselben schrieb Panaretos (*Πανάρετος*), der Erzbischof von Messinien (*Μεσσηνία*) im Soter (*Σωτήρ*) 1880—1881.

Nerutzos (*Νερούτσος*) verfasste eine archäologische Abhandlung über die alten christlichen Kirchen in Athen, die in der Estia veröffentlicht ist.

Über dasselbe Thema vgl. die Ausführung des Grigorios Kampuroglos (*Γρηγόριος Καμπούρογλος*) in seinem Geschichtswerk über Athen.

Stelle lateinische eingesetzt, die das orthodoxe Volk und seinen Klerus auf alle mögliche Weise quälten. Diese lateinischen Bischöfe standen unter den lateinischen Erzbischöfen von Athen, Patrae und Korinth. Wegen dieser Drangsale, die die Orthodoxen zu erdulden hatten, legte der Patriarch Germanos von Konstantinopel bei Michail Palaeologos gegen den Papst Gregor IX. Protest ein, aber ohne Erfolg, ebenso vergeblich waren die Bemühungen des Patriarchen Maximos, der in einem Schreiben an den Dogen Johann Mikenigos von Venedig (1482) den Schutz des venetianischen Volkes gegen die lateinischen Kleriker, die die orthodoxen Hellenen aufs ärgste bedrängten, erflehte.

Nach der türkischen Eroberung (1571) kehrten die vertriebenen orthodoxen Bischöfe wieder zurück und der Gewissensdruck seitens der Lateiner gegen die orthodoxe Bevölkerung von Hellas hörte auf, denn die Türken haben die Religion der ihnen unterworfenen Völker verhältnismässig immer geschont, wenn sie sie auch sonst quälten. Die Abhängigkeit der Kirchen in Hellas vom Patriarchen in Konstantinopel wurde aufs neue bestätigt.

So standen die Verhältnisse bis zum J. 1821.

§ 42.

Die Selbständigkeit der hellenischen Kirche seit Beginn des Aufstandes. Die Heilige Synode 1833.

Nach dem Aufstand des Jahres 1821 hörte die Abhängigkeit der Kirche in Hellas vom Patriarchat in Konstantinopel auf, die hellenischen Bischöfe gedachten in der Liturgie fortan nur jeder orthodoxen Kirche im allgemeinen. Die Nationalversammlungen in Epidavros 1822 und Trizin [*Τροιζήν*] 1827 erkennen die orthodoxe Religion als die in Hellas alleinherrschende an und erwähnen ihre Abhängigkeit von dem Patriarchen in Konstantinopel in keinerlei Weise. Hellas war frei geworden und musste nun auch eine freie Kirche haben. Eine kirchliche Abhängigkeit von dem Patriarchen in Konstantinopel, der unter der Gewalt einer Hellas feindlichen

Macht stand, konnte für die politische Entwicklung des freien Hellas sehr gefahrvoll werden. Schon Korais schrieb i. J. 1821: „Der Klerus des bis heute frei gewordenen Teiles von Hellas darf die kirchliche Leitung des Patriarchen von Konstantinopel, der unter türkischer Gewalt steht, nicht mehr anerkennen, er muss sich durch eine Synode frei gewählter kirchlicher Würdenträger selbst regieren .... Es ist im höchsten Grade unziemend für den Klerus selbständiger und freier Hellenen, den Befehlen eines Patriarchen zu gehorchen, der von einem Tyrannen gewählt wird und ihn als seinen Herrn zu verehren gezwungen ist.“ [1]) Sonst war diese Veränderung in voller Übereinstimmung mit dem im Altertum in der orientalischen Kirche herrschenden Prinzip, dass die kirchliche Ordnung sich nach der politischen zu richten habe, wie es auch im 17. Kanon der 4. ökumenischen Synode heisst: „Die Bestimmungen über die kirchliche Zusammengehörigkeit haben sich nach den nationalen Verhältnissen zu richten“, und der 34. Abschnitt des apostolischen Kanons bestimmt: „Die Bischöfe jedes Volkes müssen dem Hervorragendsten in ihrer Mitte als ihrem Oberhaupte folgen“, und Photios schreibt in einem Briefe an Nikolaos I.: „Es ist eine Gewohnheit, dass sich die kirchlichen Verhältnisse und zumeist die Rechte über parochiane Zugehörigkeit nach dem politischen Machtbereich und der politischen Verwaltung richten.“

In den Jahren des Aufstands verloren die Kirchen von Hellas infolge der Verwirrung der Verhältnisse jede kirchliche Oberleitung. Die von Kapodistria eingesetzte Kommission, die die verworrene kirchliche Lage zu prüfen hatte, war nur provisorischer Art. Erst die Regentschaft unter Otto, in der redlichen Absicht die kirchlichen Verhältnisse zu ordnen, setzte deshalb 1833 eine ähnliche Kommission ein, um die Zustände der Kirche zu prüfen und Ideen und Vorschläge zu einer Neuordnung zu unterbreiten. An der Spitze dieser Kommission stand Pharmakidis. Die Kommission hielt in erster Linie die feierliche Proklamierung der Unabhängigkeit der Kirche von Hellas und die Errichtung einer ständigen

---

[1]) *Πολιτικῶν παραινέσεων Κοραῆ παρὰ Θερειανῷ Κορ. Γ'ρλά.*

Synode als des obersten Kirchenregiments — nach dem Vorbilde der Synode der russischen Kirche — für dringend notwendig. Ferner unterbreitete sie einen Plan bez. der Neuorganisation der hellenischen Kirche, den unter Zugrundelegung der synodalen kirchlichen Verhältnisse Russlands Pharmakidis entworfen hatte. Da sich die Regentschaft aber auch über die Ansichten der Bischöfe in dieser Beziehung vergewissern wollte, rief sie am 27. Juli 1833 diese zu einer allgemeinen Versammlung nach Navplion.[1]) In derselben erfolgte die Unabhängigkeitserklärung der Kirche von Hellas.

Die von der Kommission vorgeschlagene Neuorganisation wurde zum Reichsgesetz erhoben. Danach stellt die Synode der Bischöfe [2]) die höchste kirchliche Obrigkeit dar, das Haupt der Kirche ist Christus, die Leitung der äusseren Geschäfte ist Sache des Königs. Die Glieder dieser Synode, fünf an Zahl, wechseln jährlich und werden von der Regierung bestimmt, der rücksichtlich der Weihen Älteste ist in jedem Jahre ihr Präsident. Eine weitere Bestimmung gliederte der Synode einen königlichen Kommissar an, der das Aufsichtsrecht des Staates auszuüben hatte. Ohne ihn konnte die Synode keinen gültigen Beschluss fassen. Die Synode hatte die allgemeinen kirchlichen Angelegenheiten zu leiten, sie hatte die Aufsicht über die Amtsführung der Bischöfe in ihren Sprengeln und diente dabei als höchster kirchlicher Gerichtshof, wachte über den Bestand der orthodoxen Kirche und über die in den Schulen im Gebrauch befindlichen religiösen Unterrichtsbücher, schützte die Kirche gegen fremde proselytistische Einflüsse, gegen die sie unter Umständen die Hilfe des Staates in Anspruch nahm, und hatte das Vorschlagsrecht bei Ernennung neuer Bischöfe. In rein kirchlichen Angelegenheiten sollte die Synode ungehindert von jedem anderen Einfluss immer aber unter Aufsicht des Staates arbeiten, in allen übrigen, nicht rein kirchlichen oder Glaubensangelegenheiten, als Ehe, Ehescheidung, Bischofs- und Priesterwahlen und ähnlichen Dingen,

---

[1]) Hase sagt fälschlich in Syra. Anm. d. Übers.

[2]) Nach der Kirchenverfassung konnten zwei von den Gliedern der Synode auch Presbyter sein. Doch wurden derartige Mitglieder nie geladen, da immer nur Bischöfe genannt werden.

die aufs engste mit den weltlichen Interessen der Bürger verknüpft waren, für die natürlich der Staat einzutreten hatte, sollte sie mit dem Ministerium des Kultus, durch welches sie mit der Regierung in Verbindung stand, zusammenarbeiten. Damit war das Verhältnis von Kirche und Staat so geregelt, dass weder der Staat auf die Kirche einen Druck ausüben, noch die Kirche eine Macht im Staat werden konnte. Der Staat lässt der Kirche in geistlichen Angelegenheiten volle Freiheit, und behält sich nur das Aufsichtsrecht vor, wie er auch sonst um des gemeinen Wohles willen dies Recht über alle sonstigen Angelegenheiten im Staate ausübt, gewährt ihr seinen Schutz und Beistand und greift nur in solchen Fällen selbstthätig ein, bei denen die weltlichen und materiellen Interessen der Bürger in Frage kommen.[1])

Nach den 10 Regierungsbezirken des Reiches errichtete man 10 etatsmässige Bistümer, und nur aus Rücksicht auf die aus der Türkei ausgewanderten und zur Zeit in Hellas lebenden höheren Kleriker erkannte man viele andere Episkopate als provisorisch an. Jedem Bischof ordnete die Regierung einen Archidiakonus und einen Protosynkellos auf Antrag der Synode bei, die zusammen mit dem Bischof den bischöflichen Gerichtshof bildeten.

---

[1]) Es gibt vier Formen, nach denen die Beziehungen zwischen Kirche und Staat in Einklang gebracht werden können: 1. Die Form der Unterordnung der Kirche unter den Staat (dies Verhältnis der Religionen zum Staate finden wir im Altertum und in der byzantinischen Epoche). 2. Die Form der Unterordnung des Staates unter die Kirche (im Abendland in der Zeit des Mittelalters). 3. Die Form des staatlichen Schutzes gegenüber einer sonst freien Kirche (dies System herrscht in den meisten Staaten Europas und bei uns). 4. Die Form vollständiger Trennung beider (Amerika). Von diesen 4 Formen ist die dritte die richtigste. Der Staat darf sich gegen die religiöse und sittliche Ausbildung seiner Bürger nicht gleichgültig verhalten, aber anderseits darf er keine Glaubenssätze aufstellen und damit die Gewissen seiner Bürger knechten. Er hat nur die Pflicht, die Religion oder die Religionen seiner Unterthanen zu schützen. Ebenso unrecht ist es, wenn sich die Kirche mit politischen Dingen, die ihr doch fremd sind, befassen will, und dem Staat ihren Willen aufzwingt. Da besteht ein rechtes Verhältnis, wo es eine freie Kirche in einem freien Staate gibt. Die Kirche darf nicht ein Staat im Staate sein, sondern eine

Da es ferner eine Menge Klöster[1]) zum grossen Teil ohne Mönche gab, deren Einkünfte zwecklos vergeudet wurden, erachtete es die Regierung i. J. 1833 auf Antrag derselben Kommission für gut, diejenigen von ihnen, die über das Bedürfnis hinaus vorhanden waren, aufzuheben und allgemein eine bestimmte Ordnung in der Verwaltung der Klöster und ihrer Einkünfte einzuführen. Alle Klöster mit weniger als 6 Insassen wurden aufgehoben, 1834 hob man auch viele Nonnenklöster auf. Bestehen blieben nur 83 Mönchs- und 3 Nonnenklöster in Thira, im Peloponnes und in Nordgriechenland.

Die Einkünfte der aufgehobenen Klöster sollten nach dem Vorschlag derselben Kommission als Grundstock eines Kirchenschatzes zur wissenschaftlichen Ausbildung des Klerus dienen. Denn sie hielt diese Ausbildung mit Recht für das vorzüglichste Mittel einer Neuerhebung der Kirche aus ihrem jämmerlichen Zustand. In der That wurden Stipendien aus diesem Fond ausgeworfen, mit deren Hilfe Kleriker studieren konnten, es bestritt die Regierung aber auch die Besoldung der Bischöfe und Prediger (*ἱεροκήρυκες*) aus diesen Mitteln. Von den vorher aufgehobenen Klöstern blieben aber doch einige bestehen, so das Kloster in Paros und in Tinos (*Τῆνος*). Später suchte die Synode die Erhaltung einer grösseren Anzahl von Klöstern durchzusetzen.[2])

Körperschaft im Staate. Deshalb ist es auch recht und billig, dass der Staat sie beaufsichtigt.

[1]) In Nordgriechenland, dem Peloponnes und den Inseln gab es 245 Klöster, von denen die meisten ein bis zwei Klosterinsassen zählten.

[2]) Zur Zeit gibt es etwa 175 Klöster, von denen 10 Nonnenklöster sind. Sie enthalten etwa 1500 Mönche und 200 Nonnen. Ihre Einkünfte belaufen sich auf mehr als 2 Millionen Drachmen. Der Staat hat den Klöstern eine jährliche Abgabe von über $^1/_2$ Million für den Volksschulunterricht, die Prediger, die Priesterschulen und andere gemeinnützige Zwecke auferlegt und sie verpflichtet, viele arme Jünglinge auf ihre Kosten studieren zu lassen.

§ 43.

Feindliche Strömungen gegen die Neuordnung der kirchlichen Verhältnisse in Hellas.

Die neue kirchliche Verfassung in Hellas fand nur bei wenigen Beifall. Viele glaubten in ihrer blinden Vorliebe für die alten Zustände und aus Feindschaft gegen alles Neue, die weitere Abhängigkeit der hellenischen Kirche von dem Patriarchen in Konstantinopel würde segensreicher gewesen sein, oder zum wenigsten hätte die Emanzipation der hellenischen Kirche beim Patriarchen nachgesucht werden müssen. Ferner seien auch die hellenische Regierung und die hellenischen Bischöfe durchaus nicht berechtigt, ihre kirchliche Unabhängigkeit von sich aus zu proklamieren. Diese Behauptungen waren vollständig unrichtig. Ordneten in der byzantinischen Zeit die Herrscher alles an, was auf die Bistümer Bezug hatte, dann haben die Bischöfe eines jeden unabhängigen Landes als Vertreter ihrer Kirche von Hause aus die höchste kirchliche Macht. Deshalb hatten sie zusammen mit der Landesregierung das Recht, die kirchliche Unabhängigkeit des Landes zu proklamieren.

Andere befürchteten den Einfluss des katholischen Königs Otto auf die Kirche, als deren Leiter er hinsichtlich ihrer äusseren Geschäfte gesetzlich anerkannt war. Auch die Aufhebung der Klöster verletzte vielerorten. Freilich betrieben die Organe der Regierung den Verkauf der Klöster, der Klostergüter, des Mobiliars und der Gerätschaften sehr ostentativ, was man als Verachtung der Religion auslegte. Ferner brachten die aus dem Verkauf gelösten Gelder dem Kirchenschatz, für den sie doch berechnet waren, wenig Nutzen, da der grössere Teil dieser Gelder für andere Zwecke verwendet wurde. Das wurde von vielen Strenggläubigen als Entweihung des Heiligen angesehen (wiewohl die aufgehobenen Klöster zumeist Herbergen des Müssiggangs waren) und erweckte Unruhen, besonders in Maina[1]) und Akarnanien.

---

[1]) *Μαΐνα* ist die Bezeichnung dieses griechischen Landstriches in der

Die Feinde der neuen Ordnung, deren Haupt der gelehrte Presbyter Ikonomos (*Οἰκονόμος*), ein Theologe konservativster Richtung war, machten sich viele damals gewagt erscheinende Anordnungen der heiligen Synode, die dem berühmten liberalen und fortschrittlichen Theologen Pharmakidis durch dick und dünn folgte, zu nutze. Derartige Anordnungen waren: der Nachlass der bis dahin verbotenen Grade der Verwandtschaft (es wurde der 5. Grad der Verschwägerung und der 6. Grad der Blutsverwandtschaft erlaubt), die Anerkennung der Mischehen, die Anerkennung bezw. Gültigkeitserklärung der in den verworrenen Zeiten des Aufstandes geschlossenen ungesetzlichen Ehen und die Zulassung der Ehescheidung durch die staatlichen Gerichte.[1])

Vielfach wurde der Fanatismus des gemeinen Volkes gegen diese Bestimmungen rege, da es die Orthodoxie für gefährdet hielt. Aus diesem Grunde entstand eine geheime Gesellschaft, die nötigenfalls gegen die bestehenden Zustände aufzutreten

---

byzantinischen Zeit, im Neugriechischen nennt man es *Μάνη*. Anm. des Übers.

[1]) Später drang die Synode auf Annullierung einiger dieser Bestimmungen. Zur Zeit ist der 6. Grad der Blutsverwandtschaft, der 5. Grad der Verschwägerung und der 3. Grad der geistlichen Verwandtschaft nicht erlaubt.

Über Mischehen vgl. Alk. Krassa (*Ἀλκ. Κρασσᾶ*): Eherecht (*οἰκογ. δίκαιον*) 61.

Über Mischehen mit Angehörigen anderer Konfessionen erschien i. J. 1861 (10. August) ein Gesetz, das nur die bis dahin von einem orthodoxen Priester geschlossenen Mischehen für gültig erklärt, in Zukunft aber nur diejenigen, die zugleich mit dem Versprechen der orthodoxen Erziehung aller aus diesen Ehen hervorgehenden Kinder von einem orthodoxen Priester vollzogen seien. Da aber die fremden Mächte gegen dieses Gesetz, das die früheren durch einen nichtorthodoxen Priester geschlossenen Mischehen für ungültig erklärte, Vorstellungen machten, erschien am 18. Oktober 1861 ein neues Gesetz, das die bis dahin geschlossenen Mischehen und auch jene, die nicht durch einen orthodoxen Priester vollzogen waren, für gültig erklärte, für die Zukunft aber die Eheschliessung allein durch einen orthodoxen Priester und das Versprechen der orthodoxen Kindererziehung forderte.

Die Bestimmungen Justins und Justinians erklären die Mischehen für gültig, bestimmen aber, die Kinder müssten orthodox erzogen werden. Die alten Kanones verbieten im allgemeinen die Mischehen.

beabsichtigte. Die Erregung wuchs, besonders weil man glaubte, die Regierung sei gegen die Bestrebungen der fremden Missionare in Hellas gleichgültig. Doch endigte all' dieser Widerstand gegen die bestehenden kirchlichen Zustände resultatlos.

Nach und nach söhnten sich alle mit der neuen Ordnung aus. Die Nationalversammlung bestätigte i. J. 1844 dieselbe verfassungsgemäss durch Gesetz. In ihm wurde die Glaubenseinheit der hellenischen Kirche mit der Kirche von Konstantinopel und der übrigen orthodoxen Christenheit proklamiert, ihre administrative Unabhängigkeit anerkannt und damit das Werk der Bischöfe und der Regierung v. J. 1833 sanktioniert. Man unterliess es nur, den König Leiter der Kirche (*ἀρχηγὸς τῆς ἐκκλησίας*) zu nennen und untersagte ausdrücklich den Proselytismus.

Der erste Artikel des Staatsgesetzes v. J. 1844 lautete wie folgt: „Die herrschende Religion [1]) in Hellas ist die orientalische orthodoxe Kirche Christi, jede andere bekannte Religion aber darf ungehindert ausgeübt werden und steht unter dem Schutze der Gesetze, nur der Proselytismus und alle sonstigen Eingriffe in die herrschende Religion sind untersagt."

Der zweite Artikel: „Die orthodoxe Kirche von Hellas erkennt unsern Herrn Jesus Christus als ihr Haupt an, ist in der Lehre unzertrennlich mit der Kirche von Konstantinopel und jeder anderen glaubensgleichen christlichen Kirche verbunden, ist autokephal, übt unabhängig von jeder anderen Kirche ihre souveränen Rechte aus und wird von den Mitgliedern der heiligen Synode verwaltet." [2])

---

[1]) d. h. die speziell vom Staate geschützt wird.

[2]) Diese zwei Artikel stehen mit in der neuen Staatsverfassung des Königreichs Hellas, die i. J. 1864 von der Nationalversammlung angenommen wurde.

§ 44.

Der Tomos (Beschluss) der Patriarchatssynode in Konstantinopel.

Da die Synode ohne Wissen und Genehmigung des Patriarchen von Konstantinopel sich konstituiert und die kirchliche Souveränität über Kirchen, die sonst dem Patriarchen Gehorsam schuldig gewesen waren, sich angeeignet hatte, verweigerten die Patriarchen der Synode ihre Anerkennung. Sie erhoben für ihre Person den Anspruch, die Kirche von Hellas für frei zu erklären, wie und wann sie dies für gut hielten, und nach ihrem Gutdünken Bestimmungen über die Verwaltung derselben zu treffen. Der hellenischen Regierung war dies nicht unbekannt, sie verschob deshalb die Benachrichtung des ökumenischen Patriarchen und der übrigen orthodoxen Kirchen über die Unabhängigkeitserklärung der hellenischen Kirche von Tag zu Tage und wartete auf eine passende Zeit.

Als i. J. 1841 die hellenische Synode die Verurteilung des Kairis, der im Waisenhaus zu Andros wider den christlichen Glauben gelehrt hatte, mitteilte, nahm der Patriarch dieses Schreiben weder an noch beantwortete es. Diese Uneinigkeit lastete schwer auf den Hellenen, die aus nationalen Beweggründen eine Trennung der freien und der unter türkischer Herrschaft lebenden Hellenen zu vermeiden suchten. Bereits 1843 schlug die heilige Synode der Nationalversammlung vor, man solle unbedingt dem Patriarchen und den übrigen autokephalen orthodoxen Kirchen von der Unabhängigkeit der hellenischen Kirche und dem Bestehen der bischöflichen Synode in ihr offiziell Kenntnis geben. Als daher der Patriarch dem i. J. 1849 in Konstantinopel gestorbenen hellenischen Gesandten Jakobos Rhizos (*Ῥίζος*) aus Veranlassung seines Todes grosse Ehren zu teil werden liess, war nach Ansicht der Regierung der geeignete Augenblick gekommen, die kirchlichen Beziehungen mit der Kirche in Konstantinopel wieder anzuknüpfen. Sie verlieh dem Patriarchen den Erlöserorden und sandte ihm durch den Präsidenten der Synode, den Archimandriten und Professor der Theologie Misail (*Μισαήλ*) ein Dankschreiben

(1850). Man hoffte auf eine Antwort des Patriarchen und damit auf eine stillschweigende Wiedererneuerung der kirchlichen Beziehungen. Den Orden nahm der Patriarch an, nicht aber den Brief, denn er behauptete, ihm sei von einer autokephalen Synode in Hellas nichts bekannt. Um das Ärgernis aus der Welt zu schaffen, sah man sich damals notgedrungen, dem Patriarchen wie den übrigen orthodoxen Kirchen die Errichtung der Synode von Hellas feierlich anzuzeigen. Dies geschah in demselben Jahre durch ein besonderes Schreiben der Synode und durch Vermittlung des Ministeriums, die dem Patriarchen und den übrigen orthodoxen Kirchen von der kirchlichen Unabhängigkeit und der Errichtung einer Synode Mitteilung machten und einfach um brüderliche Anerkennung baten.

Da trat das ein, was Pharmakidis und viele andere in Hellas befürchtet und deshalb von einem solchen Schritte abgeraten hatten. Der Patriarch Anthimos IV. Byzantinos rief seine Synode zusammen. Das Resultat dieser Beratungen war der Tomos (Beschluss) der Patriarchatssynode v. J. 1850. In diesem Tomos erklärt der Patriarch zwar die Kirche von Hellas für frei, genehmigt auch die Errichtung einer Synode, schreibt ihr aber die Norm ihrer künftigen Verwaltung vor! Nach diesem Tomos war jede Einmischung des Staates in die Geschäfte der Synode und mithin jede Aufsicht durch einen königlichen Kommissar absolut ausgeschlossen, die Synode sollte ohne Mitwirkung der Regierung selbständige Beschlüsse fassen auch in Ehe- und Ehescheidungssachen, und hatte sich nur in wichtigen Fragen der hellenischen Kirche an den Patriarchen zu wenden und sich von ihm Verhaltungsmassregeln zu holen, ferner hatten sie auch das heilige Myron von Konstantinopel zu entnehmen. Der Patriarch und seine Umgebung beabsichtigten auf diese Weise die hellenische Kirche wieder in unmittelbare Abhängigkeit von dem ökumenischen Patriarchat zu bringen und die Kirche von Hellas in Gegensatz zum Staate zu setzen. Eine derartige Stellung nimmt die Kirche in der Türkei gegenüber der türkischen Regierung ein, sie ist ein Staat im Staate. Die Türken haben der Kirche volle Unabhängigkeit gelassen und lassen nach dem System der völligen Trennung von Staat und Kirche deren Thätigkeit ohne jede Kontrolle, weil sie sich als Angehörige einer anderen Religion nicht in ihre kirchlichen Verhältnisse mischen und durch ihre Willkür jede einzelne Überschreitung ihrer kirchlichen Befugnisse zu nichte machen konnten. Eine derartige Stellung des Staates zur Kirche ist einzigartig.

Der Inhalt des Tomos der Patriarchatssynode war genau folgender: 1. die hellenische Kirche ist unabhängig und autokephal; 2. die höheren Geistlichen bilden eine Synode und treten nach dem Alter ihrer Weihe ein; 3. der Präsident der Synode ist der jedesmalige Metropolit von Athen; 4. jede Einmischung einer weltlichen Macht ist ausgeschlossen; 5. so oft sich die Synode zu einem feierlichen Gottesdienst versammelt, sollen alle Patriarchen im Gebete erwähnt werden; 6. das heilige Myron ist von Konstantinopel zu holen; 7. in wichtigen Fragen hat sich die Synode an den Patriarchen zu wenden; 8. über die Wahl der Bischöfe, ihre Zahl, über Ehe, Ehescheidung, Verwaltung der Klöster, Ausbildung des Klerus hat die Synode zu bestimmen.[1])

---

[1]) Der Tomos der Patriarchatssynode lautet wörtlich wie folgt:

„Wir ordnen an, Haupt und Führer der orthodoxen Kirche im Königreich Hellas ist wie in jeder anderen orthodoxen und katholischen Kirche Gott der Herr und unser Heiland Jesus Christus, im übrigen ist sie rechtmässig autokephal und erkennt eine permanente Synode, die aus den nach der Anciennität ihrer Weihe berufenen Prälaten sich zusammensetzt, als ihre höchste kirchliche Obrigkeit an. Das Präsidium der Synode ruht in den Händen des jedesmaligen sehr ehrwürdigen Metropoliten von Athen, die Synode verwaltet die Kirche auf Grund der heiligen Kanones frei und ungehindert von allen weltlichen Eingriffen.

„Wir ordnen an, in Zukunft haben die Bischöfe des Königreichs Hellas die heilige Synode von Hellas in dem kirchlichen Gebet zu erwähnen, ebenso muss die heilige Synode den zeitweiligen ökumenischen Patriarchen und alle übrigen Patriarchen ordnungsgemäss, wie auch das bischöfliche Amt in den heiligen Diptychen führen, und so oft es nötig ist, ihr heiliges Myron von der heiligen, christlichen grossen Kirche entnehmen.

„Wir ordnen an, der Präsident der heiligen Synode hat die nötigen synodalen Schriftstücke dem ökumenischen wie den übrigen Patriarchen zu übersenden, wie auch jene dasselbe thun.

„Was die äussere kirchliche Verwaltung anlangt, die Wahl und Weihe der höheren Geistlichkeit, ihre Zahl, die Namen ihrer Bischofssitze, die Weihe der Priester und Priesterdiakonen, die Ehe- und Ehescheidungssachen,

Zunächst schien es, als ob die hellenische Regierung diesen Tomos, der in Hellas am 20. August 1850 feierlich vorgelesen wurde, vollständig annehmen würde. Auch die Gerusia hatte ihn angenommen, allein das Parlament, dessen Zustimmung nötig war, wenn dieser Tomos in Hellas gesetzliche Gültigkeit erlangen sollte, verwarf ihn, nachdem Pharmakidis eine Broschüre „Der Tomos der Patriarchatssynode oder was ist Wahrheit“ (*ὁ Συνοδικὸς τόμος ἢ περὶ ἀληθείας*) i. J. 1852 veröffentlicht hatte, in der der Tomos hart angegriffen wurde.

Pharmakidis wies nach, die Kirche von Hellas könne nicht anders als unabhängig sein, denn ein freier Staat bedinge nach dem von Anfang an in der orientalischen Kirche herrschenden Prinzipe (dass nämlich die kirchliche Verwaltung sich mit der politischen Ordnung ändern und sich ihr anpassen müsse) auch eine freie Kirche. Ferner sei die administrative Trennung der Kirchen auch in der byzantinischen Zeit nicht durch die Synoden, sondern durch die Kaiser vollzogen worden und müsse als deren Recht angesehen werden. Da ferner Leo der Isaurier, der Bilderstürmer, für sich das Recht in Anspruch genommen hätte, die Kirchen Ost-Illyricums und zugleich mit ihnen auch die Kirchen von Hellas im 9. Jahrhundert dem Patriarchen von Konstantinopel zu unterstellen, so hätte die hellenische Regierung und die Bischöfe von Hellas um so mehr das Recht, die kirchliche Unabhängigkeit von Hellas und die Errichtung einer Synode als des obersten Kirchenregiments zu proklamieren.[1]) Ferner stehe dem Patriarchen samt seiner

---

die Verwaltung der Klöster, die sittliche Führung und die Ausbildung des heiligen Klerus, die Predigt des göttlichen Wortes, das Verbot religionsfeindlicher Bücher, alles dies und Ähnliches wird auf Grund der synodalen Geschäftsordnung von der heiligen Synode erledigt.

„Bei Zwischenfällen kirchlicher Art, die eine Mitberatung und Mithilfe nötig machen, ist es für die bessere Lage und die Stärkung der Orthodoxie gut, wenn die heilige Synode in Hellas derartiges dem ökumenischen Patriarchen und seiner heiligen Synode vorlegt. Der ökumenische Patriarch und seine heilige Synode werden ihr getreulich beistehen und der heiligen Synode der hellenischen Kirche das Erforderliche mitteilen.“

[1]) Die kirchliche Gewalt eines politisch unabhängigen Landes liege in den Händen seiner Bischöfe. Die Vereinigung dieser Bischöfe zu einer Synode bilde die höchste kirchliche Obrigkeit dieses Landes. Die Bischöfe

Synode kein Recht zu, die Unabhängigkeit der hellenischen Kirche und die Errichtung einer Synode in ihr zu proklamieren, dies Recht hätten nur die Hellenen, so wie sie es in den Jahren 1833 und 1840 ausgeübt hätten. Der Tomos sähe die kirchliche Unabhängigkeit und die Errichtung der Synode als nicht geschehen an, damit beleidige er Hellas und seine Regierung. Niemals wäre im Altertum die Kirche ein Staat im Staate und völlig vom Staate unabhängig gewesen, der immer das Aufsichtsrecht über diese ausgeübt hätte, ja häufig sogar hätte er über ihre Angelegenheiten eigenmächtig verfügt. Auch über Ehe, Ehescheidung, Klosterwesen, Bildung des Klerus, Wahl der Bischöfe und ähnliche Angelegenheiten, die nicht rein geistlicher Art, sondern eng mit den weltlichen Interessen der Bürger verbunden seien, könnten im Gegensatz zu den Bestimmungen des Tomos, der dies fordere, nicht ohne die Mitarbeit der Regierung Beschlüsse gefasst werden. Das sei weder im römischen Reiche zur Zeit der byzantinischen Kaiser noch in einem anderen alten oder neueren christlichen Staate jemals der Fall gewesen. Schliesslich halte es die hellenische Regierung nicht für recht, diesen Tomos zu veröffentlichen und dem Staate aufzudrängen, bevor er vom

---

eines politisch freien Landes nehmen ihre Machtbefugnis nicht aus fremden Händen. Die Bischöfe der orientalischen Kirche sind Nachfolger der Apostel und besitzen als solche auch deren Gewalt. Der Bischof von Konstantinopel besitzt nur den Ehrenvorrang von allen anderen Bischöfen und ist in der That nach den Beschlüssen der ökumenischen Synoden wegen der hohen Bedeutung von Konstantinopel der vornehmste Bischof der orthodoxen Kirche, — aber nichts mehr. (*Μακαρίου Δογματ. Β'* 246—275.)

Als Peter der Grosse i. J. 1721 unter Zustimmung des russischen Klerus aus eigener Machtvollkommenheit an Stelle des Patriarchats Moskau, das er aufgehoben hatte, eine dirigierende Synode ins Leben rief, und dies dem damaligen Patriarchen mitteilte, erfolgte eine einfache Bestätigung und Zustimmung von dessen Seite. Der Patriarch richtete die Synode der russischen Kirche nicht selbst ein, gab auch der Synode keine Vorschriften, tadelte auch nicht, was das russische Volk, der Zar und der russische Klerus angeordnet hatten, und verbot auch dem Zaren mit Rücksicht auf seinen autokratischen Einfluss weder eine Überwachung der Handlungen der Synode noch seine Mitarbeit bei den nicht rein kirchlichen Angelegenheiten. Dies hätte auch Anthimos IV. Byzantinos gegenüber Hellas i. J. 1850 thun sollen.

Parlamente als Staatsgesetz angenommen sei, um so mehr als dieser Tomos in vielen Punkten der Staatsverfassung und anderen Gesetzen des Staates widerspräche. Mit solchen Gründen wurde der Tomos der Patriarchatssynode zurückgewiesen.

Die hellenische Kirche wird nach der kirchlichen Verfassung vom J. 1852, die damals vom Parlament beschlossen war, bis zur Gegenwart geleitet. Gleichwohl nahm man einige Bestimmungen des Tomos, die man als korrekte Forderungen ansah, aus Rücksicht auf die Verhältnisse an. Man liess dem jedesmaligen Metropoliten von Athen das Präsidium in der Synode, beschloss das heilige Myron als Beweis der Ehrfurcht vor dem hervorragendsten und würdigsten Bischofsstuhl der orthodoxen Kirche von Konstantinopel zu holen, bestimmte, dass die Prälaten nach der Anciennität ihrer Weihe zur Synode berufen werden sollten, und war bereit, dass die Glieder der Synode, so oft sie zu einem feierlichen Gottesdienst zusammenkämen, im kirchlichen Gebete aller Patriarchen gedächten.[1]) Dagegen verwarfen die Beschlüsse des J. 1852 jede Abhängigkeit von irgend einer fremden kirchlichen Obrigkeit, übertrugen dem Staate das Aufsichtsrecht über alle Geschäfte der Synode und verfügten die Mitwirkung des Staates bei jeder nicht rein geistlichen Angelegenheit.

Die gesetzliche Neuordnung enthält auch noch folgende Beschlüsse: Die Regierung kann die Synodalen länger als ein Jahr im Amte belassen. Die Synodalen verpflichten sich dem Könige eidlich zur Treue. Die Regierung überwacht die Beschlüsse der Synode durch einen königlichen Kommissar. Die Synode besorgt alle Angelegenheiten nicht rein geistlicher Art (so bezw. der Klerikerschulen, Ehe und Ehescheidungssachen u. s. w.) unter Mithilfe der Regierung. Die Korrespondenz der Synode besorgt der Minister der geistlichen Angelegenheiten. Strafsachen gegen Kleriker werden von den gewöhnlichen

[1]) So oft der Metropolit Gottesdienst hält, betet er: Gott, gedenke der Glieder der Synode, — sobald er aber als Glied der Synode mit den anderen Synodalen im feierlichen Gottesdienst versammelt ist, so heisst es Gott, gedenke aller Patriarchen. Anm. d. Übers.

Gerichten abgeurteilt. Dem Kern der Sache nach blieb man bei den Prinzipien des J. 1833 stehen.

Schliesslich versagte auch das Patriarchat Konstantinopel diesen Beschlüssen seine Anerkennung nicht.

In demselben Jahre stellte man gesetzmässig die Zahl der hellenischen Bischöfe auf 24 fest und bestimmte ihre Pflichten und Rechte, und ihre Machtbefugnisse über Klerus und Volk. Zugleich setzte man die jährliche Besoldung der höheren Geistlichkeit fest, die Besoldung des Metropoliten bezifferte sich auf 6000, der Erzbischöfe auf 5000, der Bischöfe auf 4000 Drachmen. Ausserdem bestimmte man für den Metropoliten eine Zulage von 3000 und für die anderen Mitglieder der Synode eine solche von 2400 Drachmen.

Nach der Regelung der Beziehungen zum ökumenischen Patriarchen vollzog man die notwendig gewordene Weihe mehrerer höherer Geistlichen für die seit langer Zeit verwaisten Bistümer.

Zur heiligen Synode gehörten ausser dem königlichen Kommissar noch zwei von der Regierung bestimmte Sekretäre (I. und II. Sekretär) und vier Schreiber. Die ersteren wurden nach voraufgegangenem Vorschlag des Ministerrates vom Könige ernannt, die letzteren auf Vorschlag der Synode vom Ministerium. In demselben J. 1852 wies eine königliche Verordnung jedem Bischof einen Gerichtshof zu (*ἐπισκοπικὸν δικαστήριον*), der sich aus den verschiedenen Klerikern des Bistums, dem Oikonomos (*οἰκονόμος*), dem Sakellarios, dem Chartophylax und dem Protekdikos zusammensetzte. Waren diese verhindert, so traten für sie der Skevophylax (*σκευοφύλαξ*) und der Sakellion (*σακελλίων ἢ σακέλλιον*) ein, und für den Fall, dass auch diese verhindert waren, der Hypomnimatographos (*ὑπομνηματογράφος*)[1]) und der Hieromnimon (*ἱερομνήμων*) ein.[1]) Nach herrschendem Brauche hatten diese Glieder des Bischofsgerichts nur beratende Stimme, die Entscheidung des Bischofs allein galt.

Der erste nach den neuen Bestimmungen auf Lebenszeit erwählte Präsident der heiligen Synode war der Metropolit

---

[1]) Zwei byzantinische Titel. Anm. d. Übers.

Neophytos von Athen, früher Bischof von Talantion, ein Mann ebenso ausgezeichnet durch Einfachheit wie durch Sittenstrenge und Charakterfestigkeit, und bekannt als einer der ruhmvollsten Streiter im heiligen Kampfe für die Freiheit. Ihm folgte Misail (*Μισαήλ*), vorher Bischof von Patrae, sonst ein hochgebildeter Professor der Theologie, ein erwähnenswerter Redner und Verfasser verschiedener theologischer Werke. Ferner Theophilos, der frühere Bischof von Akarnanien, der einst Diakonos des berühmten Bischofs Germanos [1]) von Palaea Patrae gewesen war. Dann Prokopios, früher Bischof von Kalama, der auf unserer Universität und auch in Deutschland studiert hatte, ein hochgebildeter Kleriker, sonst Pfarrer in Wien, sittenstreng und hochangesehen. Ferner Germanos, vormals Bischof von Kephallinia, sonst Pfarrer der orthodoxen Gemeinde in Marseille, dessen von der Regel abweichende Wahl wegen des Druckes, den die politischen Gewalten während der Synode dabei der öffentlichen Meinung entgegenstellten, viel Lärm verursachte. Die letztere wünschte den Erzbischof Sokratis Koliátzos (*Σωκράτης Κολιάτσος*) von Korinth zum Metropoliten von Athen, den tüchtigsten der geistlichen Würdenträger, sonst Direktor der Rizarischen Schule, einen wissenschaftlich gebildeten, ehrenhaften, mildthätigen Mann von festem Charakter.

Germanos besass nur mittelmässige Bildung, aber viel Unternehmungsgeist. Es gelang ihm ein neues Synodalgebäude, eine neue Dienstwohnung für den Metropoliten von Athen und ein für die Priesterschule bestimmtes Gebäude aus dem Ertrag frommer Sammlungen zu schaffen. Auf Germanos folgte der noch jetzt lebende Prokopios. Dieser war lange Zeit Erzieher der königlichen Prinzen und einige Jahre Professor der Theologie an der Universität. Er wurde nicht durch Versetzung, wie seine Vorgänger, sondern direkt durch Ordination Metropolit von Athen und darauf Präsident der heiligen Synode.

---

[1]) Dieser Germanos hatte einst die Fahnen der in den Freiheitskampf ziehenden Hellenen eingesegnet. Anm. d. Übers.

§ 45.

Die Vereinigung der Kirchen des Siebeninselreichs, Thessaliens und Artas mit der hellenischen Kirche.

Litteratur. *Περὶ τῆς ἑπτανησιακῆς ἐκκλησίας ὅρα Π. Χιώτου συμπλήρωσιν τῆς ἐκκλ. ἱστωρίας Κομητᾶ σελ.* 295—303. *Λούντζη, Περὶ Ἑπτανήσου ἐπὶ Βενετων. Ἐν Ἀθήναις* 1856. *Μαυρογιάννη Ἱστορίαν τῆς Ἑπτανήσου.*

Im Jahre 1866 wurde auch die Kirche des Siebeninselreiches (Ionische Inseln) mit der hellenischen Kirche vereinigt. Nach alten Überlieferungen verdanken Korfu (*Κέρκυρα*) dem Jason und Sosipater, Levkas dem Rhodion und Sopion, Zakynth der Maria Magdalena die Einführung des Christentums. In früheren Zeiten standen die Bischöfe von Korfu unter dem Metropoliten von Nikopolis in Ipirus (*Ἤπειρος*), die Bischöfe von Kephallinia und Zakynthos unter dem von Korinth und die Bischöfe von Kythira unter dem von Monemvasia. Bischöfe von Ithaki und Paxos aus älteren Zeiten sind nicht erwähnt. Diese Kirchen waren seit dem 4. Jahrhundert ein Teil der kirchlichen Diözese Ost-Illyricum, deren Leiter der Bischof von Thessaloniki war, unter Leo dem Isaurier wurden sie dem Patriarchen von Konstantinopel unterstellt. Die ersten, die von den Franken das Siebeninselreich in Besitz nahmen, waren die Neapolitaner. Dies geschah i. J. 1204. An einer anderen Stelle sahen wir, dass später die Venetianer unter anderen Teilen des griechischen Orients auch das Siebeninselreich in Besitz nahmen, über jene Kirchen lateinische Bischöfe setzten und den orthodoxen Klerus und das Volk zwangen, diese als ihre geistlichen Oberhirten anzuerkennen. Die orthodoxen Priester waren verpflichtet, für den lateinischen Bischof zu beten, ihn bei seiner Einführung in der katholischen Kirche zu bewillkommnen, an den lateinischen Festtagen Gottesdienst zu halten und ihm eine jährliche Steuer zu zahlen. Abgesehen von Kephallinia durften die Orthodoxen auf diesen Inseln nur Archipresbyter haben, die Priesterweihen vollzog entweder der Metropolit von Janina oder von Kephallinia, der bis 1640 unter dem Bischof von Korinth stand und erst später unabhängig wurde. Der Einfluss der venetianischen Herrschaft führte eine Anzahl der Inselbewohner der römischen Kirche zu. So bildeten sich einige gräkokatholische Gemeinden besonders in Korfu und Zakynth.

Die Franzosen besetzten i. J. 1798 das Siebeninselreich, befreiten seine Kirche von dem Joche der Venetianer und billigten den Orthodoxen dieselben Rechte zu wie den Katholiken.

Als aber i. J. 1799 die sieben Inseln unabhängige Ionische Republik wurden, proklamierte die Gerusie die orthodoxe Religion als Staatsreligion, gewährte aber allen übrigen Religionen Freiheit und Duldung. Im J. 1804 besass Korfu wieder einen eigenen Bischof.

Napoleon (1807) und die Engländer, unter deren Herrschaft i. J. 1809 das Siebeninselreich kam, bestätigten die Beschlüsse der Gerusie v. J. 1804.

Die Verfassung der Ionischen Republik v. J. 1817 gründete in Zakynthos, Levkas, Ithaki, Kythira und auf den Paxosinseln neue Bistümer, und bestimmte, einer von den vier Metropoliten von Korfu, Kephallinia, Zakynthos und Levkas solle abwechselnd in jeder Wahlperiode das Präsidium führen. Nach dem Gesetz v. J. 1839 wählte der Klerus jeder Insel die Bischöfe in geheimer Wahl, dann musste die Wahl von der Gerusie bestätigt werden, die nun ihrerseits beim Patriarchen um Ausstellung der Ordinationsbewilligung nachsuchte. So lagen die Verhältnisse in der Kirche des Siebeninselreiches bis zu ihrer Vereinigung mit der hellenischen Kirche.

Die Vereinigung geschah in folgender Weise. Nachdem durch den von England aus unterstützten Aufstand des Jahres 1862, deren Resultat die Vertreibung des Königs Otto war, das Siebeninselreich politisch mit dem übrigen Hellas vereinigt war, stand man vor der Notwendigkeit auch einer kirchlichen Union. Da in Hellas nun einmal eine höchste kirchliche Behörde d. i. die Synode bestand, so wäre es unschicklich gewesen, wenn die Kirchen des Siebeninselreiches auch fernerhin in Abhängigkeit von dem Patriarchen in Konstantinopel d. h. von einer ausserhalb des freien Hellas befindlichen Macht geblieben wären. Auch hier musste das Prinzip gelten, dass die kirchliche Ordnung mit der politischen im Einklang stehe, denn auf diesem Prinzip ruhte die Unabhängigkeit der hellenischen Kirche. Nachdem sich die Regierung mit den Bischöfen des Siebeninselreiches verständigt hatte, fand die kirchliche Vereinigung im Juli 1866 statt. Dabei fand auch zwischen der Synode von Hellas und der hellenischen Regierung einerseits und dem Patriarchen von Konstantinopel anderseits ein Schriftenwechsel statt.[1]) Nur der Bischof Spyridon Kontomichalos von Kephallinia wollte anfänglich die Union, angeblich weil sie antikanonisch sei, nicht anerkennen. Aber als er kurz darauf beim Patriarchen Gregorios VI. von Konstantinopel heiliges Myron für seine Kirche holte, verwies ihn dieser mit einigen sehr gerechten Ermahnungen an seine recht- und gesetzmässige Behörde, die hellenische Synode. Auch die bevollmächtigten Gebrüder Jakovati (*Ἰακωβάτοι*) von Lixuri hatten bereits in der Nationalversammlung d. J. 1864 die Unabhängigkeit der hellenischen Kirche angegriffen. Schliesslich erkannten aber alle die Union als eine Thatsache an.

Die kirchliche Assimilation rief auf administrativem Gebiete anfänglich einige Misshelligkeiten hervor, da natürlich administrative Unterschiede zwischen den beiden Kirchen vorhanden waren. So erfolgte auf dem Siebeninselreiche, wie ich oben darlegte, in Übereinstimmung mit der Gepflogenheit der alten Kirche die Wahl der Bischöfe aus dem Klerus und durch den Klerus jeder Insel. Die Ehescheidungen unterstanden der Entscheidung der Bischöfe. Schliesslich aber kam doch die administrative Ausgleichung zu stande.

Wegen der politischen Zugehörigkeit des Siebeninselreiches zu Venedig, wo in früherer Zeit die Wissenschaften sehr gepflegt wurden, war die kirchliche Wissenschaft auf den sieben Inseln nie ganz geschwunden. Berühmte Theologen des 18. Jahrhunderts, wie Miniatis (*Μηνιάτης*), Theotokis, und Evgenios Vulgaris (*Εὐγένιος Βούλγαρις*) waren von dort ausgegangen. Die Kirche des Siebeninselreiches war zur Zeit der Union in

---

[1]) Auch bei dieser Gelegenheit gebrauchte das patriarchalische Schriftstück den Ausdruck, das Patriarchat habe die Kirche des Siebeninselreichs zum Zweck der Union mit der hellenischen Kirche freigegeben!

der glücklichen Lage, einen wohlgebildeten Klerus zu besitzen. Sie verdankte dies in hohem Grade der im J. 1823 von dem englischen Philhellenen Gilford auf Korfu gegründeten Akademie, auf der Pharmakidis, Vamvas (*Βάμβας*) und Typaldos den Lehrstuhl der Theologie inne gehabt hatten. Der letztere hatte auch das an die Akademie angeschlossene Priesterseminar geleitet. Eine der schönsten Zierden des dortigen Klerus war der gelehrte Metropolit Athanasios von Korfu, ein durch viele Vorzüge ausgezeichneter Mann, der für die politische und kirchliche Vereinigung des Siebeninselreichs mit dem übrigen Hellas in hervorragender Weise thätig war. Unter den übrigen Klerikern des Siebeninselreiches ragen durch besondere Bildung hervor Stratulis, Bischof von Kythera, der viele Artikel für den „Evangelischen Herold" (*Εὐαγγελικὸν Κῆρυξ*) schrieb, der als bedeutender Redner bekannte Bischof Latas von Zakynth und Bischof Evstathios von Korfu, der sich mit dem Studium der kirchlichen Schriftsteller aus der Zeit des Mittelalters beschäftigte.

Infolge der langjährigen venetianischen Herrschaft und der grossen Nähe und häufigen Beziehungen zu Italien hatte sich in der kirchlichen Musik ein eigener italienischer Typus herausgebildet. Ein besonders hervorragender Musiker war Mantzaros (*Μάντζαρος*) auf Korfu, der auch kirchliche Hymnen komponierte.

Dasselbe Urteil kann man auch über die Malerei der Kirche des Siebeninselreiches fällen. Die Bilder, mit denen die meisten Kirchen geschmückt sind, legen von dem Einfluss der neueren italienischen Schule Zeugnis ab.

Im J. 1881 wurde nach dem russisch-türkischen Kriege (1877—78) auf Grund der Abmachungen des Berliner Vertrags v. J. 1878 Thessalien und ein Teil von Ipirus — *Ἤπειρος* — (Arta) politisch mit Hellas vereinigt. Natürlich erfolgte auch die kirchliche Union dieser Länder mit Hellas, nachdem zwischen dem ökumenischen Patriarchen, dem bis dahin in kirchlicher Beziehung diese Länder unterstellt waren, einerseits und der Regierung und der heiligen Synode von Hellas anderseits der notwendige Schriftwechsel stattgefunden hatte. Damals wurden die Bistümer Larissa, Thavmakos (*Θαυμακός*),

Dimitrias (Δημητριάς), Platamon, Trikka, Stagi, Gardikion, Phanarion, Pharsala und Arta der hellenischen Kirche angegliedert. Dazu gehörten auch die berühmten Meteora-Klöster mit ihren reichhaltigen Bibliotheken alter Handschriften, von denen eine Anzahl der Nationalbibliothek überwiesen wurden. Die kirchliche Angliederung Thessaliens und Artas ging leicht von statten, zumal keine solchen prinzipiellen Unterschiede in administrativer Hinsicht wie im Siebeninselreiche vorhanden waren.

§ 46.

Katholische Missionsversuche in Hellas.

Das proselytistische Treiben katholischer und protestantischer Sendboten, das nach Wiederaufrichtung des hellenischen Staates mit aller Energie ins Werk gesetzt wurde, verursachte mancherlei Unruhen in der hellenischen Kirche. Besonders die Jesuiten und die Barmherzigen Schwestern, die seit alten Zeiten den Hellenen verhasst waren, zeichneten sich hierbei aus, waren aber nicht im stande, nennenswerte Erfolge zu erzielen. Ihre Schulen, die sie in Athen, Korfu, Syros, Tinos, Thira und Naxos für die Ausbildung der wenigen in Hellas wohnenden Katholiken unterhielten, verfolgten allezeit proselytistische Absichten und wollten sich nie nach den staatlichen Schulgesetzen richten. Vor allem weigerten sie sich, jedes Jahr dem Ministerium des Unterrichts ihren Schulplan, wie dies das Gesetz allen Schuldirektoren in Hellas vorschreibt, zur Genehmigung vorzulegen. In ähnlicher Weise weigerten sie sich, nur staatlicherseits bestätigte Lehrer zu beschäftigen und gesetzlich genehmigte Bücher zu gebrauchen und waren nicht zu bewegen, für die orthodoxen Schüler Religionslehrer einzustellen. In Tinos gründete man in gleicher Absicht eine Töchterschule und ein Lyceum für Knaben. Diese Schulen sind eine grosse Gefahr für die hellenische Jugend, da sich viele durch die Aussicht, in ihnen eine vollkommene Ausbildung in der heute unbedingt nötigen französischen Sprache zu erlangen, zum Eintritt verlocken lassen. Von allen den Inseln des Ägäischen

Meeres, von Athen, Chalkis, Volo und den anderen Provinzen des hellenischen Reiches strömten die hellenischen Mädchen in das französische Mädcheninstitut auf Tinos. Von den 100 Schülerinnen dieses Instituts gehörten i. J. 1894 mehr als 50 dem orthodoxen Glauben an. Es war dies ein schlechtes Zeugnis für die orthodoxe Gesinnung ihrer Eltern. Im J. 1890 entstand unter Beihilfe und Überwachung des katholischen Bischofs in Athen ein höheres katholisches Gymnasium. Auch hier unterliess man es lange Zeit, obwohl viele orthodoxe Schüler dasselbe besuchten, einen Religionslehrer orthodoxer Konfession einzustellen.

Ausser den Jesuitenschulen errichte i. J. 1889 die italienische Regierung an vielen Orten des hellenischen Reiches italienische Schulen, zunächst in Fürsorge für die in Hellas wohnenden Italiener, hauptsächlich aber, um politische Propaganda zu treiben. Auch hier entstanden Streitigkeiten, da sie sich den ministeriellen Anordnungen und den Gesetzen des Staates nicht fügen wollten. Diese Verhältnisse riefen jene heftigen Parlamentsdebatten d. J. 1869 hervor, und i. J. 1870 entstand durch das trotzige Verhalten der jesuitischen Vorsteher der Schulen auf Korfu ein neuer hitziger Streit. Schliesslich wiesen diese Jesuiten, um nicht nach dem Gesetz zur Anstellung eines orthodoxen Religionslehrers gezwungen zu werden, alle orthodoxen Schülerinnen aus ihren Schulen aus. Dasselbe thaten auch die Barmherzigen Schwestern in Athen in d. J. 1870 und 1880, um nicht der gesetzlichen Anordnung der Regierung gehorchen zu müssen. Schliesslich erlangte die Schule der Barmherzigen Schwestern auf Betreiben des französischen Gesandten den Charakter eines Technikums, in dem angeblich nur Unterricht in weiblichen Handarbeiten und in französischer Sprache erteilt würde. Unter diesem Deckmantel standen den hellenischen Mädchen die Pforten dieser Schule wieder offen uud das Gesetz war umgangen!! Der Schutz der Gesandten der katholischen Mächte verhalf den Jesuiten, die diese Schulen unter ihre Protektion genommen hatten, immer wieder zum Triumph über die gesetzmässigen Forderungen der schwachen hellenischen Regierung.

Das Protokoll vom 3. Februar 1830 erwähnt die katholischen Bistümer in Syros, in Tinos und Mykonos, in Naxos und in Thira. Ein zweites Protokoll vom 1. Juli 1830 bemerkt, durch die den Katholiken in dem vorigen Protokoll zugesicherten Privilegien wären der hellenischen Regierung durchaus keine Verpflichtungen auferlegt, die eine Schädigung der Staatskirche möglich machen könnten. Auch die Verordnung vom 3./15. April 1833 über die Einrichtung und Kompetenz der kirchlichen Kanzlei lautet dahin, dass die kirchlichen Verfügungen jedweder geistlichen Behörde, vor allem aber die Originale der päpstlichen Bullen nnd Breven vor ihrer Publizierung dem Ministerium der geistlichen Angelegenheiten zur Prüfung vorzulegen seien. Zur Veröffentlichung habe die Kanzlei die Erlaubnis des Königs nachzusuchen. Nach der Eingliederung des Siebeninselreiches in das Königreich Hellas fand man auch auf Korfu ein lateinisches Bistum. Nur diese fünf lateinischen Bischöfe sind in Hellas gesetzlich anerkannt.

Nach der obigen Darstellung kann ausserhalb der fünf bekannten Landstriche ein neuer lateinischer Bischof nur nach vorangegangenem Einverständnis und Vertrag zwischen dem Papste und Hellas, also nur mit Wissen und nach Einwilligung der hellenischen Regierung ernannt werden. Im J. 1838 gab auf Bitten des Papstes die hellenische Regierung dem damaligen lateinischen Bischof Vlankis (*Βλάγκης*) auf Syros die Erlaubnis, immer unter dem Titel eines Bischofs von Syros auch in jenen Teilen des Königreichs, wo sich kein anderer Bischof der römischen Kirche befinde, bischöfliche Funktionen auszuüben (*Ἐφημ. Κυβερν.* 1838. 22, 116). Dieselbe Erlaubnis gab später (1843) die hellenische Regierung auf Bitten des Papstes auch dem Nachfolger des Vlankis, dem Bischof Salonis (*Ζαλόνης*) (*Ἐφημ. Κυβερν.* 1843. 13, 54). Im J. 1874 gewährte die Regierung auch dem Bischof Marankos (*Μαραγκός*) auf seine Bitte die Erlaubnis, bischöfliche Funktionen auch sonst im Königreiche auszuüben (*Βασιλ. Διάταγμα* 13. *ἰουλίου* 1874). Als aber ein Jahr später (1875) der Papst den Marankos zum Erzbischof der Lateiner in Athen ernennen wollte, verbot die Regierung dies und begründete dies damit, es bestünde hierüber kein Vertrag zwischen ihr und dem Papste.

Trotzdem blieb Marankos in Athen und führte den Titel Erzbischof von Athen, während die hellenische Regierung ihn nur als Bischof von Tinos und Mykonos anerkannte. In dieser Eigenschaft duldete man ihn und seinen Nachfolger, den Bischof Zaphinos von Naxos, in Athen. Der gelehrte Deangelis, des Zaphinos Nachfolger, wurde vom Papste i. J. 1895 als Erzbischof in Athen eingesetzt, allein hierzu bedarf es noch der offiziellen Bestätigung und Genehmigung der hellenischen Regierung, die gesetzlich erforderlich ist. So zeigt der Papismus auch in Hellas, wie in allen übrigen Staaten Europas, nur geringe Neigung, sich den Staatsgesetzen zu fügen.

§ 47.

Evangelische Missionsversuche in Hellas.

Noch mehr Eifer entwickelten die protestantischen Sendboten in Hellas und erregten dadurch die öffentliche Aufmerksamkeit in noch viel höherem Masse. Diese Sendboten kamen aus Amerika und England, sie sprachen sich aus, ihre Aufgabe sei vor allem, an der Hebung und Neubelebung des Orients und Hellas mitzuwirken. Allerdings hatten sie schon seit d. J. 1810 ihre Thätigkeit begonnen, zuerst die heilige Schrift im Urtext und in der Übersetzung herausgegeben und an vielen Orten Schulen errichtet.

Man glaubte anfänglich, es sei ihnen nur darum zu thun, dem durch die Zeiten der Knechtschaft in Unwissenheit versunkenen Orient Licht und Bildung zu bringen. Deshalb trafen ihre Bemühungen bei uns durchaus nicht auf Misstrauen, sondern fanden eine freundliche Aufnahme, da wir von der Notwendigkeit einer Volksbildung überzeugt waren. Die Übersetzung der heiligen Schrift nahm man mit vieler Freude auf. Im J. 1810 wurde die Übersetzung des Neuen Testaments des Maximos Kallipolitis im ganzen Orient verbreitet, und i. J. 1831 nahm der Regent Kapodistrias 10000 Exemplare der übersetzten Bibel und anderer nützlicher Lehrbücher mit Wohlwollen und Dank an. In d. J. 1821 schloss die englische Bibelgesellschaft mit dem Patriarchen Gregor einen Vertrag über die Bibelübersetzung, dann ruhte während der Zeit des Aufstandes dies Werk, aber in den Jahren 1833—37 vollendeten die Engländer Livs und Launds unter Mitarbeit der gelehrten Hellenen Typaldos, Valetta, Vamva und Philadelphevs auf Kosten der englischen Bibelgesellschaft eine neue Übersetzung des Alten und des Neuen Testaments nach dem Urtext. Die gelehrten Hellenen hielten eine Verbreitung der heiligen Schrift in der allgemein verständlichen Volkssprache für äusserst segensreich, und keineswegs für schädlich. Auch die Schulen, die diese Sendboten an vielen Orten, wie Hildner in Syros (1827) und King[1]) und Hill in Athen (1832) gründeten, nahm Hellas, das damals fast ohne Schulen war und nach Bildung dürstete, dankbar an. In Aegina lehrte ein Missionar Artlev eine grosse Zahl Schüler und Kleriker, ohne irgendwie damit Verdacht zu erregen. Kork war sogar der Leiter des ersten Lehrerseminars in Athen.

Allein dieses Wohlwollen des Volkes gegen die Protestanten schlug mit Recht in Feindseligkeit um, als es bekannt wurde, einige von ihnen, wie z. B. King, hätten sich nicht auf die Bibel- und Schriftenverbreitung beschränkt, sondern heimlich in proselytistischer Absicht für den Protestantismus gewirkt und die in Hellas herrschende Kirche beleidigt. Seitdem trat natürlich eine grosse Erbitterung gegen sie und ihre Schulen ein, die sich bei einigen sogar bis zur Verdammung der Bibelverbreitung in der Volkssprache steigerte, wiewohl man anfänglich dieses Werk im Orient mit Freuden begrüsst hatte. Die Seele des Kampfes gegen diese protestantischen Sendboten war Ikonomos (*Οἰκονόμος*). Er schrieb ein äusserst umfangreiches Werk über die Septuaginta, in dem er nachzuweisen suchte, dass jede andere Übersetzung ausser der Septuaginta unrichtig und unheilig sei. Sein Organ war die von Germanos herausgegebene „Evangelische Trompete" (*Εὐαγγελικὴ Σάλπιγξ*). Vergeblich warnten Vamvas und Pharmakidis, man dürfe die Bibelverbreitung und die proselytistischen Bemühungen jener Missionare nicht vermengen.

---

[1]) *Ἰωνᾶ Κίγκ. Διάφορα. Ἐν Ἀθήναις* 1859. *Ἀπάντησις εἰς Ἰωνᾶν Κίγκ ὑπὸ Κ. Σιναΐτου. Ἐν Ἀθήναις* 1846.

In diesem Kampfe gerieten, wie ich dies oben bereits erwähnte, sowohl Ikonómos, der den hebräischen Urtext allzu gering und die Septuaginta allzu hoch schätzte, ebenso wie Pharmakidis ins Extrem. Pharmakidis unterschätzte die Bedeutung der Septuaginta und trat mit zu viel Wärme für die Übersetzung ein, die doch ohne Wissen der Synode entstanden war und alle Apokryphen des Alten Testaments wegliess. Dieser Kampf gegen die Bibelübersetzungen, der von Konstantinopel aus eifrig unterstützt wurde, dauerte an. Im J. 1836 wurden die Missionare aus Konstantinopel vertrieben und die Übersetzungen der heiligen Schrift als häretisch zur Verbrennung verdammt! An manchen Orten wurden die Missionare als Volksverführer verfolgt. So vertrieb man i. J. 1836 Hildner aus Syros und 1852 King aus Athen. Der letztere wurde auf einige Zeit in Hellas zur Landesverweisung verurteilt, kehrte aber wieder zurück und trieb sein Werk weiter († 1869). Sein Werk setzten seine Schüler und andere Missionare hellenischer Nationalität (Kalopothakis, Sakellarios, Konstantinos) in seinem Geiste fort.

Im J. 1874 entstand in Athen die erste Kirche dieser evangelischen Hellenen. Der Hauptherd dieser Evangelischen Athens ist im Piraeevs, wo sie auch eine eigene Kirche und ein Lesezimmer besitzen. Gegen diese Kirchen entstand unter der Bevölkerung des Piraeevs i. J. 1893 eine grosse Aufregung, denn es ging die Rede, jene hätten unter der orthodoxen Bewohnerschaft des Piraeevs in anstössigster Weise Proselytenmacherei betrieben. Die protestantischen Missionare dehnten ihr Arbeitsfeld von Athen über den ganzen Orient aus, wir finden sie in Thessaloniki, Volo, Janina, Smyrna und Konstantinopel. Doch ist die Zahl derer, die sich ihnen angeschlossen haben, recht bescheiden. Zwar hofften die Evangelischen in Athen, der berühmte schottische Kanzelredner Somervil, der i. J. 1884 auf seiner Durchreise in Athen öffentlich im Parnassos und auch an anderen Stellen sprach, würde ihnen neue Anhänger zuführen, — Somervil kam auch nach Volo und anderen Orten, um diese kleinen evangelischen Gemeinden zu kräftigen, — aber seine Bemühungen waren vergeblich. Diese wenigen hellenischen Protestanten in Hellas und im Orient wurden von Anfang an aus den reichen Mitteln der amerikanischen Missionsgesellschaften erhalten. Sie befanden sich in völliger Unkenntnis unserer Verhältnisse, nach ihrer Ansicht war Hellas ein ganz unzivilisiertes Land und in ihm nur geringe Spuren des Christentums zu finden. Deshalb stellten sie für diese Zwecke bereitwilligst grosse Summen zur Verfügung.

Jedoch war die Wirksamkeit dieser protestantischen Missionare ebenso resultatlos wie die der Katholiken, denn die Orthodoxen bleiben dem Glauben ihrer Väter treu. Nach ihrer festen Überzeugung bewahrt die orthodoxe Kirche das reine Christentum der ersten Jahrhunderte und hält sich von den entgegengesetzten Abwegen, in die Katholiken wie Protestanten verfallen sind, fern. Die Katholiken sind in Tyrannei, äusserliche mechanische Frömmigkeit und einen toten prahlerischen Gottesdienst geraten, während man bei den Protestanten totale Zügellosigkeit rücksichtlich der kirchlichen Verfassung, ein Verkennen des Wertes der guten Werke und einen nackten kalten Gottesdienst findet. Deshalb haben wir keine grosse Furcht vor ihnen.

Das einzige Mittel, ihre Thätigkeit lahm zu legen, ist nicht Gewalt und Verfolgung, die ja auch der dem hellenischen Volke angeborenen Toleranz nicht entsprächen und durch das Gesetz verboten sind, denn das Gesetz verbietet nur den Proselytismus, d. h. jemanden durch schändliche Mittel zum Religionswechsel verleiten, erlaubt und schützt aber die Ausübung jeder anderen bekannten Religion. Das einzige Mittel ist eine bessere Bildung unseres Klerus, der in der Zeit der Knechtschaft alle Bildung verloren hatte, die Unterweisung des Volkes in den Lehren des Evangeliums durch diesen Klerus und die Besserung der traurigen Verhältnisse in unserer Kirche. Was uns not thut, ist eine Restauration auf der gegebenen Grundlage und nicht eine Reformation in katholischer oder evangelischer Weise. *Aber diese Erneuerung unserer Kirche wird nur mitten aus unserer Kirche heraus durch eigene Arbeit an uns selbst, nie aber durch äussere Einwirkung fremder Kirchen zu erreichen sein.*

§ 48.

Kairis (*Καΐρης*). Laskaratos.

Gleichzeitig mit den Unruhen, die durch die fremden Missionare hervorgerufen wurden, entstanden auch solche durch die Lehre des Theophilos Kairis. Kairis war einer der hervorragenderen Kleriker seiner Zeit, im Besitze bedeutender naturwissenschaftlicher und mathematischer Kenntnisse und hochgeachtet wegen seiner Kämpfe für die hellenische Freiheit, wegen seiner Charakterfestigkeit und seiner Sittenstrenge. Da er ein begeisterter Verehrer der politischen Freiheit war, deren Ideen er während seiner Studienzeit in Frankreich in sich aufgenommen hatte, verfolgten ihn Kapodistrias wie die russische Politik. Als Kapodistrias zum ersten Male nach Ägina kam, trat ihm Kairis öffentlich von der Kanzel aus entgegen und wies ihn mit einer staunenerregenden Kühnheit auf seine Pflichten gegenüber dem Volke hin. Seit 1836 rief er auf Andros eine hellenische Schule ins Leben, Orphanotrophion genannt, zu der von allen Seiten um seiner Berühmtheit willen die Schüler strömten. Kairis verband mit seiner Gelehrsamkeit eine ausserordentliche Beredsamkeit.

Aber plötzlich begann er dem Christentum feindlich gegenüber zu treten und seinen fortgeschritteneren Schülern eine Art natürlicher theistischer Religion zu lehren. Er beschränkte sich in seiner Lehre auf die allgemeinen religiösen Wahrheiten von Gott, der Vorsehung und der Unsterblichkeit der Seele, und schloss sich hierbei an das System der englischen Theisten des 17. Jahrhunderts und der französischen Encyklopädisten des 18. Jahrhunderts an. Seine Ideen hatten eine grosse Ähnlichkeit mit denen der Theophilanthropen zur Zeit der französischen Revolution. Unter Theophilanthropen versteht man die Anhänger einer natürlichen Religion aus jener Zeit. Kairis hatte gerade im Anfang des 19. Jahrhunderts in Frankreich studiert. Er nannte seine Religion „Gottesverehrung“ (*θεοσεβισμός*) und verfasste auch nach ihren Grundsätzen Gebete in dorischem Dialekt. Sein System legte Kairis in seiner Gnostiki (*Γνωστική*) dar, die 1849 in Athen erschien.

Nach diesem System erkennt der Mensch auf dem Wege der Vernunft Gott als die Ursache der Welt. Aber nur ein von Gott Erleuchteter gelangt zur vollkommenen Erkenntnis Gottes. Übrigens erkennt er eine gewisse göttliche Offenbarung an, versteht dies aber so, dass Gott jedem „Gottesverehrer", der eine reine Seele besitze, die Wahrheit über sich offenbare. Diese Offenbarungen seien nicht einige über die Vernunft hinausgehende Wahrheiten, sondern es seien vernunftgemässe Ideen über Gott, zu denen aber sich kein Mensch durch sich selbst erheben könne. Diese Wahrheiten, die jedem Gottesverehrer offenbart werden, sind folgende.

Gott existiert als der seiende, der unendliche, ewige, allmächtige, allweise und allgütige Vater. Aus dem Nichts hat er das All geschaffen. Er hat den Menschen und alle gottverehrenden Wesen erschaffen, ihnen Gottesfurcht und Unsterblichkeit gegeben und in sie die Fähigkeit gelegt, Gott nur im Geist und in der Wahrheit zu verehren und ihn nur von ganzem Herzen und von ganzer Seele zu fürchten und zu lieben. Der Mensch, der die Fähigkeit Gott zu verehren empfangen hat, ist nicht im stande, allein aus eigener Kraft sich zu bilden und zu vollenden. Gott nur kann ihn bilden und vollenden und ihn in Wahrheit zu seinem Kinde machen. Deshalb muss jeder Mensch und jedes gottverehrende Wesen seinen Sinn auf Gott richten, sich und alle übrigen Geschöpfe erforschen, den Willen Gottes zu erkennen suchen, dies aus unbegrenzter Verehrung gegen ihn thun und auf seine ewige Herrlichkeit schauen. Der Mensch muss Gott Vernunft und Herz zum Opfer darbringen, ihm ganz und gar sich weihen, ihm vertrauen, auf ihn hoffen, ihm von Herzen dienen und ihn allein anrufen. Nur wer ihn so verehrt, mit dem verkehrt der allvollkommene Gott der Welt, giesst über ihn seinen Geist aus, erleuchtet ihn, macht ihn weise, stärkt ihn, durchbildet ihn, wandelt ihn um, macht ihn in Wahrheit zu einem von Gott getriebenen und göttlichen Wesen und wahrhaft gottverehrend und ewig selig durch die Kraft seines göttlichen Geistes und seine göttliche Gnade.

Dieses System des Kairis kann man als übernatürlichen Theismus oder wie die Deutschen es nennen als religiösen supranaturalistischen Rationalismus bezeichnen, denn die Ideen der natürlichen, von der reinen Vernunft ausgehenden Religion erscheinen hier als übernatürliche Offenbarungen Gottes an die Gottesfürchtigen. Diese Ideen sind grösstenteils der heiligen Schrift entlehnt. Was Kairis und alle die anderen, die vor ihm im Abendland eine ähnliche theistische Religion lehrten, als ihre Lehre vorbrachten und sie dem Christentum gegenüberstellten, war nichts Neues. Was das von ihnen verachtete Christentum des 18. Jahrhunderts einst lehrte, das lehrten sie selbst nur unter anderem Namen und anderen Ausdrücken. Hat denn nicht das Christentum auch die Lehre von Gott, von der Schöpfung, der Vorsehung, der Erhebung und Erleuchtung der Welt durch göttliche Offenbarung, von der Herzensvereinigung des Menschen und Gottes durch Liebe, Glaube und Hoffnung und von der Wiedergeburt des Menschen durch den heiligen Geist und die göttliche Gnade? Wo ist denn da das Neue, das die Gottesverehrung bringt? Es ist nicht zu verstehen, wie Kairis den thörichten Gedanken fassen konnte, das Christentum damit zu ersetzen, das die Welt umgestaltet hat und die reinsten Ideen über Gott und Sittlichkeit verbreitete und nach dem eigenen Geständnis seiner Gegner der höchste Ausdruck der Religion ist, während ihre eigene angebliche Religion nichts anderes ist als eine schwächliche Nachahmung des Christentums. Die Sache wurde schnell bekannt, erregte grossen Anstoss und rief den Zorn der Geistlichkeit und des Volkes wach. Der Patriarch von Konstantinopel verhängte über ihn den Kirchenbann, auch die hellenische Synode ging gegen ihn vor und die Regierung schloss auf ihr Ersuchen seine Schule, die circa 300 Schüler zählte. Vergeblich versuchte Pharmakidis, den man an ihn abgesandt hatte, ihm seine Ansichten auszureden, und auch gegenüber der Synode blieb er während der Untersuchung bei seinen Anschauungen. Zunächst verurteilte die Synode seine Lehre, exkommunizierte ihn, als er nicht widerrufen wollte (1841) und sperrte ihn als Mönch in einigen Klöstern ein, aus denen er entfloh. Im J. 1849 kehrte er zurück, kam nach Syros und wurde, als er wieder zu lehren begann, zum zweiten Male zur Flucht aus Hellas gezwungen. Später kehrte er wieder nach Andros zurück und fuhr fort seine Lehre zu verbreiten, bis er i. J. 1852 in Syros als Übertreter der Staatsgesetze, die Angriffe auf die Staatsreligion verbieten, verurteilt und eingekerkert wurde. Kurz darauf, i. J. 1853, starb er im Gefängnis. Kairis war ein grosser Gelehrter, er schrieb ausser seiner „Gnostiki" auch „Die Elemente der Philosophie" (*Στοιχεῖα φιλοσοφίας*), in denen er seine religiösen und philosophischen Anschauungen niederlegte. Zugleich mit Kairis wurden 1852 in Syros auch seine Gesinnungsgenossen Glavkopidis (*Γλαυκωπίδης*), Despotopulos und Monokondylos abgeurteilt.

Kurze Zeit später zog sich der sehr bekannte Satyriker Andreas Laskaratos aus Kephallinia wegen seiner religiösen Anschauungen Verfolgungen zu. In seinem Buche „Die Geheimnisse von Kephallinia" (*τὰ μυστήρια τῆς Κεφαλληνίας*) hatte er im Volksdialekt viele religiöse Gebräuche, wie Fasten, Nachtwachen, Wallfahrten nach Klöstern oder durch ihre Wunder berühmten Kirchen und ähnliches in schärfster Weise als Vorurteile und Aberglauben verspottet und den Vorwurf erhoben, das Wesen und der Geist des Klerus stehe im Widerspruch mit dem Geiste der Lehre Jesu Christi (1856). Man exkommunizierte und verfolgte ihn, er aber floh damals aus seinem Vaterlande, kehrte später wieder zurück und gab 1867 „Eine Erwiderung auf die Exkommunikation durch den Gebieter von Kephallinia" (*ἀπάντησις εἰς τὸν ἀφορισμὸν τοῦ δεσπότου τῆς Κεφαλληνίας*) heraus, die ihm eine Anklage und Verurteilung zuzog, aber der Gerichtshof von Kephallinia sprach ihn 1869 frei. Laskaratos neigt zum Protestantismus. In christentumsfeindlichem Sinne sind auch die Werke zweier neuerer Gelehrten gehalten, die „Päpstin Johanna" (*Πάπισσα Ἰωάννα*) des Emmanuel Rhoïdis (*Ἐμμανουὴλ Ῥοΐδης*) und „Julianos", ein Drama Kleon Rhangavis (*Ῥαγκαβῆς*). Unter dem Titel „Päpstin Johanna" verspottete der Schriftsteller religiöse Verhältnisse. Er nimmt jene Fabel für historische Wahrheit an, während jetzt kein Historiker sie für eine Thatsache hält. Die Fabel tauchte i. J. 1261 auf, diese Päpstin aber würde bereits im 9. Jahrhundert gelebt haben. Kein Zeitgenosse erwähnt etwas von ihr, auch Photios und Anastasios Bibliothekarios schweigen. Die feierliche Verdammung des

Rhoidischen Werkes vergrösserte nur den Lärm, der sich darüber erhoben hatte. Auch Kleon Rhangavis Werk „Julianos“ wirbelte viel Staub auf, er hatte in der Vorrede die Ansicht ausgesprochen, der Koran stehe höher als das Evangelium und Julianos habe die beste Absicht gehabt, als er die Welt zum alten Heidentum zurückzuführen versucht habe. Die Synode verurteilte ihn deshalb.

Ferner hatten einige Professoren an der Universität in ihren Vorlesungen über Darwinismus diesen ihren Studenten nicht als einfache Hypothese, wie er es in Wirklichkeit ist, sondern als eine unbestreitbare wissenschaftliche Wahrheit hingestellt und waren zu Folgerungen gekommen, die nicht darin enthalten waren. Die heilige Synode übermittelte aus dieser Veranlassung dem Ministerium des Unterrichts ein Schriftstück und das Ministerium empfahl den Universitätslehrern die Vermeidung jeglichen Ärgernisses.

Auch die Schriften des A. Papadiamantopulos, die die Ausbreitung des Positivismus (θετικισμός) bezweckten, trugen antireligiösen Charakter. Der Positivismus, dessen Führer Comte und Littré sind, ist Skeptizismus oder eine Erneuerung des alten Pyrrhonismus. Seine Behauptung, nur das Sinnenfällige sei gewiss, führt zur Verwerfung aller religiösen Vorstellungen.

Auch die Übersetzung von Büchners „Kraft und Stoff“, die ganz unverhüllten Materialismus lehrt, bewegt sich in derselben religionsfeindlichen Richtung. Dieser Materialismus lehrt angeblich im Namen der Naturwissenschaften, aber bedeutende Naturwissenschaftler wie Virchow, Dubois Reymond und andere protestieren gegen diese Anmassung. Unter diesen Schriften, die das menschliche Gefühl erregten, ist auch die Schrift des Platon Drakulis „Licht von innen“ (Φῶς ἐκ τῶν ἔνδον), ein Werk voll von Wunderlichkeiten. Nach seinem System besteht der Mensch aus vier Teilen, Leib, Vernunft, Seele und Geist. Die beiden ersten bilden den männlichen, die zwei letzten den weiblichen Teil des Menschen. (!) Vermöge der Sinne und durch Beurteilung können wir nach der Theorie dieses Schriftstellers die Dinge nicht von Grund aus begreifen, dies geschieht vielmehr durch eine gewisse geheimnisvolle Kraft, durch eine „occulte Empfindung“ (αἴσθησις) d. h. höhere Eingebung, durch die wir das symbolische und geistige Wesen der Dinge erfassen. Der Zweck des Lebens ist die Ekchristosis (Verähnlichung mit Christus. Anm. d. Übers.), das Verständnis der Dinge durch jene starke Empfindung, die Erhebung zum Weiblichen, die Wertschätzung des Weibes und der Altruismus, d. h. das Aufhören des Unterschiedes eigenen und fremden Interesses. Dann erst wird man Christo, dem Urbild des Altruismus, ähnlich. Die Seele wird durch Seelenwanderung vollkommen und erhebt sich durch die Himmelssphäre oder die vier Zonen zur Gottheit und geht in ihr auf. Man kann diese Wunderlichkeiten als buddhistischen, christlichen kommunistischen Mystizismus charakterisieren. Diese Angriffe und Entstellungen des Christentums wurden die Ursache zu einer regen Übersetzungsarbeit christlich apologetischer Schriften, so der philosophischen Studien über das Christentum von Auguste Nikolas,[1]) der Studien Guizots, Luthardts Vorträgen, Flammarions Werk „Gott in der Natur“, des Scheidemacherschen Werkes gegen den Materialismus und anderer oder sie verfassten selbst apologetische Werke. Hierher gehören die sehr bedeutenden Schriften des Joannes Skaltzunis „Religion und Wissenschaft“, „Psychologische Studien“, „Über den Menschen, Harmonie der Wissenschaft und des Christentums“, „Christologie“ u. a., in denen die Ideen der Feinde des Christentums mit den eigenen Waffen der Naturwissenschaft widerlegt wurden.

§ 49.

Fanatiker. Papulakis. Makrakis.

Zwei Fanatiker, Christophoros Papulakis (1852) und Apostolos Makrakis, der seit 1863 in Athen lebte, brachten die Kirche von Hellas in Aufregung.

Papulakis, ein einfacher Mann ohne jede Bildung, aber

[1]) Französ. Philosoph. d. 19. Jahrh. Er schrieb Meditations philos. sur le christianisme 3. B.B. Anm. d. Übers.

ein schlauer alter Mönch, wanderte in Hellas umher und predigte dem Anschein nach Busse und Umkehr zu den alten Sitten der Väter, in der Hauptsache aber bekämpfte er jeden Fortschritt in Staat und Kirche, schmähte das katholische Königshaus und die Universität und die Schulen als Brutstätten der Gottlosigkeit. Seine Lehre hatte einen bildungsfeindlichen und anarchischen Charakter. Papulakis war das Organ der mit der Regierung Ottos und der Neuordnung der kichlichen Verhältnisse unzufriedenen Elemente. Seine Predigten erregten besonders in Maina das Volk so sehr, dass sich dasselbe gegen die bestehenden Verhältnisse empörte. Vergeblich waren die Bemühungen der Synode, durch Prediger, die sie dahin schickte, die Aufregung zu beschwichtigen. Kaum vermochte der General Gennaeos Kolokotronis den Aufstand in Maina mit bewaffneter Macht zu dämpfen. Papulakis wurde aufgegriffen, verurteilt und in einem Kloster auf Andros eingesperrt. Dort starb er kurz darauf.

Eine ganz ähnliche Erscheinung ist Makrakis, ein hochgebildeter Laie, aber gestörten Verstandes und mit Religionsschwärmerei und Fanatismus behaftet. Er hielt sich für einen Gesandten Gottes, der den Logos in sich trage, und predigte, er sei der Sohn der Maria und ein Bruder Christi. Seit 1863 begann er durch Predigen auf den Plätzen Athens, ganz besonders auch durch die Presse (die Zeitungen *Δικαιοσύνη*, *Λόγος*, *Κήρυγμα*) und durch andere religiöse und philosophische Werke[1]) seinen Kampf gegen den Staat als das Werk des Satans, gegen die im Irrtum befindliche und verderbte Kirche und gegen die unwahre Bildung des Volkes, weshalb er die Universität auch Panskotistirion (Allverfinsterungsanstalt) nannte. Makrakis und seine Schüler hielten sich für die auferstandenen Zeugen der Offenbarung, die in den Wolken zur Wiederkunft Christi aufsteigen und dann wieder zur Erde zurückkehren würden, um über sie zu herrschen (Offenbarung Joh. 11, 11. 12. 13. Vergleiche auch des Makra-

---

[1]) Makrakis gab viele Werke heraus, so eine Einleitung in die Philosophie, e. Psychologie, Logik, Ethik, philosophische Theologie, Interpretation verschiedener Bücher der heiligen Schrift, Reden u. a. m.

kis Erklärung zu Apokal. 304. 306!). Makrakis lehrte unter anderem, der Agathangelos, unter dessen Namen einige lächerliche Prophezeihungen gehen, weissage von ihm und seinem Werke, auch habe er eine Vision gehabt, in der ihm die heilige Mutter des Herrn versichert habe, er und die Seinen würden Konstantinopel erobern und das Reich Gottes auf Erden stiften, und nach fünf Jahren (er sprach dies i. J. 1879) d. h. i. J. 1885 würde durch ihn die orientalische Frage gelöst werden (vergl. Logos 1879 No. 275)! Um Hellas nach seinen Ideen zu reformieren, errichtete er ohne Erlaubnis der Regierung nach seiner Methode eine eigene Schule, stiftete auch eine eigene Vereinigung oder Kirche, in der man bei der kirchlichen Fürbitte des Metropoliten von Athen nicht gedachte und als Priester fungierten seine Anhänger ohne die Erlaubnis des Metropoliten. In dieser Kirche reichten seine Anhänger oftmals ohne vorheriges Fasten und ohne Beichte das heilige Abendmahl. Die Beichte fand öffentlich in einer besonderen Versammlung unter Laien statt, auch Frauen hörten die Beichte von anderen Frauen. Er stützte sich auf eine ganz willkürliche und seltsame Schriftauslegung, besonders der prophetischen Bücher und lehrte sonst viele andere Wunderlichkeiten und Irrtümer. Unter diesen heben wir besonders hervor, der Mensch bestehe aus Leib, einer sterblichen Seele und einem unsterblichen Geiste und dieser letztere sei der Geist Gottes, der dem Menschen bei der Taufe geschenkt werde, ferner sei Christus rücksichtlich seiner Seele erst in der Taufe vollkommen geworden, denn damals habe er seinen dritten Grundbestandteil, den Geist, empfangen. Er spricht auch von einer Vermählung Gottes mit der Maria, bezeichnet Gott als verheiratet und redet von Gottesehe (vergl. Logos, Januarblatt 1891)! Makrakis besass von Anfang an für die ungebildeten Massen, die seine masslose Geschwätzigkeit bewunderten, eine grosse Anziehungskraft, auch viele von den halbgebildeten Klerikern, die ihn für einen warmen Freund der Kirche hielten, waren ihm wohlwollend gesinnt. Seine Zeitung „Logos“ wurde sogar seitens der Synode empfohlen. Einige höhere Geistliche unterstützten ihn sehr, zum Teil aus Fanatismus, zum Teil aus Furcht vor diesem Manne, dessen

Dreistigkeit und Schamlosigkeit jeden insultierte. Auf diese Weise übte Makrakis mit der Zeit eine bedeutende Gewalt aus. Diese Gewalt war ein Erfolg seines Eifers für die Kirche — nichts, was ihm in ihr unrichtig erschien, liess sein Wagemut unberührt und damit imponierte er der Menge —, ein Erfolg seines reichen Wissens, wenn seine Schriften und Reden auch zusammenhangslos und verworren waren, seiner gewaltigen Beredsamkeit, die allerdings mehr marktschreierische Deklamation als wahre Rednerkunst war, und vor allem seiner Kühnheit, mit der er all und jedes insultierte. Seine Anhänger schlossen sich zu zwei Vereinigungen zusammen, einer religiösen „Johannes der Täufer" und einer politischen „Konstantinos der Grosse" genannt. Dieser letztere Verein gab vor, er werde die orientalische Frage lösen und ohne Kampf die griechische Nation nach Konstantinopel zurückführen. Dabei wurde der Fanatismus seiner Anhänger gegen die Gebildeten, die sie als Freimaurer verhöhnten, von Tag zu Tag stärker. Im J. 1867 verfolgten seine Anhänger in Patrae junge Studenten angeblich, weil es Freimaurer seien, und brannten auch ein Gebäude nieder, das den Mittelpunkt für jene bildete. Selbst die Universität beabsichtigten sie, wenn möglich, niederzubrennen.

Dies alles versetzte die Synode in grosse Unruhe und liess sie auch die Gefahr erkennen, die entstehen konnte, wenn sich des Makrakis Kühnheit auch gegen sie wendete. Sie hatte nämlich gegen die, i. J. 1876 vor einem ausserordentlichen Gerichtshof, der das Ministerium Vulgaris [1]) verurteilte, der Simonie überführten Bischöfe Averkios von Patrae, Kompothekras von Kephallinia und Argyriadis von Messinia Milde geübt, sie nicht zur Amtsentsetzung, sondern nur zu dreijähriger Suspension verurteilt und sie gezwungen, von ihren Bischofssitzen zu weichen. Die heilige Synode hatte die volle Berechtigung, Milde zu üben Auch die alten Synoden und die alten Väter verfuhren, so oft es

---

[1]) Das Ministerium Vulgaris war vor Gericht der Simonie überführt worden. Dabei kam zu Tage, dass diese 3 Bischöfe in Simonie verfallen waren. Anm. d. Übers.

nötig erschien, nachsichtig. Den von ihren Bischofssitzen verwiesenen Geistlichen gestattete man überall im Königreiche, soweit die Ortsbischöfe nichts dagegen hatten, priesterliche Funktionen zu verrichten. Nur in Athen, im Piraeevs und in ihren früheren Sprengeln war ihnen dies verboten. Später wurde auch diese Beschränkung aufgehoben. Seitdem nannte Makrakis alle Synodalen Simonisten und forderte den Klerus und das Volk auf, sie nicht anzuerkennen. Seine Anhänger aus den Reihen des Klerus, die der höchsten kirchlichen Behörde allen Gehorsam verweigerten, erklärten sich als Rebellen. Die Geduld der Synode konnte unmöglich grösser sein.

Im J. 1879 verurteilte die Synode durch eine Encyklika erst die Ideen des Makrakis, dann neun anerkannte Anhänger des Makrakis (die bedeutendsten derselben waren Mitropulos, Matthaeopulos und Vlachopulos), die in verschiedenen Klöstern interniert wurden, und machte schliesslich dem Makrakis, der durchaus keine Vernunft annehmen wollte, wegen Vergehens gegen die gesetzlich anerkannte Staatsreligion und wegen Gründung einer neuen Sekte den Prozess. Die Regierung löste die Schule des Makrakis auf und schloss auch seine Kirche, er selbst wurde hinterher auf Grund der gegen ihn erhobenen Beschuldigungen eingekerkert und von der Strafkammer zu zweijähriger Einzelhaft verurteilt. Gleichzeitig klagte man ihn wegen Beschimpfung der Synode und des Metropoliten an, der Gerichtshof erkannte gegen ihn auf Gefängnis. Kurz darauf strengte man auch wegen Verbreitung religionsfeindlicher Anschauungen und gegen die staatliche Ordnung gerichteter Umsturzideen gegen ihn einen Prozess an, der ihm aufs neue zwei Jahre Gefängnis einbrachte (1881). Dagegen legte er beim Areopag Berufung ein und erreichte auch, dass man von dieser Seite aus gegen das Urteil der Strafkammer in Athen Widerspruch erhob (weil angeblich ein Diakon auf das Evangelium vereidigt worden war!), und dass die Anklage dem Obergerichtshof in Navplion zur nochmaligen Entscheidung überwiesen wurde. In der Zwischenzeit war er auf freiem Fusse und auch in der Folgezeit liess ihn die Regierung als der Beachtung unwert ausser Verfolgung. Im J. 1883 übertrug die Synode dem Bischof

Ambrosios von Platama halboffiziell das Direktorat der Rizarischen Schule, um auf diese Weise den klerikalen Teil des Makrakistischen Anhangs zur Rückkehr zu veranlassen. In der That sagte sich 1884 der grösste Teil seines Anhangs unter den Klerikern (6 an Zahl, unter ihnen Mitropulos, Vlachopulos und Matthaeopulos) von Makrakis los und söhnten sich nach Veröffentlichung einer Schrift, in der sie des Makrakis Anschauungen desavouierten, mit der Kirche aus. Und wenn ihre Kundgebung im Aeon (vom 14. Juni 1884) sich auch ausserordentlich milde gegen Makrakis ausdrückt, so kam es doch zwischen ihm und ihnen zum völligen Bruch. Gleich wie sie liessen auch seine bedeutendsten Anhänger aus dem Laienstande wie Mich. Galanos und K. Dialismas den Makrakis im Stich. Doch blieb dem Makrakis der fanatischere Teil seiner Anhänger treu, mit ihnen arbeitete er auch fernerhin für seine Ideen. Häufig unternahm er Reisen durch die Provinzen des Landes, auf denen er seine thörichten Anschauungen verbreitete und aller Orten Unruhen erregte. Derartige Unruhen brachen i. J. 1885 in Kalamae aus, wo die Beleidigungen, die er gegen den Klerus richtete, die Regierung zwangen, ihm die Redefreiheit zu entziehen. Im J. 1887 richtete er von neuem seine Schule auf. Sein fanatischer Anhang schloss sich auch hierbei eng an ihn an und arbeitete eifrig in seinem Sinne. Nach ihrer Ansicht waren nur die Anhänger des Makrakis wahre Kleriker, auch erkannten sie die von dem Klerus der Kirche vollzogenen Sakramente nicht für gültig an, hoben jede Gemeinschaft mit diesem Klerus auf und glaubten, nur sie allein bildeten die wahre Kirche. Ihre Zahl beträgt etwa 5000 im Königreiche Hellas wie überhaupt im Orient. Die Makrakisten richteten viel Schaden an, sie machten den Klerus verächtlich, entfachten Hass gegen den Staat, die Kirche und die Wissenschaft, angeblich im Namen der Religion und verdummten und fanatisierten das Volk.

§ 50.

Theologische Schulen in Hellas. Die religiöse Bildung des Volkes. Kultus.

Der hellenische Klerus befand sich nach dem Befreiungskampfe in demselben Zustand tiefster Unwissenheit wie der übrige Klerus des Orients. Die mannigfachen Bemühungen seitdem, die auf seine Bildung hinzielten, zeitigten nur geringe Früchte. Die erste Schule zur Heranbildung des Klerus errichtete der Regent Kapodistrias in dem auf Poros liegenden Kloster des „Lebendigen Wassers“ (*μονὴ τῆς Ζωοδόχου Πηγῆς*), diese löste sich jedoch nach seinem Tode wieder auf. Zwei Lehrer unterrichteten in ihr in den Anfangsgründen der Wissenschaft. Im J. 1835 forderte die Synode von der Regierung die Errichtung einer kirchlichen Schule zur Ausbildung des Klerus, die aus den konfiszierten Einkünften der in den Jahren 1833 und 1834 aufgelösten Klöster erhalten werden sollte. Die Regierung errichtete die Universität und besass damit eine theologische Hochschule. Als ihre ersten Professoren berief sie den Pharmakidis,[1] den Kontogonis und den Misail (1837). In dieser Hochschule erhalten die höheren Geistlichen, die Prediger und allgemein die Lehrer der heiligen Schrift bis heute ihre Ausbildung. Um die kirchliche Bildung in Hellas, von der sie grossen Segen für das Volk erhofften, zu stärken, gründeten die berühmten vom Ipiros stammenden Rizarischen Brüder eine kirchliche Schule, „die Rizarische“ genannt und statteten sie testamentarisch mit reichen Mitteln aus. Auch diese Schule dient in hohem Grade der Ausbildung des Klerus. Sehr viele, die in ihr ihre Bildung genossen haben, sind heute Pfarrer, Priester, höhere Geistliche, Professoren der Theologie und Lehrer der Priester. Auch als

---

[1]) Dieser war Schriftführer der Heiligen Synode, liess sich aber nicht bewegen, Vorlesungen zu halten. An dieser Schule unterrichteten die später berufenen Professoren Liveropulos, Kleopas, der nachmalige Erzbischof Lykurgos von Syros († 1875), der jetzige Erzbischof Theoklitos Vimpos (*Βίμπος*) von Mantinia, Rhompotis († 1875), Nikiphoros Kalogeras († 1896), Nikolaos Damalas († 1892) und Panagiotis Pavlidis († 1895).

Vorschule für die Studierenden der theologischen Fakultät an der Universität ist diese Schule von hohem Wert. Für die Ausbildung der einfachen Pfarrer errichtete die Regierung i. J. 1856 drei niedere Priesterschulen in Syros, Chalkis und Tripolis, zu denen 1875 noch die Priesterschule auf Korfu hinzutrat. Leider lösten sich diese Priesterschulen langsam wieder auf. Bei der ungeheuren Armut der hellenischen Kirchen waren die Pfarrer hinsichtlich ihres Lebensunterhaltes auf die überaus armseligen freiwilligen Beiträge ihrer Parochianen angewiesen und bis heute ist für einen angemessenen und würdigen Unterhalt des Klerus noch keine andere Fürsorge getroffen worden, da ein besonderer Kirchenschatz, den man für diese Zwecke aus den reichen Einkünften der Klostergüter zu schaffen beabsichtigte, bis heute nur frommer Wunsch blieb, aber nicht zur Wirklichkeit gelangte.[1] Zwar entsprachen die Erfolge dieser kirchlichen Schulen keineswegs den Erwartungen des Volkes, stifteten aber immerhin überall viel Segen.

Es genügt nicht, wenn sich die kirchliche Bildung nur auf den höheren Klerus, besonders die Bischöfe und Prediger beschränkt. Es liegt die absolute Notwendigkeit vor, dem Klerus wie dem Volke eine allgemeine und ernsthafte religiöse Bildung zugänglich zu machen. Um Klerus und Volk auf dem Gebiete der religiösen Bildung zu fördern, trat i. J. 1875 in Athen ein aus den Professoren der theologischen Fakultät und anderen Gebildeten sich zusammensetzende „Bruderschaft der Christenfreunde" (*Ἀδελφότης τῶν φιλοχρίστων*) ins Leben, die aber sich bald darauf wieder auflöste. Später entstanden noch andere religiöse Vereinigungen, die denselben Zweck hatten, so „Der Heilige Paulos", „Die Heilige Verbindung" (*ὁ Ἱερὸς Σύνδεσμος*), und die „Reform" (*ἡ Ἀνάπλασις*).

---

[1]) Die wirtschaftliche Lage der Pfarrer würde sich merklich bessern, wenn ihre Zahl sich verringern würde. Dann würden auch die freiwilligen Beiträge der Parochianen zu einem angemessenen Lebensunterhalt des Klerus vielleicht genügen, selbst wenn diese geringere Anzahl sich Bildung angeeignet haben würde. Wenn etwa 250 Familien auf jeden Pfarrer kämen, so könnten diese mit Leichtigkeit einen solchen unterhalten.

An der Spitze dieses letzten Vereins stand zuerst Alexandros Rhankavis (Ῥαγκαβῆς), später der Metropolit Germanos und zuletzt J. Skaltzunis, unter dem der Verein eine äusserst rege Thätigkeit entwickelte. Er liess unter der Chefredaktion des Joannis Skaltzunis und der Leitung des M. Galanos eine bedeutende kirchliche Zeitschrift, „Die Anaplasis“, erscheinen, richtete öffentliche religiöse Unterrichtskurse zur religiösen Weiterbildung des Volkes in Athen und im Piraeevs ein und suchte durch Reiseprediger auch ausserhalb Athens für seine Bestrebungen zu wirken. Es gibt noch eine ganze Reihe anderer religiöser Blätter, die von Anfang an die religiöse Bildung des Volkes ins Auge gefasst hatten, so die „Evangelische Trompete (Εὐαγγελικὴ Σάλπιγξ), der „Evangelische Herold“ (Εὐαγγελικὸς Κῆρυξ), der „Heilige Beobachter“ (Ἱερομνήμων), die „Orthodoxe Rundschau“ (ἡ Ὀρθόδοξος Ἐπιθεώρησις), die „Religiöse Stimme“ (ἡ Θρησκευτικὴ Φωνή), das „Orthodoxe Echo“ (ἡ Ἠχὼ τῆς Ὀρθοδοξίας), „Sion“, „Retter“ (Σωτήρ), die „Heilige Vereinigung“ (ὁ Ἱερὸς Σύνδεσμος), die „Liebe“ (Ἀγάπη), die „Menschenliebe“ (ἡ Φιλανθρωπία) und die „Christliche Wahrheit“ (ἡ Χριστιανικὴ Ἀλήθεια). Allein trotz all dieses Eifers blieb die religiöse Bildung des Volkes wie des Klerus bei uns noch ungeheuer mangelhaft.

Und doch bedürfen wir notwendigerweise zur religiösen Leitung des Volkes eines gebildeten Klerus. Nur wenn der Klerus ein bestimmtes Mass von Bildung besitzt, kann die Kirche ihre grosse Aufgabe erfüllen, die Lehrerin der religiösen und ethischen Wahrheiten zu sein und nach ihnen das Leben und die Sitten der Völker zu gestalten. Ein Volk ohne Bildung verfällt dem Aberglauben, der stetigen Begleiterin der Unwissenheit, oder der religiösen Gleichgültigkeit, die die Sittlichkeit nur schädigt. Ein Klerus, der dem hellenischen Volke zum Segen wirken will, darf hinsichtlich seiner geistigen Entwicklung nicht hinter den Gebildeten des Volkes zurückstehen, sondern muss mit ihm fortschreiten, sonst wird er weder die wahren religiösen Bedürfnisse desselben verstehen, noch irgend welchen Einfluss ausüben können.

Der Kultus nahm in Hellas seit kurzer Zeit einen gewissen Aufschwung. In Athen besonders baute man in der

Neuzeit eine Anzahl sehr schöner Kirchen, so die Kirche der Mitropolis, des heiligen Nikodimos (russische Kirche) und die der heiligen Irini. Die Kirche der Mitropolis besitzt die Gebeine des berühmten Patriarchen Gregorios V., jenes ersten Opfers der Freiheit. In dem daneben stehenden Kirchlein des heiligen Elevtherios liegt der 1884 in Elatia aufgefundene Stein aus Kana in Galilaea, über den eine alte Überlieferung berichtet, er stamme von Kana, wo die bekannte Hochzeit stattgefunden habe.[1]) Auch die heilige Malerei entwickelte sich. Die genannten Kirchen enthalten sehr gute Bilder, Werke fremder und einheimischer Maler, die eine längere Ausführung wert wären.

Auch die kirchliche Musik begann sich merklich zu heben.

Ausserdem besitzt Athen eine ganze Reihe alter byzantinischer Kirchen, so die Kirchen des heiligen Nikodimos, der Kapnikarea, der heiligen Theodore und das Kirchlein des heiligen Elevtherios nahe bei der Mitropolis. Besonderer Erwähnung wert ist die Byzantinische Kirche in Daphni, wo man die herrlichsten Mosaikbilder findet. Diese Mosaikgemälde wurden 1892, 1893 und auch später noch von einem gewissen Novio aus Venedig, einem Spezialisten in diesem Fach, ausgebessert, da man ihren Verfall befürchtete. Für die Erhaltung dieser Mosaiken, sowie allgemein für die Sammlung und Konservierung der christlichen Altertümer in Hellas ist die seit einigen Jahren bestehende „Christliche archäologische Gesellschaft“ in ausserordentlich anerkennenswerter Weise thätig.

---

[1]) Der Stein trägt die Aufschrift „Ein Stein von Kana in Galiläa, wo der Herr Wasser in Wein verwandelte“. Er wurde von dem französischen Archäologen P. Paris aufgefunden. Diehl sagt, Antoninos von Placentia erwähne im 6. Jahrhundert sein Vorhandensein in Kana. Er wurde nach Konstantinopel gebracht, von da schafften ihn die Franken nach der Eroberung Konstantinopels nach Elatia (Bulletin de corr. hell. janv. 1885. 28).

§ 51.

Die kirchlichen Schriftsteller in Hellas.

Beziehentlich der neusten kirchlichen Litteratur in Hellas ist folgendes zu erwähnen. Die bedeutendsten kirchlichen Schriftsteller in Hellas waren in der Neuzeit unstreitig Theoklitos Pharmakidis und Ikonomos (Οἰκονόμος).

Pharmakidis war ein geistvoller Mensch, im Besitz einer tiefen wissenschaftlichen Bildung und ein Freund der Freiheit und des Fortschrittes in Kirche und Staat. Ihm verdankt die hellenische Kirche ihre Unabhängigkeit und ihre Organisation. Er studierte bis 1821 Theologie in Göttingen, wohin ihn der Philhellene und Freund der orthodoxen Kirche Gilford geschickt hatte, um ihn an der in Aussicht genommenen Akademie auf Korfu als Professor zu verwerten. Sobald aber der griechische Aufstand zum Ausbruch kam, brach er seine Studien ab und eilte als echter Hellene in die Reihen seiner kämpfenden Brüder, um an der Befreiung seines Vaterlandes thätigen Anteil zu nehmen. Um seine Gelehrsamkeit und Verdienste zu ehren, ernannte ihn die in Tripolis tagende Nationalversammlung zum Vorsteher der Schulangelegenheiten und Volksbildung, doch war er wegen der ungeregelten Zustände seines Vaterlandes nur wenig im stande, seines Amtes zu warten. Da er sich verpflichtet hatte, auch an der unterdessen gegründeten jonischen Akademie einen Lehrstuhl einzunehmen, ging er i. J. 1823 dahin, nachdem ihn der bekannte Gilford wiederholt dazu aufgefordert hatte. Im J. 1825 kehrte er zu seinen in Hellas kämpfenden Brüdern wieder zurück, bekleidete dort verschiedene hohe Ämter, wurde Redakteur des Regierungsorgans und wohnte verschiedenen Nationalversammlungen bei. Der liberale Pharmakidis wurde aber, wie so viele andere Männer von Bildung von Kapodistrias verdrängt. Der geschäftsführende Ausschuss von Hellas berief ihn nach dem Tode desselben i. J. 1832 zum Vorsteher der Schulen auf Ägina. Im Juni 1833 ernannte ihn die Regentschaft zum Schriftführer der Synode. Oben sahen wir, dass Pharmakidis als Mitglied des Prüfungskomitees für die kirchlichen Zustände der hellenischen Kirche mit allen Mitteln auf die Proklamation der Unabhängigkeit der hellenischen Kirche und die Errichtung einer Synode unter Aufsicht des Staates als höchster Behörde drängte. Ausser seiner Stellung als Schriftführer bekleidete er auch das Amt eines Professors in der theologischen Fakultät der Universität (1837). Doch konnte er wegen seiner zeitraubenden Arbeiten in der Synode seine akademische Lehrthätigkeit nicht ausüben. Nach der Verurteilung des Kairis galten, da seine politischen Feinde in der Regierung eine führende Stellung inne hatten, auch seine religiösen Ansichten für verdächtig. Er gab deshalb sein theologisches Lehramt auf und wandte sich 1839 der Philologie zu, auch von seiner Stellung als Schriftführer der Synode entband man ihn. Damals liess Pharmakidis seine „Apologia“ erscheinen, in ihr wies er den gegen ihn erhobenen Vorwurf der Gottlosigkeit als reine Verleumdung zurück. Lange schon stand Pharmakidis in den frömmelnden Kreisen im Rufe der Gottlosigkeit, ihre Gründe finden wir in seinem Eintreten für die Bibelübersetzungen, seiner nicht unfreundlichen Stellung gegenüber den Missionaren und in seinem Eifer, den Kairis zu retten. Rücksichtlich der Bibelübersetzungen wies er darauf hin, wie die orientalische Kirche alle Zeit diese mit Dank begrüsst hätte, und führte die mit Genehmigung der Patriarchen Kyrillos und Grigorias herausgegebenen Übersetzungen und die Meinung der russischen Theologen, besonders des bekannten Prokopowitsch, als Beispiel an. Zweitens betonte er, so lange die Missionare sich auf Verbreitung der heiligen Schrift und Jugendunterricht beschränkt hätten, hätte niemand an ihnen etwas Verdächtiges gefunden und drittens glaube weder er noch irgend ein Gebildeter jene über Kairis umlaufenden Gerüchte. Später i. J. 1844 berief man ihn wieder zum Schriftführer der Synode. Als die Synode und die Regierung i. J. 1850 die Anerkennung der Unabhängigkeit der hellenischen Kirche beim Patriarchen von Konstantinopel nachsuchten, gab er aus Besorgnis, Hellas möchte dabei eine Demütigung erleiden, seiner Missbilligung über diesen Schritt offen Ausdruck. Daraufhin entsetzte man ihn seiner Stellung als Schriftführer der Synode, er aber vereitelte durch seine aufsehenerregende Schrift „Der Tomos der Synode oder ein wahres Wort" („Ὁ Συνοδικὸς Τόμος ἢ περὶ ἀληθείας") die Annahme dieses Tomos seitens Hellas als Beleidigung (§ 44). Auch fern von der Synode übte er als Privatmann auf die kirchlichen Verhältnisse einen grossen Einfluss aus. Ausser seiner „Apologie" und seinem „Synodaltomos" schrieb Pharmakidis Abhandlungen über „Zacharias, den Sohn des Barachias", „Germanos Pseudonymos" (1838), „Über den Eid" (1849) und „Über das Plappern" (1849), die sämtlich von seiner hervorragenden theologischen Bildung Zeugnis ablegen.

In seinem Werke über Zacharias dem Sohne des Barachias kritisiert er die Abhandlung des Ikonomos in der von Germanos herausgegebenen „Evangelischen Trompete". Er wies darin die Annahme zurück, jener Zacharias sei der Vater Johannes des Vorläufers, und wies nach, dieser Zacharias sei vielmehr der 2. Chron. 24, 20 erwähnte Zacharias, Sohn des Jojadas. Ikonomos veröffentlichte unter dem Namen des Germanos eine Gegenschrift. Daraufhin schrieb Pharmakidis seinen Pseudonymos Germanos und behauptete, nicht alle persönlichen Ansichten der Väter seien, wie dies Ikonomos anzunehmen scheine, unfehlbar. Auch in seiner Schrift „Über das Plappern" widerlegte er die Auslegung, die Ikonomos in der „Trompete" veröffentlicht hatte. Ikonomos meinte, Plappern bedeute angeblich nur ein Bitten um abgeschmackte, unschickliche Dinge, während Pharmakidis nachwies, dass das Evangelium nur Vielrederei und Geschwätzigkeit beim Beten meine. Pharmakidis ist für kurze Gebete, während Ikonomos für lange Gebete eintritt. Auch in der Schrift „Über den Eid" wendet er sich gegen Ikonomos, der nicht einmal vor Gericht den Eid guthiess, sondern behauptete, der Eid sei überhaupt verboten. Pharmakidis meint, nur der Eid bei geringfügigen Dingen sei verboten, nicht aber in ernster Lage, besonders wenn der Staat ihn fordere. In den alten Synoden seien die Bischöfe auf die Evangelien vereidigt worden. Auch die Verpflichtung zum Priesteramt sei nichts anderes als eine Art Eid.

Pharmakidis und Ikonomos standen in allen kirchlichen Fragen als Gegner gegenüber, in ihrer geistigen Begabung waren sie ebenso wie in ihrer Bildung direkte Gegensätze. Pharmakidis war sehr liberal, seine Bildung erhielt er in Deutschland, Ikonomos war dagegen äusserst konservativ, seine Bildung entsprang dem Studium der Väter der Kirche. Der erstere wollte eine Reform der kirchlichen Verhältnisse in Übereinstimmung mit dem Fortschritt und den Bedürfnissen der Neuzeit, der andere wollte alles beim alten lassen. Pharmakidis suchte nur auf wissenschaftlichem Wege etwas als richtig nachzuweisen, Ikonomos nahm alles, was die Alten gesagt hatten, als richtig hin. Diese beiden Richtungen, die liberale und die konservative sind in der Kirche wie im Staate nötig. Die erste drängt zur fortschrittlichen Weiterentwicklung, die andere konserviert alles, was aus der Zeit des Altertums erhalten bleiben muss. Die eine Richtung mildert die andere. Eine ohne die andere wird in Übertreibungen verfallen und so schädlich wirken. Die Kirche bedarf der fortschrittlich gesinnten ebenso wie der konservativen Theologen, und diese beiden gleichmässig hervorragenden Theologen waren der Art.

Ein Werk, das die Gelehrsamkeit des Pharmakidis in schätzenswerter Weise darlegt, ist seine Ausgabe des Neuen Testamentes mit der Erklärung des Zygadinos und anderer Ausleger, die er durch eine Menge eigener Anmerkungen bereicherte. Die Auslegung des Zygadinos erstreckt sich nur auf die Evangelien, weil damals dessen Auslegung der übrigen Teile des Neuen Testamentes noch nicht aufgefunden waren. Für die Apostelgeschichte, die paulinischen und katholischen Briefe benutzte er die Erklärung des Ikonomos und für die Offenbarung Johannis die Erklärungen des Aretas und Andreas von Caesarea. Er hinterliess auch ein noch unediertes bedeutendes aber leider unvollendetes Werk über den Primat des Papstes. Pharmakidis war ein wissenschaftlich gebildeter Theolog und ist wert, dass die jungen hellenischen Theologen ihn sich zu ihrem Vorbilde nehmen. Er verfügte besonders über reiche historische Kenntnisse. Er liebte, wie dies ja einem wissenschaftlich Gebildeten zukommt, die Wahrheit und schätzte die freie Forschung hoch.[1] Pharmakidis sah in

---

[1]) Pharmakidis trug kein Bedenken, in seinem „Synodaltomos oder

Übereinstimmung mit Evgenios, Korais und allen den Freunden der Wissenschaft in der wissenschaftlichen Bildung des Klerus das einzige Mittel einer Wiederaufrichtung der Kirche. Er starb i. J. 1860.

Ikonomos, der Gegner des Pharmakidis war ein tiefgelehrter Mann und besonderer Kenner der Litteratur der Kirchenväter. Zunächst war er zusammen mit Kuma Lehrer an dem philologischen Gymnasium in Smyrna, wurde dann nach dem Ausbruch des Befreiungskampfes Hierokiryx der grossen Kirche in Konstantinopel, von da floh er nach Russland, dessen Regierung ihn hoch in Ehren hielt und bis zu seinem Tode unterstützte. In Odessa hielt Ikonomos jene vielbesprochene Leichenrede auf Grigorios V. Im J. 1834 nach der Wiederherstellung der Verhältnisse wandte er sich nach Hellas. In seinen Werken „Über die neuhellenische oder neugestaltete Kirche", „Eine Kritik der Erwiderung des Vamvas", „Ein Beitrag in Briefform über die priesterlichen Stufen" bekrittelte er die Neuordnung der kirchlichen Verhältnisse in Hellas. Er kämpfte auch, wie wir bereits erwähnten, gegen die Bibelübersetzungen und schrieb in dieser Absicht sein tiefgelehrtes Werk „Über die Septuaginta", in welchem er den hohen Wert dieser Übersetzung darzuthun suchte. Dieses vierte Werk ist das weitaus bedeutendste seiner wissenschaftlichen Erzeugnisse. Er beginnt mit dem Briefe des Aristeas, der von der Septuaginta handelt, tritt für dessen Echtheit ein und bekämpft dann die Ansicht neuerer Forscher, nach der die Septuaginta-Übersetzung nach und nach und von verschiedenen Interpreten angefertigt sei. Er findet die Sprache der Septuaginta sehr deutlich, grammatisch und syntaktisch fehlerlos wie die Werke der klassischen Zeit und graziös. Den hebräischen Urtext hält er für verderbt und schreibt dagegen der Septuaginta göttliche Inspiration zu. Die Apokryphen stellt er den kanonischen Büchern der heiligen

---

ein wahres Wort" über viele Verhältnisse einen überaus kühnen Ton anzuschlagen.

Schrift als gleichwertig zur Seite und macht von den wiederholten Revisionen der Septuaginta durch Origenis, Isychios (Ἡσύχιος) und Lukianos und von den verschiedenen Auflagen derselben viel Aufhebens. Im allgemeinen erschöpft er alle auf die Septuaginta bezüglichen Fragen mit bewundernswürdiger Genauigkeit, sucht überall die Anschauungen der neueren Forschung zurückzuweisen und billigt blindlings und ohne Prüfung alles, was die Alten gesagt haben.

Zwei Eigenschaften, Gelehrsamkeit und Beredsamkeit zeichnen den Ikonomos aus. Als kirchlicher Redner war er eine hervorragende Grösse. Seine „Reden" (*Λόγοι*) legen für sein Rednertalent Zeugnis ab. Allerdings waren seine Grundsätze im höchsten Grade konservativ, nur das aus alten Zeiten Stammende fand seine Billigung und Unterstützung.[1]) Aus diesem Grunde verehrte er einzig und allein die Väter und verachtete die neuere Wissenschaft und Theologie.

Ausser den oben angeführten Schriften veröffentlichte Ikonomos eine „Unterweisung in den Lehren des Christentums" (*Κατήχησις*), ferner „Drei Jahrzehnte Kirchengeschichte" (*Τριακονταετηρὶς ἐκκλησιαστική*) der Geschicke der hellenischen Kirche in den Jahren 1821—1850, in der er allgemein fast alles als verdammungswürdige Neuerungen verurteilt, und eine „Geschichte der Patriarchen in Konstantinopel" (die unter dem Namen des Mathas erschien), herausgegeben von Sophoklis Ikonomos. Seine „Drei Jahrzehnte" sind eine Antwort auf die entgegengesetzte Ansicht des Pharmakidis. In diesem Werke greift er die durch die Proklamierung der kirchlichen Autonomie in Hellas und die Berufung einer Synode in dieser Kirche geschaffene Neuordnung heftig an und tadelt es, dass man diese Unabhängigkeit ohne Zustimmung des ökumenischen Patriarchats geschaffen habe, und dass die Synode angeblich vom Staate abhängig sei. Ferner griff er einige Anordnungen der alten Kirchenverfassung wie auch verschiedene andere Handlungen der durch den allmächtigen Schriftführer Pharma-

---

[1]) Folgende Anschauungen seien beispielsweise angeführt: die Septuaginta sei inspiriert, die Übersetzung der heiligen Schrift in der Volkssprache sei schädlich, die Schriften des Dionysios des Areopagiten seien echt.

kidis geleiteten Synode an, besonders aber erhebt sich seine Schilderung bei der Verurteilung der Aufhebung der Klöster zu dramatischer Höhe. Im allgemeinen gibt er in seinen „Drei Jahrzehnten“ nur eine Übersicht und Wiederholung alles dessen, was er sonst schon in einzelnen Abhandlungen über diesen Gegenstand gegen Pharmakidis und Maurer, ein Mitglied der Regentschaft, als Urheber und Schöpfer der neuen Ordnung veröffentlicht hatte.

Die anderen Werke des Ikonomos sind folgende: „Entwurf einer kirchlichen Akademie“, „Verschiedene Abhandlungen“, „Zacharias, der Vater des Vorläufers“, „Kings Überführung“, „Von der Synode in Konstantinopel vom Jahre 1451“, deren Realität Allatios ableugnet, „Verteidigung meines Religionsunterrichts“, rücksichtlich dessen ihn einige (die noch konservativer als Ikonomos waren) falscher Darlegungen beschuldigten, ein Prolog zu dem „Dekalog des Palamas“, „Anmerkungen zu der Denkschrift des Konstantinos Schinas über die hellenische Kirche“, „Erwiderung auf den unvorbereiteten Beitrag des Misail Apostolidis über den Ursprung der Patriarchen (*περὶ ἀρχῆς τῶν πατριαρχῶν*)“, die i. J. 1843 anonym erschien, und „Über die Pflichten der Priester“. Alles das ist in der Gesamtausgabe der Werke des Ikonomos enthalten, die sein Sohn i. J. 1864 besorgte. Ikonomos starb i. J. 1857. Sein Sohn Sophoklis Ikonomos veröffentlichte auch die Amphilochien des Photios mit Anmerkungen und einige andere kirchliche Monographien, die ganz im Sinne seines Vaters geschrieben waren.

Unter die wissenschaftlich gebildeten Kleriker des neueren Hellas sind ausser den genannten noch folgende zu rechnen.

Vamvas (*Βάμβας*) studierte in Europa (besonders in Frankreich) Physik, Mathematik und Philosophie, arbeitete zur Zeit der Volkserhebung für sein Vaterland Hellas, wurde Professor an der jonischen Akademie und erhielt nach Wiederherstellung geordneter Verhältnisse eine Professur in der philosophischen Fakultät der Universität. Seine Schriften waren zumeist philosophischer und philologischer Art. Er schrieb aber auch auf Grund des Evangeliums „Grundzüge der Ethik“ für die studierende Jugend und „Kanzelberedsamkeit“ für den Klerus. Mit seinen Werken, der „Gedrängten Erwiderung auf die Abhandlung des Ikonomos von der neuhellenischen oder neugebildeten Kirche“ und seiner „Entgegnung“ auf die Kritik desselben stellte er sich an die Seite des Pharmakidis und unterstützte die Neuordnung der kirchlichen Verhältnisse in Hellas. Auch an der Übersetzung der heiligen Schrift beteiligte er sich in wirksamster Weise. Aus dem Englischen übersetzte er das Schriftchen „Innerliche Beweise für die Inspiration der heiligen Schrift“. Vamvas besass liberale Ansichten ähnlich wie Pharmikidis, dessen Ideen von den Bedürfnissen der Kirche er teilte († 1855).

Dukas war in Bukarest Lehrer unter Lampros Photiadis, dessen Nachfolger im Direktorat und wurde schliesslich Vorsteher des von Kapodistrias auf Ägina gegründeten Waisenhauses. Er beschäftigte sich mit philologischen Arbeiten, ferner mit der Herausgabe, Übersetzung und Auslegung der klassischen Schriftsteller, schrieb aber auch mehrere philosophische Werke. Nur einige Dialoge, die er in althellenischer Sprache abfasste, behandeln religiöse Gegenstände. Es existiert auch ein ungedrucktes Werk des Dukas mit dem Titel: „Über kirchlichen Anstand und Ordnung, über die Bildung der Priester und die Verurteilung der Übel, die aus Unbildung und Aberglauben in den Zeiten der Gewaltherrschaft in die heilige Kirche Christi hineingekommen sind.“

Dukas trug zur Verbreitung hellenischer Bildung im hellenischen Volke während des 19. Jahrhunderts wie wenige bei. Seine zahlreichen Werke liess er auf eigene Kosten drucken und verschenkte die meisten an Freunde der Wissenschaft. Schon vor 1821 liess er den Thukydidis, Arrian, Dion Chrysostomus, Maximos Tyrios, die attischen Redner, den Apollodor, den Palaephatos, Herodianos, Aeschinis, drei hellenische Grammatiker, Pädagogiken und Lexika erscheinen. Dann gab er den Homer mit Übersetzung, die drei Tragiker, den Aristophanis und den Theokritos heraus. Europäische Sprachen waren ihm bekannt, er war aber ein vorzüglicher Kenner der hellenischen Sprache. Die mangelnde Bildung des Klerus verursachte ihm tiefen Schmerz, er behauptete, seine Unwissenheit sei die Ursache, dass der grösste Teil des Volkes Mythen und abergläubische Vorstellungen in seinen Glauben mische oder sich nur auf die Beobachtung äusserer religiöser Formeln beschränke. Seine Hoffnung auf eine Besserung der Kirche setzte er, ähnlich wie Korais, auf eine Aufklärung und Erleuchtung des Klerus durch wahre wissenschaftliche Bildung († 1845).

Konstantas arbeitete eifrig an der nationalen Unabhängigkeit (1844). Er war in Ägina als Lehrer thätig und schrieb philosophische und philologische Werke.

Ihn und den Wiener Pfarrer Gazis (*Γαζῆς*), den Herausgeber des Logios Ermis seit 1811, und alle die oben genannten gelehrten Kleriker nebst Korais und einigen anderen Gelehrten, wie Lampros Photiadis, Konstantinos Vardalachos (*Βαρδάλαχος*), Dionysios Pyrrhos und Venjamin (*Βενιαμὶν*) ehrt das dankbare Hellas als die Lehrer des Volkes. Ihnen verdankt es die Ausbreitung der Bildung im hellenischen Volke, einer Bildung, die im Volke das nationale Bewusstsein alle Zeit lebendig erhielt.

§ 52.

Fortsetzung. Die übrigen kirchlichen Schriftsteller.

Hierzu kommen noch folgende Verfasser theologischer Werke.

Misail war zuerst Professor der Theologie an der Universität Athen, dann Erzbischof von Patrae und zuletzt Metropolit von Athen. Anfänglich trat er für die Unabhängigkeit der hellenischen Kirche mit Wort und Schrift ein, später rechnete man ihn unter die Feinde dieses Gedankens, er schrieb auch eine Ethik († 1862).

Kontogonis, ein überaus fleissiger Schriftsteller, war (seit 1837) Professor der Theologie an der Universität Athen und bereicherte die neuere kirchliche Philologie in Hellas durch eine „Hebräische Archäologie“, eine „Patrologie“ (bis zum 4. Jahrhundert), eine „Einleitung in die heilige Schrift“

und eine „Kirchengeschichte“. Er war seit dem Bestehen der Universität Professor in der theologischen Fakultät derselben, ausserdem lehrte er an der Rizarischen Schule besonders Kirchengeschichte und Auslegung der heiligen Schrift mit unermüdlichem Eifer und hat mehr als jeder andere unter den neueren Theologen an der Bildung des Klerus und der Verbreitung theologischen Wissens in Hellas gearbeitet. Seit 1857 gab er auch die erste bei uns erscheinende wissenschaftliche theologische Zeitschrift „den Evangelischen Herold“ (bis 1871) heraus. Kontogonis († 1878) war ein angesehener Philologe, der die neuere hellenische theologische Sprache geschaffen hat. Er hinterliess eine ganze Reihe unveröffentlichter Werke, so eine sehr umfangreiche „Einleitung in die heilige Schrift“, eine „Hebräische Archäologie“, viele Erklärungen zur heiligen Schrift und Aufzeichnungen zur Vervollständigung seiner Kirchengeschichte.

Der Protopresbyteros und Pfarrer Ihrer Maj. der Königin, der Professor der Theologie Rhompotis an der Universität, studierte in Russland und Deutschland Theologie, und wurde hierauf als Professor der Dogmatik an die theologische Schule berufen. Seine anerkannte Tüchtigkeit beförderte ihn in die Stellung eines Protopresbyteros Ihrer Majestät der Königin. Er schrieb eine „Heilige Geschichte“, eine „Ethik“ und eine „Liturgik“. In dem letzteren Werke sammelte er seine zahlreichen archäologischen Untersuchungen aus dem Gebiet der Liturgie. Er hinterliess auch eine nicht herausgegebene Dogmatik, die er viele Jahre an der Universität gelehrt hatte († 1875).

Lykurgos, zuerst Professor der Theologie, dann Erzbischof von Syros und Tinos, gab einige Jahre die theologische Zeitschrift „Hieromnimon“ heraus. Lykurgos vertrat die anatolische Kirche in würdiger Weise sowohl in England, wohin er zur Einweihung der Kirche in Manchester reiste, als auch in Deutschland, wohin ihn Döllinger zum Altkatholikenkongress eingeladen hatte (1875). Er war ein gewandter kirchlicher Redner und ein geistvoller Mann, voll tiefer allgemeiner, ganz besonders aber theologischer Bildung, der als Professor unserer theologischen Schule neues Leben einhauchte († 1875).

Moschatos, Privatdozent der Theologie schrieb eine Schrift wider den Papst († 1860).

Vimpos (*Βίμπος*), der jetzige Erzbischof von Mantinia, gab als Professor der Theologie die erste hebräische Grammatik in Hellas heraus und führte zuerst die Interpretation des hebräischen Urtextes des alten Testamentes in der neueren hellenischen Kirche ein.

Eine Zierde der theologischen Fakultät — leider nur kurze Zeit, da ihn viel zu früh der Tod hinwegraffte — war auch der gelehrte Kleopas, der andere von den beiden ersten Redakteuren des „Evangelischen Heroldes" und zugleich Herausgeber der Psalmenerklärung des Jerusalemer Patriarchen Anthimos († 1859). Nach Ikonomos war Kleopas der eleganteste der neueren hellenischen Theologen und ein selten begabter kirchlicher Redner.

Nikolaos Damalas war ein hochgeschätzter Lehrer, der als Professor der Theologie an der Universität viele Jahre lang mit reichem Erfolg thätig war. Übermässigen Eifer zeigte er für alles aus der Väterzeit Stammende. Unter seinen zahlreichen Werken sind die hauptsächlichsten die „Erklärung der drei ersten Evangelien" und seine „Einleitung zum Neuen Testament". Ausserdem verfasste er noch ein Werk „Über die Prinzipien" (*περὶ ἀρχῶν*), „über die anglikanische Kirche", „über Religionsunterricht" (*κατήχησις*) und verschiedene andere Werke, sonst veröffentlichte er noch unveröffentlichte Briefe des Korais. Im J. 1875 nahm er an dem Altkatholikenkongress in Bonn teil († 1892).

Der Archimandrit Nikiphoros Kalogeras lehrte einige Jahre als Professor der Theologie an der Universität Poimenik (*ποιμαντορική*), christliche Archäologie und Homiletik, später wurde er Erzbischof von Patrae und zog sich dann als Emeritus ins Privatleben zurück immer mit seinen Studien beschäftigt. Er schrieb über „die Katechetenschule von Alexandria", eine „Poimenik", über „Markos und Bisarion" (*περὶ Μάρκου καὶ Βησαρίωνος*) und viele andere im „Evangelischen Herold" und sonstigen Zeitschriften veröffentlichte Abhandlungen. Er gab auch die Erklärung des Zygadinos zu den paulinischen und katholischen Briefen heraus, die er aufgefunden hatte, ebenso eine Auswahl aus den Reden des Chrysostomos. Er war in der Litteratur der Väter bewandert und verstand es wie wenige, unbekannten Handschriften nachzuforschen. Beim Altkatholikenkongress in Luzern vertrat er die orthodoxe Kirche in ausgezeichneter Weise († 1896).

Ausser diesen gaben noch folgende Männer theologische Werke heraus:

Ignatios Moschakis (Von den Apologeten, Scheidemacher gegen den Materialismus, Huber über die Philosophie der Väter, Reden, Homilien und Abhandlungen), Philippos Papadopulos (Kirchliche Rhetorik, Liturgik und apologetische Vorträge), Georgios Dervos (*Δέρβος*) (Erklärung der evangelischen Perikopen und verschiedene Abhandlungen), Joannis Mesoloras (Symbolik nach den symbolischen Büchern), Nektarios, Metropolit von Pentapolis und Direktor der Rizarischen Schule (über die ökumenischen Synoden, über Gedächtnisfeiern, über das Schisma und anderes) und andere mehr. Der Archimandrit Andronikos, der viele Jahre Priester der hellenischen Gemeinde in Leipzig gewesen war, ein hochgebildeter Kleriker, schrieb über „Metrophanis Kritopulos", eine „Kurzgefasste Geschichte des Schismas" und das „Orthodoxe Hellas". In diesem letzten Werke zählt er die Hellenen auf, die von der Zeit des Schismas bis zur Gegenwart gegen das Papsttum schriftstellerisch thätig waren. Er war mit dem Forschen nach unedierten Schriften älterer hellenischer Theologen in den Bibliotheken Europas und des Orients und ihrer Herausgabe unermüdlich thätig (*Ἐκκλησιαστικὴ βιβλιοθήκη*) († 1872).

Neophytos Pagidas, ein vorzüglich gebildeter Kleriker, war lange Jahre Pfarrer der Orthodoxen in Petersburg und schrieb ein Werk über Kyrillos von Alexandria, übersetzte aus dem Russischen die Didaskalia der Väter von Philaretos (3 B.B.), ferner des Makarios Abriss der Dogmatik und die Schrift „Von der Gottheit Christi" († 1893).

Dorotheos, Bischof von Larissa, veröffentlichte für die Theologie Studierenden zwei höchst umfangreiche und dabei sehr brauchbare Werke, die Zeugnis von seinem unermüdlichen Fleiss ablegen, die „Schatzkammer der Patrologie" (*Ταμεῖον τῆς Πατρολογίας*) und den „Schlüssel der Patrologie".

Schon der berühmte deutsche Historiker Hase bemerkt, dass die von Ralli (*Ῥάλλη*) und Potli (*Ποτλῆ*) in Athen ins Leben gerufene Sammlung und Herausgabe der Kanones der Kirche samt ihren alten Auslegungen für das wissenschaftliche Leben in Hellas ein ehrendes Zeugnis ablege.

Von ausserordentlichem Vorteil für die Kirche in Hellas waren vier hervorragende Gelehrte, die allerdings nicht Berufstheologen waren. Vrailas (*Βραΐλας*), vorher Professor der Philosophie in Korfu, dann hellenischer Gesandter in Petersburg und Paris und zuletzt in London († 1884). Er übersetzte die „Philosophischen Studien" des Auguste Nikolas „über das Christentum" und verfasste selbst eine Reihe philosophischer Werke, so „über Gott und das ethische Gesetz" und den Briefwechsel des Philotheos und Evgenios.

Dim. Mavrokordatos übersetzte „Religiöse Studien" aus dem Deutschen. Dimitrios Vernardakis (*Βερναρδάκης*) schrieb für die studierende Jugend vorzügliche Lehrbücher der Katechetik und der Heiligen Geschichte. Vor allem aber ist hier Joannis Skaltzunis zu nennen, ein ausgezeichneter Jurist, der eine ganze Reihe höchst bedeutender apologetischer Werke herausgab. Er schrieb „Religion und Wissenschaft", „Psychologische Studien", „Über den Menschen oder von der Harmonie der Wissenschaft und des Christentums" und in der Anaplasis eine „Christologie" und andere Abhandlungen. In allen diesen Schriften widerlegt er auf Grund der Naturwissenschaften selbst, deren Fortschritte und neuesten Enthüllungen er Schritt für Schritt verfolgt, alle die neuen materialistischen und atheistischen Theorien, die einzelne Naturwissenschaftler bei uns einzuführen suchten, dadurch, dass sie diese angeblich als sichere und auf Grund der Naturwissenschaft unbestreitbare Wahrheiten hinstellten. Joannis Skaltzunis zeigt sich in seinen Werken als ein feinsinniger Psycholog, als genauer Kenner theologischer Fragen und als ein Mann, dem die Gabe der Rede im höchsten Grade eigen war.

Teil III.

Geschichte der orthodoxen Kirche in Russland.

Litteratur. Boissard, L'Eglise de Russie 1867. Philaret, Geschichte der russischen Kirche übers. von Blumenthal, 1872.

§ 53.

Die Unabhängigkeit der russischen Kirche.

Die russische Kirche verdankt den Bemühungen der Patriarchen von Konstantinopel ihr Entstehen und war anfangs von diesen abhängig. Schon Jaroslaw wollte seiner Zeit sie unabhängig machen, wie dies ja auch für die Kirche eines freien Staates schicklich war, und ordnete deshalb die Wahl des Metropoliten Hilarion ohne Wissen und Erlaubnis des Patriarchen von Konstantinopel (1051) an, allein seine Nachfolger wurden wie auch die vorhergehenden Metropoliten fernerhin von Konstantinopel aus durch Synodalbeschluss ernannt. Vasilios III. Vasilievitsch bestimmte zum ersten Male i. J. 1447, dass der, den er den russischen Bischöfen vorschlüge, zum Metropoliten von Moskau zu wählen sei. Seit d. J. 1453, d. h. nach der Eroberung Konstantinopels und auch infolge der schwierigen Verbindung durch Litauen hindurch kam schliesslich das Prinzip zur Herrschaft, dass die russischen Bischöfe, die zu einer Synode zusammengerufen wurden, die Metropoliten von Moskau wählten. Iwan III. ernannte i. J. 1495 geradezu den Metropoliten und verlieh ihm als Zeichen seiner Würde einen Stab. Auch die orthodoxen Metropoliten von Kiew wurden in Kiew erwählt (denn auch nach der Union einer grossen Anzahl orthodoxer Bewohner Litauens und Kleinrusslands mit Rom — 1594 — blieb eine zahlreiche orthodoxe Bevölkerung übrig, die fortlaufende Reihenfolge der unabhängigen orthodoxen Metropoliten von Kiew wurde nicht unterbrochen).[1]) Beide Metropoliten empfingen seitens des ökumenischen Patriarchen ihre Bestätigung. Immer sah man die russische Kirche als ein zum Bereich des ökumenischen Patriarchen gehöriges Glied an.[2])

Fedor I. Ivanowitsch war es, der gegen Ende des 16. Jahrhunderts das Patriarchiat Moskau errichtete und damit die Unabhängigkeit der russischen Kirche aussprach. Im J. 1589 war der Patriarch Jeremias II. von Konstantinopel in Begleitung des Metropoliten Hierotheos von Monemvasia und des Bischofs Arsenios von Elasson (von dem wir eine Beschreibung dieser Reise haben) nach Polen und Moskau gekommen, um in diesen orthodoxen Ländern Geld zu sammeln, das er nötig hatte, um die täglichen Anforderungen der orientalischen Herrscher zu befriedigen und der orthodoxen Kirche des Orients eine Erleichterung zu verschaffen. Bei dieser Gelegenheit, so sagt man, hätten viele Glieder der höheren Geistlichkeit in Moskau ihn überredet, in dieser Stadt einen Erzbischof einzusetzen, der die volle patriarchalische Gewalt über ganz Russland besitze, sonst aber völlig autokephal sei. Nach einer anderen Lesart ist dieser Vorschlag von dem Zaren Fedor ausgegangen, der die russische Kirche mit grösserem Glanze umgeben und sie den Patriarchaten des Orients gleichstellen wollte. So lange Russland ein völlig barbarisches Land war, war die kirchliche Abhängigkeit von Konstantinopel ein Segen, sobald es sich aber zu entwickeln begann, war es gerecht und kanonisch, dass das russische Reich zugleich mit der politischen Unabhängigkeit auch im Besitze der kirchlichen Unabhängigkeit war. Der Patriarch Jeremias hatte im allgemeinen gegen diese Idee nichts einzuwenden.

---

[1]) Diese Metropoliten wurden später dem Metropoliten in Moskau untergeordnet.

[2]) Geschichte der russischen Kirche, übersetzt von Vallianos 91 (*Βαλλίανος*).

Er genehmigte diese Veränderung und erhob bereits i. J. 1589 den Erzbischof Hiob zum Patriarchen von Moskau. Auf einer i. J. 1593 in Konstantinopel abgehaltenen Synode legte er diese Einwilligung den übrigen Patriarchen vor. Das Protokoll der Verhandlung der Patriarchatssynode (in der Sammlung der Kanones von Ralli und Potli Band V, 149) lautet wie folgt: „Unter dem Vorsitz der Patriarchen Jeremias von Konstantinopel, Meletios von Alexandria, Joakim von Antiochia und Sophronios von Jerusalem beschliesst die Synode, der Stuhl der gottesfürchtigen Stadt Moskau soll von nun an zum Patriarchat erhoben sein und also genannt werden, weil dieses Land von Gott einer königlichen Herrschaft gewürdigt worden ist; das gesamte Russland und die Nordländer sollen dem Patriarchat Moskau und Gesamtrussland unterthan sein; der Patriarch soll im Range hinter dem heiligen Patriarchen von Jerusalem stehen, allen Bischöfen, Metropoliten und Erzbischöfen der katholischen orthodoxen Kirche Christi übergeordnet sein, an der Spitze jener Parochie Moskau und Gesamtrussland und der Nordländer stehen und als ihr Haupt anerkannt werden, und mit der Bezeichnung ebenbürtiger Mitherrscher, gleich an Stellung und Würde Bruder der orthodoxen Patriarchen sein und als solcher gelten u. s. w.“ Bis zur Mitte des 17. Jahrhunderts sahen sich diese Patriarchen der russischen Kirche gezwungen, ihre Bestätigung in Konstantinopel nachzusuchen, aber von 1657 ab schwand auch dieser letzte Schatten der Abhängigkeit. Diese neuen Leiter der russischen Kirche handelten völlig unabhängig von der staatlichen Gewalt. Sie besassen bald eine derartige Bedeutung und hielten die Fäden der Politik so fest in ihren Händen, wie besonders Nikon, ein Mann von aussergewöhnlicher Tüchtigkeit und von grösstem Segen für sein Vaterland, dass sie selbst für die Zaren ein Gegenstand der Furcht wurden. Ein Beweis für die Macht und Bedeutung des Patriarchen von Moskau war die Sitte, dass der Zar dem Patriarchen, wenn dieser am Palmsonntage sich zu Pferde in das Gotteshaus begab, die Zügel hielt und sein Pferd führte.

§ 54.

Die Aufhebung des Patriarchats durch Peter den Grossen. Die Errichtung der Synode und die übrigen Reformen dieses Herrschers.

Die grosse Macht der Patriarchen missfiel den Zaren und konnte auch dem Wohle des Staates gefährlich werden. Zusammenstösse zwischen diesen beiden Mächten fanden öfters statt, so zum Beispiel unter Nikon, der wegen Widerstandes gegen einige die Kirche betreffende Anordnungen des Zaren zur Abdankung gezwungen und durch eine grosse Bischofssynode, die man gegen ihn einberufen hatte, verurteilt wurde. Der übrige russische Klerus stand dieser Verurteilung des Nikon gleichgültig gegenüber, denn er war ihm wegen seiner vielen Reformen, die er als Neuerungen ansah, feindselig gesinnt. Dieser Nikon führte unter anderen anstatt der einstimmigen Musik die mehrstimmige Musik in der russischen Kirche ein. Wenn damals Klerus und Volk für den Patriarchen gewesen wären, so hätte diese Empörung für den Zaren bedenklich werden können.

Zur Vermeidung derartiger Gefahren verfügte Peter der Grosse unter Rücksichtnahme auf die alten Bischofssynoden, in denen früher die wichtigsten kirchlichen Streitigkeiten entschieden wurden, die Aufhebung des Patriarchats in Russland und setzte dafür eine Synode als höchste kirchliche Behörde ein. Deshalb zögerte der Zar beim Tode des letzten Patriarchen Adrianos (1702) mit der Wahl eines Nachfolgers, allerlei Abhaltungen, die kriegerische Unruhen verursachten, gaben ihm genügende Vorwände, und verfügte nur die Einsetzung eines Patriarchatsverwesers und einer diesem beigeordneten Bischofsynode zur Verwaltung des verwaisten Patriarchats. Diese provisorische Synode hatte alle kirchlichen Angelegenheiten zu besorgen, war aber nicht völlig unabhängig von der staatlichen Gewalt, wie bis dahin der Patriarch. Dieser Zustand dauerte etwa 20 Jahre lang. Als sich das Volk an diese neue Ordnung der kirchlichen Verhältnisse etwas mehr gewöhnt hatte, bestimmte Peter, für die Zukunft bleibe dieser Zustand gesetzlich feststehend. Der bedeutende russische Theolog Prokopowitsch organisierte diese neue kirchliche Ordnung und trat eifrig für das Vorhaben seines Herrschers ein. Dieser verbesserte eigenhändig manche Teile dieser Kirchenverfassung und veröffentlichte sie i. J. 1721 in seinem ganzen Reiche. Im Februar desselben Jahres trat die erste „Allerheiligste dirigierende Synode“ (*ἱερὰ Διοικοῦσα Σύνοδος*) ins Leben. Sie bestand aus Klerikern aller Klassen. Als Glieder derselben sassen in ihr ausser den Bischöfen auch Presbyter.[1]) Das Präsidium der Synode wurde unter den Synodemitgliedern demjenigen übertragen, der in dem betreffenden Jahre die meisten Amtsjahre nach seiner Weihe zählte. Die Auswahl der in die Synode berufenen Kleriker war Sache des Staates. Die Synode hatte über die Reinheit der Lehre, die religiöse Ausbildung des Volkes und die gute Ordnung des Gottesdienstes zu wachen. Dazu übernahm sie noch die Pflicht, den Häresien entgegenzuwirken, den Aberglauben auszurotten und unter Mitwirkung der Regierung die verwaisten kirchlichen Stellen zu besetzen. Doch war bei allen diesen Geschäften die Zustimmung des in der Synode mit anwesenden und zur Unterschrift, nicht aber zur Stimmabgabe berechtigten kaiserlichen Kommissars nötig. Durch diesen übte der Staat die ihm gesetzlich zustehende Aufsicht über die Beschlüsse der Synode aus, damit diese nicht etwa dem Gesetze widersprächen und nicht eine Kollision zwischen Staat und Kirche eintrete. In allen Angelegenheiten rein geistlicher Natur arbeitete die Synode unabhängig von staatlichen Einflüssen, in gemischten Fällen z. B. Ehe- und Ehescheidungssachen, kirchlichen Schulen u. s. w. unter Mitwirkung der weltlichen Gerichtsbarkeit oder des Ministeriums für Kultusangelegenheiten. Die Synode hat sich über die Kandidaten des Bischofsamtes zu informieren, übt die oberste Gerichtsbarkeit über die Kleriker aus und verwaltete bis zum J. 1764 das Vermögen der Klöster und Kirchen. Durch ihre Zusammensetzung aus einer grösseren Anzahl von Bischöfen

---

[1]) Noch heute sind der Oberpresbyter des Hofes und der erste Geistliche der Armee Mitglieder der „dirigierenden Synode“.

gewährte die Synode grössere Bürgschaft einer verständigen und gerechten Handhabung der kirchlichen Machtbefugnisse, als sie ein unbeschränkter Kirchenfürst bieten konnte. Auch in der Kirche ist die absolute monarchische Herrschaft eine Gefahr. Dergestalt organisierte Peter d. Gr. die Synode der russischen Kirche und übertrug ihr von dieser Zeit an als höchster gesetzgebender, richterlicher und ausführender Gewalthaber der russischen Kirche die Verwaltung aller kirchlichen Angelegenheiten in Russland. Von der Einführung dieser neuen Verwaltungsart der kirchlichen Angelegenheiten machte Peter d. Gr. dem ökumenischen Patriarchen sowie den übrigen Patriarchen des Orients gebührende Mitteilung und fand bei ihnen bereitwilligst Zustimmung. Peter schrieb dem ökumenischen Patriarchen folgendes: „An S. Heiligkeit den ökumenischen Patriarchen Jeremias u. s. w. Wir haben unser Augenmerk auf die Verwaltung der kirchlichen Angelegenheiten und auf die Geistlichkeit gerichtet und haben hierbei nicht wenig Unregelmässigkeiten bemerkt. Deshalb haben wir alle Fürsorge und allen Eifer auf die Verbesserung der Kirche und des Klerus gerichtet und wissen hierzu kein besseres Mittel ausser die Einführung der synodalen Verwaltung. Zu diesem Zwecke haben wir es nach langer und reiflicher Beratung mit der Geistlichkeit und einer Anzahl Laien aus unserm Lande für recht erkannt, eine geistliche Synode zu errichten, die den Patriarchen an Macht gleichstünde, d. h. eine oberste geistliche dirigierende Körperschaft aus würdigen Personen des Priesterstandes, Erzpriestern und Archimandriten, in genügender Anzahl zur Leitung der russischen Kirche unseres Reiches, und befehlen durch unsere Verordnung allen unseren Bischöfen, diese ehrwürdige und gute Bestimmung zu überlegen und ihr zu gehorchen. Dieser allheiligen Synode haben wir durch diese Verordnung den Auftrag übermittelt, über die Lehren der orthodoxen katholischen Kirche orientalischen Glaubens zu wachen. Wir sind überzeugt, dass Ew. Heiligkeit als der erste Erzhirte der rechtgläubigen katholischen Kirche diese unsere Verordnung beziehentlich der Errichtung einer geistlichen Synode gutheissen und als recht anerkennen werde, und darüber auch den übrigen gottseligsten Patriarchen

Mitteilung machen werde u. s. w. Gegeben zu Petersburg, am 30. Sept. 1721."

Die Antwort lautet wie folgt: „Jeremias u. s. w. Durch die Macht und Güte des allerheiligsten, lebenbringenden und alles beherrschenden Geistes geben wir gesetzliche Kraft, bestätigen und proklamieren wir die von Peter, dem Selbstherrscher über ganz Russland, errichtete Synode in dem heiligen, grossen russischen Reiche. Sie sei und nenne sich unseren Bruder in Christo, die heilige und geistliche Synode bei allen rechtgläubigen Christen und habe Macht, dasselbe zu schaffen und zu vollbringen wie die vier apostolischen, allerheiligsten Patriarchatssitze. Er ermahne aber und rate und trage ihr auf, sie möge die Sitten und Regeln der heiligen und geistlichen sieben ökumenischen Synoden und alles, was die orientalische orthodoxe Kirche festhält und was in alle Ewigkeit unverrückt bleiben wird, unangetastet bewahren und erhalten. Die Gnade Gottes aber . . . u. s. w." Dem Ausdruck nach ganz ähnlich war auch die Antwort des Patriarchen Athanasios von Alexandria.

Ihrem Wesen nach blieb diese höchste russische kirchliche Synode bis heute unverändert. Zur Zeit ist Petersburg der Sitz dieser Synode, in Moskau, ihrem ersten Sitze, blieb nur ein von ihr abhängiger Ausschuss. Peter d. Gr. bediente sich seiner Macht über die Synode, um viele notwendige kirchliche Reformen, die durch die Erfahrung erprobt waren, einzuführen und durch den Klerus die Volksbildung zu fördern.

Jedem Bischof war ein bischöflicher Ausschuss zuerteilt, der viel Gewalt besass und mit dem der Bischof zusammen arbeitete. Im Falle eines Zwiespaltes zwischen beiden entschied die Synode in Petersburg. Schon in dem von Prokopowitsch aufgestellten Reglement der Synode war für jeden Bischofskreis die Errichtung einer Schule zur Bildung des Klerus, besonders der Prediger, angeordnet. Auch für die bessere Ordnung des Klosterwesens trug man Fürsorge. Die Zahl der Klöster wurde vermindert. Neue Klöster zu gründen wurde streng verboten, dagegen vereinigte man die Mönche mehrerer Klöster zu einem Kloster und verbot die Aufnahme von Soldaten, Leibeigenen, Ehemännern, deren Weiber noch lebten,

Beamten und solchen Personen, die sich zum Schaden der Gläubigen aus der Gesellschaft entfernen oder der Gerechtigkeit entfliehen wollten. Ferner bestimmte man, keiner dürfe vor dem dreissigsten Lebensjahr und ohne eine dreijährige Prüfungszeit Mönch werden, ausserdem mussten die Mönche arbeiten und klösterlich leben. Im allgemeinen waren die gesetzlichen Vorschriften rücksichtlich der Mönche sehr streng. Die Nonnenklöster, die denselben Bestimmungen unterstanden, mussten die Kranken, Waisen und Alten pflegen. Es bestanden aber auch zwei höhere Schulen zur Bildung derjenigen Mönche, die für den höheren Klerus ausersehen waren.

Die Bestimmungen über Teilung in Episkopate und Metropolen wurden von neuem festgelegt. Viele Metropolen, die ihre einstige Bedeutung verloren hatten, erhielten einfache Bischöfe. Das Recht der Bischöfe, den Kirchenbann zu erlassen, wurde beschränkt. Ohne zwingendes Bedürfnis konnte kein neuer Priester geweiht werden. Ausser diesen traf man noch manche andere ähnliche Bestimmungen. Doch wurden manche von ihnen entweder unvollkommen oder gar nicht ausgeführt. Der Gedanke Peters d. Gr., die Verwaltung des ungeheuer reichen Kirchen- und Klostergutes einer bestimmten Kommission zu übertragen, kam nicht zur Ausführung. Peter d. Gr. hielt in seinem Eifer, zu reformieren, oftmals nicht Mass. So wollte er die Verehrung der Bilder der Heiligen, die bei dem ungebildeten Volke zum reinen Götzendienst herabgesunken war, einschränken. Er hatte deshalb, entgegen der russischen Gewohnheit, in seinen Häusern nur ein Kreuz, und gab auch Befehl, die auf den Strassen aufgestellten Bilder zu entfernen.

Wenn jemand gewissermassen diese Reformthätigkeit Peters auch verurteilen könnte, so bliebe dies doch unbestrittene Wahrheit, dass Peter Russland nicht nur politisch organisierte und gross machte, sondern dass er die kirchlichen Verhältnisse in Russland, die bis dahin in grösster Regellosigkeit und Unordnung sich befunden hatten, zum ersten Male ordnete, besonders den ersten Grundstein zu einer wissenschaftlichen Bildung des russischen Klerus legte. Wir dürfen wohl sagen, das russische Volk und das grosse russische Reich hat

Peter d. Gr. die Grundlagen seiner Zivilisation zu verdanken, denn dieser hat Kirche, Staat und Heer von Grund aus reformiert. Um den Künsten in sein noch völlig unzivilisiertes Russland Eintritt zu verschaffen, reiste er — wie bekannt — selbst nach Holland und England und studierte die Künste, mit denen er sein Volk bekannt machen wollte. Bei seiner Rückkehr nach Russland dämpfte er den Aufstand der Strelitzen, von ihnen liess er 4000 hinrichten. Bei Pultawa besiegte er den Schwedenkönig Karl XII. und eroberte Finnland und Esthland. Er kämpfte auch gegen die Türken, eroberte die Länder um das Asowsche Meer und gründete Taganrog. Er besiegte ferner die Perser und dehnte sein Reich nach Osten zu aus.

Peter traf auch Verbesserungen in der Verwaltung und der Rechtspflege. Auf seine Anordnung hin wurde das bürgerliche Recht und das Strafrecht kodifiziert, das Seewesen wurde geordnet, vor allem aber unterstützte er die Wissenschaft und gründete zu diesem Zwecke die Petersburger Akademie. Er selbst hatte Petersburg gegründet und es zur Hauptstadt seines Reiches gemacht. Sein Tod erfolgte i. J. 1725.

Peter war auf der einen Seite gewaltthätig und roh, davon legt die Hinrichtung seines Sohnes Alexios, der seinen Absichten entgegengearbeitet hatte, Zeugnis ab, auf der anderen Seite aber ein Grosses unternehmender, energischer Mann — in der That „der Grosse“.

§ 55.

Peters d. Gr. Nachfolger. Katharina II. Die Zaren der Neuzeit.

Katharina I. (1725), die würdige Nachfolgerin Peters d. Gr., versuchte ihres Vorgängers Ideen auszubauen, vermochte aber nur einen Teil seiner Anordnungen auszuführen. Sie setzte einen Ausschuss zur Verwaltung des Kirchengutes ein (1726), den auch die auf Peter II. folgende Kaiserin Anna I. durch zwei Ukase bestätigte. Allein in der Zeit vom Tode Katharinas bis zur Thronbesteigung Peters III.

(1762) verschwanden binnen kurzem viele der Reformen Peters d. Gr. und seiner Gemahlin, ganz besonders aber geriet das Mönchsleben wieder in seine alte Unordnung.

Vor allem war dies unter der Regierung Elisabeths der Fall, diese hob die mit der Verwaltung des Kirchengutes betraute Kommission auf und überwies diese wieder der Synode. Der politische und gesellschaftliche Zustand in Russland war damals traurig. Die Sitten des kaiserlichen Hofes waren sehr locker, die Günstlinge der Herrscherinnen regierten. Unter Katharina I. war Mentschikof in Russland allmächtig, er regierte auch während der Minderjährigkeit Peters II. als Reichsverweser. Erst der Fürstin Dolgoruki gelang es, ihn zu stürzen und seine Verbannung nach Sibirien beim Hofe zu bewirken. Anna I., eine Nichte Peters d. Gr., die nach Peters II. Tode auf den Thron kam, wandte ihre Gunst Biron und den Deutschen Ostermann und Münnich zu. Ostermann war Minister des Äusseren, Münnich organisierte und hob Heer und Flotte. Unter Annas Regierung kämpften die Russen in Verbindung mit den Österreichern gegen die Türken, eroberten die Krim und besetzten die Moldau, mussten aber infolge des schändlichen Separatfriedens, den die Österreicher zu Belgrad geschlossen hatten, diese Eroberungen den Türken überlassen. Während der Minderjährigkeit Iwans VI. stritten sich Biron und Münnich um die Macht, Biron wurde schliesslich nach Sibirien verbannt. Durch eine Verschwörung gelangte darauf die jüngste Tochter Peters d. Gr., Elisabeth, mit Hilfe ihres französischen Leibarztes Lestocq auf den Thron. Elisabeths Leben war keinesfalls ein Vorbild der Züchtigkeit. Ihre Günstlinge herrschten. Peter III. versuchte in der Verbesserung der kirchlichen Verhältnisse Peter d. Gr. nachzuahmen, besass aber weder dessen Macht noch seinen Verstand und seine Mässigung. Er wollte die frühere Kommission zur Verwaltung des Kirchengutes mit Gewalt wieder einführen, allein seine Absicht war wohl mehr, diese Reichtümer zu rauben als sie zum Nutzen der Kirche zu verwenden. Es war dies einer von den Gründen, die Peter vom Throne stürzten.

Was Peter nicht zu erreichen vermochte, gelang seiner

grossen Gemahlin Katharina II. durch ihre Klugheit, ihre Festigkeit und Schlauheit. Unter ihrer Regierung kam endgültig die Verwaltung des Kirchengutes in die Hände des Staates und wurde von diesem einer besonderen Kommission zugewiesen. Aus diesen Einkünften erhielten die höhere Geistlichkeit und die Äbte ihre Besoldung, auch wurde die Besoldung der Pfarrer an vielen Kirchen daraus bestritten. Ausserdem verwandte man diese reichen Mittel zur Errichtung philanthropischer Anstalten und zur Unterstützung der Kranken, mit deren Fürsorge bis dahin die Klöster betraut waren. Da eine Menge Klöster aufgehoben waren, befreite man sie überhaupt von diesen Verpflichtungen.

Katharina II. besass ausserordentliche administrative Eigenschaften und einen sehr gebildeten Geist, so dass man sie leicht mit Peter d. Gr. hätte vergleichen können, wenn ihr Lebenswandel nicht so ausschweifend und schwelgerisch gewesen wäre. Sie besass eine gute Bildung und war mit der zeitgenössischen französischen Litteratur vertraut. Sie stand mit Voltaire und anderen französischen Gelehrten in regem Briefwechsel und Diderot lebte auf ihre Einladung hin einige Zeit in Petersburg. Katharina bekannte, sie habe eine republikanische Seele. Sie führte in ihrem Reiche viele Reformen liberaler Art ein. Auf ihren Befehl wurde ein neuer Gesetzeskodex im Sinne Montesquieus geschaffen, sie verbesserte die Verwaltung des Reiches, vermehrte die Schulen, protegierte die Errichtung von Städten, vermehrte die Zahl der freien Bürger, milderte die Lage der Leibeigenen, unterstützte Künste und Wissenschaften in dem noch völlig unzivilisierten Lande, gründete eine Akademie der russischen Litteratur und war tolerant, wie wenige der damaligen Herrscher Europas. Vor allem aber brachte sie das Heereswesen Russlands in Blüte und machte Russland zu einer furchterregenden Macht. Allein ihr Leben war ausschweifend, sie gab sich ihren Günstlingen (Orlof, Potemkin) hin und wurde so die Ursache für jene sittliche Versumpftheit, die in Russland, besonders am Hofe und bei den Adligen Eingang fand.

Wie Peter d. Gr. so führte auch Katharina II. unter dem

Vorwande, die orthodoxen Völker zu schirmen, so oft dies den Interessen Russlands entsprach, viele Kriege. Um die bedrängten Glaubensgenossen in Polen zu schützen, besetzte sie Polen und schritt unter dem Vorwande, in dem von den unversiegbaren Streitigkeiten und Kämpfen der polnischen Adligen bedrohten Lande den Frieden herzustellen, mit Österreich und Preussen zu der ersten Teilung Polens (1772), durch die Russland, Österreich und Preussen die an ihr eigenes Gebiet angrenzenden Teile des Königreichs Polen (circa 5 Millionen Einwohner) demselben entrissen. Die Russen verfolgten die aufständischen Polen und drängten sie auf türkisches Gebiet, wo die polnischen Scharen eine Zuflucht fanden. Dies war die Ursache zum Ausbruch des russisch-türkischen Krieges, der zu Lande (Einnahme von Bender) und zu Wasser (Vernichtung der türkischen Flotte bei Tscheschme) geführt wurde und im Frieden von Kučük Kainardži sein Ende fand. In den Friedensbestimmungen wurde festgesetzt, die Walachei und Moldau stehen unter der Schutzherrschaft Russlands, die Krim wird russisch und die Russen haben freie Fahrt durch die Dardanellen. Aber den Peloponnes, den die Russen unter Orlof zur Empörung aufgereizt und dem diese Schutz und Beistand versprochen hatten, überliessen sie der Rache der Türken.

Ein neuer Krieg gegen die Türken brach aus. Die Russen eroberten im Bunde mit den Österreichern Ismail und andere feste Plätze, die Österreicher Belgrad. Da aber diese mit den Türken zu Belgrad Frieden schlossen, in dem sie diese Stadt zurückgaben, und die Polen eine drohende Haltung einnahmen, sahen sich auch die Russen im Vertrage zu Jaši (1792) zur Rückgabe der Donaufürstentümer an die Türken gezwungen. Die hervorragendsten Heerführer der Russen waren in diesen Kriegen Potemkin und Suwarof. Der Aufstand der Polen zur Wiedereroberung der entrissenen Landesteile und der Freiheit unter Kosziusko entfachte einen neuen Krieg Russlands gegen Polen und führte zur zweiten Teilung Polens (1793), bis i. J. 1795 der letzte Rest desselben verschwand; Russland, Preussen und Österreich hatten Polen völlig aufgeteilt.

Auf Katharina II. folgte Paul I., ein misstrauischer und gegen alle furchtsamer Mensch mit verwirrtem Geiste und so sehr Todfeind der von Frankreich ausgegangenen Freiheitsideen, dass er in seinem Reiche die neue Kleidung nach französischer Mode verbot! Auch seine Nachfolger führten Krieg mit den Türken und schützten dabei stets als Grund den Schutz ihrer Glaubensgenossen in der Türkei vor, während hauptsächlich das politische Interesse die Triebfeder dazu war. Die russischen Heere waren allerorts siegreich und die Türkei ging aus jedem neuen Kriege widerstandsloser hervor.

Der russisch-türkische Krieg unter Alexander I. endigte im Vertrag von Bukarest i. J. 1809. Nikolaos I. führte zwei Kriege gegen die Türken, der eine endigte im Frieden von Adrianopel (1829), der den Hellenen und Serben die Unabhängigkeit sicherte, der andere war der Krimkrieg i. J. 1854, der im Frieden von Paris 1856 sein Ende fand. Durch diesen Frieden wurde die Türkei zu dem Hatti Humagiun gezwungen, in dem sich diese zu vielen Zugeständnissen gegenüber den Christen und zur Besserung ihrer Lage verpflichtete.

Während der Dauer des Krimkriegs starb i. J. 1855 Nikolaos I.; ihm folgte Alexander II. (1855—1883) ein vorzüglicher Regent. Dieser hob die Leibeigenschaft, die die Ursache der jämmerlichsten Verhältnisse gewesen war, auf, handelte nach äusserst toleranten Prinzipien und sorgte auch für eine bessere Bildung und angemesseneren Unterhalt des russischen Klerus. Unter ihm brach i. J. 1877 infolge der Niedermetzelung der Bulgaren durch die Türken in Batak der letzte russisch-türkische Krieg aus, der für die Türkei sehr verderblich wurde, da im Vertrage von Berlin (1878) die Königreiche Serbien und Walachei unabhängig wurden, das Fürstentum Bulgarien entstand und Thessalien sowie ein Teil von Ipiros frei wurden. Unter den letzten Zaren Alexander III. und Nikolaos II. hat sich, trotzdem jene furchtbaren Blutbäder der Armenier vorgekommen waren, Russland, das die Türkei jetzt protegierte, aus politischen Gründen durchaus nicht im mindesten um die Christen gekümmert. Als die Kreter für die Freiheit zu den Waffen griffen, unterliess es Nikolaos II. ihnen zu helfen, trat ihnen im Bunde mit den

Grossmächten vielmehr feindlich gegenüber und liess Hellas, das sich um Kretas willen mit der Türkei i. J. 1897 in einen ungleichen Kampf verwickelt hatte, schändlich im Stich und half den Türken.

§ 56.

Der Klerus und die Mönche in Russland.

Gleichwie Peter d. Gr. so trugen auch seine Nachfolger für die Bildung des Klerus durch Errichtung der dazu notwendigen Schulen Fürsorge. Zur Zeit bestehen in Russland circa 50 kirchliche Schulen und 4 theologische Hochschulen, die Akademien in Petersburg, Moskau, Kiew und Kasan, zur Ausbildung der Kleriker. Niemand kann Priester werden, der nicht auf einer dieser Akademien oder dieser kirchlichen Schulen seine Ausbildung genossen hat. Das Studium auf der Akademie dauert 4 Jahre, auf Grund einer Prüfung erhalten die Examinanden entweder den Grad eines Kandidaten oder eines Magisters oder eines Doktors der Theologie. Die Vorlesungen beschränken sich nicht auf Theologie, es werden auch historische, philosophische, philologische und naturwissenschaftliche Disziplinen und eine fremde Sprache, französisch, englich oder deutsch gelehrt. Die theologischen Vorlesungen erstrecken sich auf theologische Encyklopädie, hebräisch, biblische Geschichte, Exegese der heiligen Schrift, Kirchengeschichte, Geschichte der russischen Kirche, kirchliche Archäologie, Patrologie, Dogmatik, Ethik, Symbolik, Homiletik, Liturgik, Poimenik und Kirchenrecht. Diejenigen von den zu Priestern Geweihten, die Bischöfe oder Priester an einer Kathedrale oder an einer bedeutenden Kirche werden, erhalten ihren Unterhalt von der Regierung, die übrigen Priester sind auf die Gaben der Gläubigen angewiesen. Wo diese Einkünfte bedeutend sind, können auch diese Priester angemessen leben.

Der verheiratete Klerus bildet in Russland fast eine eigene Klasse. Die Söhne der Priester werden gewöhnlich wieder Priester. In Russland steht der Klerus und die Religion, wie bei uns, in hoher Achtung, Religion und russisches Volkstum sind nach russischer Anschauung eng verknüpft, und der russische Klerus, der in allen Lagen für das russische Volkstum und die russischen Interessen eingetreten ist, niemals aber mit den nationalen Neigungen des russischen Volkes im Widerspruch stand, wird als nationaler Klerus hochverehrt. Russe sein und Orthodoxer sein gilt als dasselbe.

Die russischen Kirchen haben das Wachsmonopol, besitzen bisweilen ein ganz beträchtliches Vermögen und haben so ihr gutes Auskommen. Viele von diesen Kirchen sind wahre Prachtbauten, so z. B. die Kirche des heiligen Isaak in Petersburg. Die russischen Kirchen sind mit herrlichen Bildern geschmückt, da die heilige Malerei bei den Russen schliesslich eine hohe Vollendung erreichte. Sängerchöre singen die Liturgie vierstimmig in kunstvollendeter und grossartiger Weise.

Mönchs- und Nonnenklöster gibt es in Russland etwa 500, die Zahl der Mönche beträgt circa 30000. Die Zahl der Mönche in manchen Klöstern ist ausserordentlich gross. In dem berühmten Spilaeonkloster zu Kiew, in dem sich eine Menge Reliquien befinden und mit dem die ältesten Erinnerungen aus der Zeit der Bekehrung der Russen zum christlichen Glauben eng verbunden sind, leben 600 Mönche! Dieses Kloster besitzt eine grosse Anziehungskraft für die russischen Pilger, unzählige Scharen — circa 1 Million — besuchen jedes Jahr dieses Kloster. Andere Pilger reisen jährlich zum Heiligen Grabe nach Jerusalem oder auf den Hagion Oros zum Besuche der dort befindlichen russischen Klöster. Derartige Wallfahrten in fremde Länder sind bei den Russen sehr beliebt.

Die Sitten des russischen Volkes sind nicht streng, es herrscht eine mehr formelle Frömmigkeit.

§ 57.

Die Häresien und Spaltungen in Russland.

Als i. J. 1666 der Patriarch Nikon die Verbesserung der liturgischen Bücher, die infolge der Unwissenheit der Abschreiber völlig verderbt waren, in die Hand nahm, nahm ein Teil fanatischer Russen daran Anstoss. Viele lehnten diese Korrektur als eine gefährliche Neuerung ab und trennten sich von der russischen Kirche. Diese Schismatiker werden von den Russen Raskolniki d. h. Abgefallene genannt, sie selbst nennen sich Starowjerzi d. h. Altgläubige. Diese Schismatiker bilden nicht eine kirchlich zusammenhängende Körperschaft nach einheitlichen Prinzipien, auch haben sie keine gemeinsamen Symbole. Deshalb sind ihre Ansichten sehr verschiedenartig, die einen tadeln dies, die anderen jenes an der russischen Staatsreligion. Ausser der Korrektur der liturgischen Bücher verurteilen die Raskolniki gemeinsam die übliche Form des Kreuzschlagens, sie weigern sich ferner mit Menschen, die als sündig bekannt sind, zusammen zu beten, weil die wahre Kirche nach ihrer Ansicht aus lauter Heiligen besteht. Zu ihren heiligsten Pflichten gehört die Enthaltsamkeit von Wein, Bier, Tabak und selbst von Thee und Kaffee, auch glauben sie, dass das Ende der Welt nahe sei. Ihr gemeinsamer Charakter ist ein mystisch-revolutionärer Asketismus. Sie sehen die orthodoxen Russen als Häretiker an und fliehen jede Berührung mit ihnen. Die von der russischen Kirche zu ihnen Übertretenden werden noch einmal getauft.

Peter d. Gr., sonst ein äusserst toleranter Herrscher, verfuhr mit grosser Grausamkeit gegen die Raskolniki. Er ordnete an, niemand könne ein öffentliches Amt bekleiden, den man der Zugehörigkeit zu dieser Sekte beschuldige, ein solcher müsse sich erst durch einen feierlichen Eid rechtfertigen, ferner bestimmte er, jeder Bewerber um ein kirchliches Amt müsse zuerst in der Kirche die Gemeinden der Raskolniki verdammen und eidlich versichern, er werde nie einen Raskolnik verbergen. Unter seiner Regierung wurden diese unglücklichen Schismatiker, die sich in den Wäldern verbargen, aufgespürt, vor die Gerichte geschleppt und grausam bestraft. Aber trotz aller dieser Verfolgungen blieben diese ihren Grundsätzen treu und zogen den Tod einer Union mit der russischen Kirche vor. Hundert Raskolniki, die in einer Kirche eingeschlossen waren, liessen sich lieber verbrennen, als der Staatskirche sich anzuschliessen! Eine Idee kann nicht auf dem Wege roher Gewalt ausgerottet werden, deshalb zwang ihre Beharrlichkeit Peter d. Gr., schliesslich den Weg der Härte zu verlassen.

Auch unter den späteren Herrschern wurden die Raskolniki oft verfolgt und geknechtet. Selbst Katharina II. versagte ihnen ihre Bitte um Gewissensfreiheit. Eine von den Hauptursachen für die russische Regierung, so hart vorzugehen, war die Neigung einiger dieser Schismatiker zur Revolution. Es ist Thatsache, dass der Rebell Pugatsef, der sich für Peter III. ausgab, ein Raskolnik war, sein ihn begleitender Anhang bestand aus Kosaken, die sicher zu dieser Sekte gehörten und in ihr einen Rächer für all das Elend suchten, das ihre Väter hatten erdulden müssen. Nur die Zeit, die überall den Eifer der Sekten vermindert, und der Mangel eines festen staatlichen Zusammenhangs vermochten die raskolnikische Bewegung besonders in Russland zu stürzen und zu schwächen. Aber die Mehrzahl der am Don und in Asien wohnenden Kosaken sind noch Raskolniki und ganz Sibirien ist voll von Anhängern dieser Sekte.

Die Raskolniki zerfielen mit der Zeit in viele Untersekten. Die eine Sekte hiess Christowtschina, sie verehrte einen einfachen Bauer, der sich Christus nannte. Ferner gab es die Onuphrianer, nach dem Mönche Onuphrios genannt, die Paulianisten, Andreisten und Dosiphisten, die das heilige Abendmahl in einsamen Gotteshäusern mit 7 Broten feierten, die Bespopanianer (Bespopawtschina), Bolositianer und Hilarionisten, die einen viel grösseren Grad des Fanatismus, als andere Sekten bewiesen, viele von ihnen liessen sich freiwillig verbrennen. Wir erwähnen ferner die Serapionisten, die Stephanowzer und Rumitianer, die die Ehe als eine satanische Erfindung verwarfen, die Sabbatianer, die nach

Art der Juden den Sabbat heiligten und die Pogaschniker. Die bedeutendste aller dieser von den Raskolniki hervorgegangenen Sekten ist die der Philipponer, sie rühmen sich, ihre Priesterweihe stamme von dem Vorgänger des Nikon und sei die allein wahre Priesterweihe, ausserdem verweigern sie den Eid, den Eintritt ins Heer, taufen die zu ihrer Sekte Übertretenden wieder und erkennen die Ehe nicht als göttliche Einrichtung an.

Ausser den bereits angeführten Sekten nennen wir die Duchoborzen, die die Lehre von der Trinität verwerfen, Christus für einen einfachen Propheten und nur in ethischem Sinne als Gottes Sohn ansehen, von der Bibel nur das Evangelium anerkennen, weder Priester noch Kirchen kennen, keine andere Form des Gebets als das Vaterunser erlauben, den Eid als ein Verbrechen ansehen und jede Art des Blutvergiessens verbieten.

Neben diesen besteht noch die Sekte der priesterlosen Russischen Juden, die sich in den nördlichen Teilen Russlands ausgebreitet haben. Diese glauben an ein göttliches Wesen und verwerfen das Dogma der Trinität, ferner halten sie weder Christus noch einen Heiligen für Gegenstände der Anbetung und Verehrung, von dem heiligen Geiste reden sie, verstehen aber unter ihm Gott oder eine Wirkung Gottes, sie verwerfen die Taufe und haben keine Kirchen.

Die letzte in der Neuzeit entstandene mystisch religiöse Sekte sind die Stundisten, die seit 1835 mit ihrer Predigt gegen die religiösen Zustände Russlands auftreten. Sie beschränken sich auf das Evangelium und die Psalmen, halten die Priester, Zeremonien, Bilder und andere äusserliche Kultusformen für unnötig, erwarten in nächster Zukunft die zweite Wiederkunft des Messias und glauben an den nahe bevorstehenden Untergang der Weit. Ihre Sitten sind streng. Unter ihnen traten zwei Pseudomessiase auf, die verhaftet und eingekerkert wurden (1889). Stundisten werden sie gegenannt, weil sie zu bestimmten „Stunden“ zu beten gehalten sind.

Die russische Regierung der Neuzeit besonders unter Nikolaos I. suchte alle diese Sekten auf dem Wege der Unterdrückung zu vertilgen, ist aber zu ohnmächtig dazu. Der Irrtum kann nur durch das Wort der Wahrheit, nie durch Gewalt überwunden werden. Dies erkannte auch der Zar Alexander II. und gewährte den Raskolniki und allen anderen Sekten volle Duldung und Freiheit. Heute ist der russische Klerus eifrig thätig, durch Lehre und Predigt sie in den Schoss der orthodoxen Kirche zurückzuführen.

Eine Quelle der Beunruhigung sind für Russland die Nihilisten, eine sozialistische Gesellschaft, die alle Religion und Ethik als Fabel verwirft, den Umsturz und die Vernichtung aller religiösen Zustände, der politischen und gesellschaftlichen Ordnung und die völlige Zerstörung der Kirche, des Staates, der Familie und des Eigentums in der Hoffnung bezweckt, dass aus dem entstehenden Chaos bessere Zustände hervorgehen würden. Zu dieser Partei gehören zumeist Menschen aus dem Arbeiterstande. Diese kommunistischen Ideen drangen aus dem abendländischen Europa in Russland ein.

§ 58.

Die theologische Litteratur.

Die ersten Anfänge einer theologischen Bildung in Russland beruhen auf Übersetzungen hellenischer theologischer Werke. Wladimir und Jaroslaw halfen dem Christentum in Russland Fuss zu fassen und waren zuerst auf die Bildung der Russen bedacht. Schon vor dem Einfall der Mongolen gab es slavische Übersetzungen zahlreicher Schriften des Basilios, Grigorios des Theologen, Chrysostomos, des Damaskeners, des Kyrillos von Alexandria, Athanasios, Methodios und des Ephraim. Die heilige Schrift war schon von den Slavenaposteln Methodios und Kyrillos ins Slavische übersetzt.

Die erwähnenswerten gebildeten russischen Kleriker aus dieser ältesten Periode sind abgesehen von dem Chronikenschreiber Nestor und einigen anderen Hilarion, der Bischof Kyrillos von Turow, der Bischof Simon von Wladimir und der Mönch Polykarpos im Petzerakloster in Kiew. Allein dieses erste Aufblühen theologischer Bildung bei den Russen ging nach dem Einfall der Mongolen verloren.

Neues wissenschaftliches Leben begann sich nach der Befreiung der Russen vom Joch der Mongolen im 15. Jahrhundert zu regen. Gefördert wurde diese Bewegung durch das Wiedererwachen des klassischen Altertums im Abendlande. Im 16. Jahrhundert trug zur Förderung der theologischen Bildung bei den Russen der Hellene Maximos Agioritis viel bei. Er lehrte in Kiew und bereicherte die russische theologische Litteratur durch viele Übersetzungen griechischer Werke und durch andere Originalwerke. Im 16. Jahrhundert schrieb der Russe Joasaf († 1515) gegen die dem Judentum sich zuneigenden Christen. Im 17. Jahrhundert kamen die zwei Brüder Lichudis, Priester aus Kephallinia, als Lehrer der Philosophie, der klassischen Philologie und der Theologie nach Russland und waren an der Akademie in Moskau thätig (1679). In demselben Zeitraum trat der gelehrte Zernikow, den das Studium der Homologie des Kritopulos zum Austritt aus der lutherischen Kirche veranlasst hatte, zur russischen Kirche über und reihte sich unter ihre Theologen ein. Sein bedeutendstes Werk handelt „über den Ausgang des heiligen Geistes“, in welchem er die Lehre der orientalischen Kirche durch die Zeugnisse der Väter als richtig bestätigte und nachwies, dass die meisten Beweisstellen besonders in den lateinischen Vätern von den Lateinern gefälscht worden seien. Zernikow verfasste auch eine „Widerlegung des lutherischen Glaubens“ und einige andere Werke. Gegen die russischen Schismatiker schrieb der Patriarch Hadrianos („Stab der Berichtigung“, „Geistliche Ermahnung“) und Dimitrios Rostovsky († 1709, Untersuchungen über den Glauben der Raskolniki). Der Patriarch Nikon war die Ursache zu einem bedeutenden Aufschwung der theologischen Studien in Russland, ebenso regten die in jenem Zeitraum in Russland verweilenden orientalischen Patriarchen Païsios und Makarios die Russen zu wissenschaftlichem Streben an.

Wir sahen oben, wie Peter d. Gr. auf Hebung der theologischen Studien bedacht war. Unter ihm lebte der bedeutende Polemiker Stephanos Javorsky († 1722), der gegen die Protestanten seinen „Fels des Glaubens“ schrieb. Viel bedeutender als die Werke der genannten Theologen sind die dogmatischen Schriften zweier gelehrter Theologen, des Prokopowitsch († 1736) und des Platon. Der erste von diesen beiden hatte Europa besucht und war mit der abendländischen theologischen Bildung vertraut, er beherrschte die Litteratur und war allgemein ein hochgebildeter Mann. Er war ein erklärter Anhänger der kirchlichen Reformen und wurde der Ratgeber und das hervorragendste Werkzeug Peters d. Gr. bei dessen hierauf bezüglichen Bestrebungen. Er verfasste die berühmte Verfassung der Heiligen Synode, schrieb eine Unterweisung in den Lehren des Christentums und arrangierte eine Übersetzung vieler nützlicher Bücher. Deshalb ehrte ihn auch Peter d. Gr. hoch und erhob ihn auf den erzbischöflichen Stuhl von Nowgorod. Seinen Reichtum benutzte er zur Erhaltung von 60 Jünglingen, die in allen Zweigen der Wissenschaft ausgebildet wurden, und unterstützte allgemein jede wissenschaftliche Thätigkeit. Das Werk aber, das seinen Ruhm verbreitete, ist seine Christiana orthodoxa theologia TT. VII.[1]) Ausser diesen Werken schrieb Prokopowitsch noch andere theologische, rhetorische und historische Werke. „Theophanis Prokopowitsch,“ sagt Schröckh (Kirchengeschichte seit der Reformation IX, 211), „ist unbestreitbar der gebildetste und einsichtigste Schriftsteller der russischen Kirche und der bedeutendste Theologe jener Epoche. Alle seine Schriften legen von seinem gesunden Urteil und seiner Bildung Zeugnis ab und zeichnen sich durch ihre Eleganz aus. Er war völlig frei von Aberglauben und Intoleranz und verurteilte den Hass gegen Andersgläubige und den übermässigen Eifer, jene zu bekehren. In einer besonderen Schrift tritt er für die Ehen mit Andersgläubigen ein. Er war ein Freund von Reformen und hoffte durch sie bessere Zustände in seiner Kirche herbeizuführen. Im Gegensatz zu den Katholiken tritt er warm dafür ein, die heilige

---

[1]) In den Theologenschulen Russlands bediente man sich anfänglich nach dem Vorbild der abendländischen Universitäten und Theologenschulen bei den Vorlesungen der lateinischen Sprache.

Schrift allen zugänglich zu machen.“ Prokopowitsch war nicht ohne Feinde, es gab Männer, die strenger als er gesinnt waren, vor allem waren es konservative Theologen, unter ihnen Javorsky, der ihn der Häresie beschuldigte.

Ein sehr bedeutender Theolog war auch der Metropolit Platon von Moskau († 1812), der als Religionslehrer des Thronfolgers für diesen die „Rechtgläubige Lehre“ verfasste, die von Korais ins Griechische übersetzt worden ist. In diesem Werke befolgte Platon nicht eine streng wissenschaftliche Methode, besonders in dem Abschnitt, der von der christlichen Ethik handelt, es war ihm vielmehr um eine deutliche und einfache Darstellung zu thun, und liess deshalb viele der alten unfruchtbaren dogmatischen Streitfragen beiseite. Mit Rücksicht auf die Raskolniki schrieb er die Werke „Über die orthodoxe orientalische katholische Kirche“, „Wegweiser für den Klerus“, „Reden“ und eine „Geschichte der russischen Kirche“. Nur eine verschwindend kleine Zahl russischer Prälaten und Theologen besass einen solchen Ruf und war auch in der europäischen Welt so bekannt wie der Metropolit Platon, sagt Theraenos (im „Leben des Korais“ I, 109). „Was war das allersehenswerteste in Russland? — der Metropolit Platon“, antwortete Kaiser Josef II. bei seiner Rückkehr von Petersburg nach Wien. Viele Freunde, besonders englische Theologen besuchten den berühmten Platon in seiner wunderschönen Einsiedelei, die er sich mitten in dem reizenden Eichenhain des historischen Klosters zur heiligen Dreieinigkeit in Moskau hatte erbauen lassen, und priesen die Tugend und Weisheit des berühmten Kirchenfürsten. Katherina d. Gr. und ihr wahnsinniger Sohn Paul I. bewiesen dem Platon grosses Wohlwollen. Katherina fand bisweilen an Kindereien Gefallen. Auf ihren Wunsch besuchte der damals berühmte französische Philosoph Diderot den Platon und begann seine Unterhaltung mit den Worten: „es ist kein Gott“. Der russische Kirchenfürst blieb dem gewandten Franzosen die Antwort nicht schuldig und fügte augenblicklich hinzu: „sagt der Thor in seinem Herzen“. Platon war ein gewaltiger Kanzelredner, oft ergriff er das Wort unvorbereitet und sprach aus dem Stegreife. An irgend einem Tage wollte Katharina seine Fähigkeit, improvisierte Reden zu halten, auf die Probe stellen, sie forderte ihn auf, von der Kanzel eine Rede zu halten, deren Thema sie ihm überreichen würde, wenn er die Kanzel besteigen würde. Anstatt des Themas liess sie ihm ein völlig unbeschriebenes Blatt überreichen. Platon war von dieser Kinderei keineswegs überrascht, er begann über das Wort der Schrift zu sprechen, dass Gott die Welt aus Nichts erschaffen habe und bewies damit der Kaiserin, dass auch er im stande sei, eine glänzende Predigt aus dem Nichts zu schaffen und durch sie die Seelen der Zuhörer fortzureissen.

Als kirchliche Schriftsteller waren auch Symeon Polotzky und Rostowy Dimitrios bekannt. Einen kurzen Abriss der Dogmatik verfasste Theophylaktos († 1773) Dogmata christianae orthodoxae religionis. In diesem dogmatischen Buche übergeht der Verfasser die Verehrung der Bilder und Heiligen, die Fasten und andere Punkte völlig mit Stillschweigen. Im allgemeinen muss bemerkt werden, dass die russischen Dogmatiker des 18. Jahrhunderts, zum Teil auch des 19. Jahrhunderts in vielen Beziehungen eine gewisse freie Gesinnung zeigen. Sie verehren den hebräischen Urtext ausserordentlich, schätzen die Bibelverbreitung und ihre Übersetzungen und schreiben den kulturellen Bestimmungen keine dogmatische Bedeutung zu.

Ausser mit polemischen und dogmatischen Werken haben sich die älteren russischen Theologen auch mit praktischer Theologie, Homiletik und Liturgik beschäftigt. Die Predigten der russischen Kanzelredner, so urteilt Schroeckh, tragen mehr französische als deutsche und englische Art an sich, sie sind prahlerisch, mehr anmutig als inhaltreich, mehr poetisch als philosophisch. Auch in der Kanzelberedsamkeit überragt Prokopowitsch alle anderen, unter den späteren treten die Prediger Ambrosios, Serewrennikof, Konisky und Platon hervor. Der letztgenannte ist ebenso als Dogmatiker wie als der hervorragendste dieser Kanzelredner bekannt. Seine Reden zeichnen sich durch glückliche Wahl der Themata und durch vorzügliche Ausführung aus. Tychon (1783) trat als Verfasser religiöser Werke aus dem Gebiete der praktischen Theologie hervor.

Weniger als mit den anderen theologischen Disziplinen befassten sich die älteren russischen Theologen mit der Schriftauslegung. Nur von Prokopowitsch haben wir ein Werk über das Hohelied und von Sandi und Barlaamatzewsky eine Übersetzung der Psalmen. Zumeist begnügten sich diese Theologen mit den Schriftauslegungen der Väter, deren Werke einige von ihnen mit vieler Sorgfalt übersetzten.

Die theologische Bildung in Russland hob sich während des 19. Jahrhunderts noch mehr. An den 4 Akademien in Petersburg, Moskau, Kiew und Kasan treibt man jetzt mit vielem Eifer die theologischen Wissenschaften. Von diesen Akademien werden 4 theologische Zeitschriften herausgegeben „die christliche Lektüre“, „das Sonntagsblatt“, „die Werke der Väter“ und „der orthodoxe Herold“. Die Folge davon war eine ganze Reihe höchstbedeutender neuerer russischer Theologen.

Makarios schrieb eine bedeutende „Einleitung zur orthodoxen Theologie“ und eine sehr reichhaltige „Dogmatische Theologie der orientalischen Kirche“ nach weit strengeren Grundsätzen als Prokopowitsch und Theophylaktos. Er benutzte dabei die neuere deutsche, zumeist katholische Theologie und fügte reiches Beweismaterial aus den alten Vätern bei. Die Dogmatik des Makarios ist heute das bedeutendste dogmatische Werk in der orientalischen Kirche. Diese „Einleitung“ und diese „Dogmatische Theologie“ des Makarios wurden ins Französische übersetzt, nach der französischen Übersetzung übertrug N. Papadopulos die „Einleitung“ und Vasilios Philippidis einen Teil der „Dogmatik“, den Abschnitt über die Mysterien, ins Griechische. Ausserdem schrieb er einen Abriss der Dogmatik, der von dem Archimandriten Neoph. Pagidas (1883) übersetzt wurde, eine Geschichte der Raskolniki und eine Geschichte der russischen Kirche. Er gab auch kirchliche Ansprachen heraus, von denen einige ins Französische übersetzt wurden.

Der Metropolit Philaret von Moskau schrieb eine dogmatische Theologie, Antonios schrieb eine Dogmatik, die von Vallianos (*Βαλλίανος*) übertragen wurde. Der Rektor der Akademie Kasan, Innokentios, schrieb eine Polemik.

Innokentios, Bischof von Pensesky, schrieb zu Anfang des 19. Jahrhunderts eine Geschichte der Kirche. Der andere Philaret, Metropolit von Tschernikof, gab eine sehr schätzenswerte Geschichte der russischen Kirche heraus, die ins Deutsche übersetzt wurde und eine dreibändige Patrologie, die Neophytos Pagidas ins Griechische übersetzte. Murawief schrieb eine kurzgefasste Geschichte der russischen Kirche, die von Vallianos ins Griechische übersetzt wurde. Die anderen neueren russischen kirchlichen Schriftsteller sind Evgenios Kiewsky, Amphitheatrof, der Vorsteher der Akademie Petersburg Smolesky, Smolodowitsch, Hergosersky, Sabbaitof; der Professor der Theologie in Kiew, Tsernowsky, gab eine dreibändige Kirchengeschichte heraus (1880), der Leiter der Akademie Kiew, Sylvester, eine dogmatische Theologie in 5 Bänden, Michail, der Leiter der Akademie Moskau, eine Auslegung der 4 Evangelien und der Apostelgeschichte; der überaus asketische Theophanis veröffentlichte eine Auslegung der neutestamentlichen Briefe und der Erzbischof Nikanor von Odessa, der eine Kritik der positiven Philosophie schrieb, und der Erzbischof Ambrosios von Charkow sind als Redner berühmt.

In der neusten Zeit haben sich die russischen Pfarrer Wasilief in Paris und Maltzew in Berlin, die Teilnehmer an den Altkatholikenkongressen Jannitzew, Ossinin und Kyreef, ferner Sokolof, Walaief, Swetlow und Platonof durch ihre Arbeiten einen Ruf erworben. Kyreef ist kein Theologe von Beruf, er ist Soldat. allein er ist einer der vorzüglichsten Kenner theologischer Fragen, ein feiner und doch kraftvoller Geist, allgemein ein durch elegante Diktion und Überzeugungskraft hervorragender Schriftsteller. Kyreef steht an der Spitze der Freunde der Altkatholiken in Russland. Sein bedeutendstes Werk ist seine Schrift gegen die Unfehlbarkeit des Papstes, die auch ins Deutsche übersetzt ist.

Ausser den bereits erwähnten Zeitschriften, die von den theologischen Akademien ausgehen, gibt es in Russland noch eine ganze Anzahl religiöser Zeitschriften: „der Geistliche Unterricht“, „der Wegweiser“, „die Schule der Frömmigkeit“, „die Orthodoxe Rundschau“, „die Heilsame Lektüre“, „der

Pilgrim", „der Geist des Christentums", „der Kirchenbote", „die Kirchlichen Nachrichten" und andere mehr. Viele russische Theologen und Gelehrte der Neuzeit warfen sich mit grossem Eifer auf das Studium der byzantinischen Theologie und Philologie. Zu diesem Zwecke erscheint in Petersburg eine spezielle Byzantinische Zeitschrift (Vizantijskij Vremennik), die von V. Wasilievsky und Vegel redigiert wird, und es besteht auch eine Byzantinische Sektion der Annalen der historischen und philologischen Gesellschaft an der Universität in Odessa (seit 1892). Auch das russische archäologische Institut in Konstantinopel bezweckt die Förderung des byzantinischen Studiums. Unter diesen russischen Byzantinologen ist Uspisky einer der bedeutendsten. An der Verbreitung der theologischen Wissenschaft und der religiösen Ausbildung des Volkes in Russland arbeitet die sogenannte „Gesellschaft für geistige Aufklärung des russischen Volkes", deren Zentrum sich in Petersburg befindet.

Unter die Theologen der russischen Kirche reihte sich in der Neuzeit der Franzose Guetté ein, ein bedeutender Gelehrter, der um seiner freien Anschauungen, seines Kampfes gegen die Jesuiten willen und weil er in seiner „Geschichte der französischen Kirche" für die französische Freiheit fest eintrat, mit Rom in Konflikt kam, seit 1855 den orthodoxen Glauben annahm und von der theologischen Akademie in Petersburg als Lehrer der orthodoxen Theologie berufen wurde. Seine hervorragendsten Werke sind „das abtrünnige Papsttum" und „das ketzerische Papsttum", die besten Abhandlungen über den päpstlichen Primat und die Neuerungen der römischen Kirche, ferner seine „Kirchengeschichte", die sich auf die ersten Jahrhunderte beschränkt. Ausserdem schrieb er auch eine „Darstellung der Lehre der orthodoxen Kirche" [1]) und „Gegen Renan", „Gegen das neue päpstliche Dogma von der unbefleckten Empfängnis" und anderes mehr. Er gab seit 1855 in Paris die Union chrétienne heraus, trat für die orientalische Kirche ein und arbeitete für eine Union der Kirchen.

---

[1]) Von Karydas ins Griechische übersetzt.

In ähnlicher Weise schloss sich auch der deutsche Theologe Overbeck an die russische Kirche an, er gab in England eine „Revue des Orthodoxen Katholizismus“ heraus, die wie auch seine übrigen Schriften im Abendland die Gründung einer neuen orthodoxen Kirche auf der Basis der lateinischen Kirche der ersten Jahrhunderte bezweckte (vgl. § 27).

Die russische Regierung unterstützte auch den von Rom verfolgten deutschen Theologen Pichler, dieser hatte in seiner „Geschichte der kirchlichen Trennung“ wahrheitsgetreu nachgewiesen, dass hauptsächlich die Päpste die Trennung verschuldet hätten.

Öfter fanden auch eine ganze Reihe hellenischer Theologen in Russland Unterstützung, die der russischen Kirche durch ihr Wissen vielen Gewinn brachten. Es waren dies ausser Maximos und den Brüdern Lichudis, von denen schon die Rede war, in den letzten Jahrhunderten Evgenios Vulgaris, Theotokis und Ikonomos. Sehr befruchtend auf die orthodoxe russische Theologie wirkte die reiche blühende Theologie des in wissenschaftlicher Beziehung so hochstehenden Nachbarstaates Deutschland ein. So steht der russischen Theologie eine glänzende Zukunft bevor, sie wird umsomehr vorwärtsschreiten, je mehr Russland als Staat auf dem Gebiete der politischen Freiheit vorwärtsschreitet, denn ohne diese ist weder eine geistige noch irgend eine andere Entwicklung der Völker möglich.

Wenn Russland auf dem Gebiete der Litteratur in seine Blüteperiode eintreten wird (und die Zeichen einer baldigen kommenden Blütezeit sind in den Werken der grossen Dichter und Schriftsteller Puschkin, Dostojewski und Tolstoi zu erkennen) und allgemein die Wissenschaften emporkommen, wird auch die theologische Wissenschaft und die theologische Litteratur, deren Erzeugnisse bis heute nur schwache Vorboten einer kommenden Entwicklung sind, in diesem uns glaubensgleichen Lande zu bedeutender Höhe emporsteigen.

§ 59.

Die russische Mission unter den Mohammedanern und den heidnischen Völkern Asiens.

Die vielen mohammedanischen und heidnischen Völker, die an den Grenzen Russlands wohnten, veranlassten im Anfang des 18. Jahrhunderts in den Zeiten Peters d. Gr. den Erzbischof Theophilos von Tobolsk, zum ersten Male Missionare zur Christianisierung der Mugallen, Tataren und Wogulen auszusenden. Er selbst beteiligte sich am Werke der Mission, besuchte die Völker Sibiriens, besonders die Ostjaken und predigte diesen wilden Völkern Nordasiens zum ersten Male das Evangelium. Anfänglich schien es, als ob die Bekehrung dieser Völker unmöglich sei, so gross waren die Hindernisse, auf die man stiess. Aber binnen kurzem krönte der Erfolg ihre Arbeit, Tausende von Ostjaken nahmen schnell das Christentum an. Man sagt, Theophilos habe bei seinen Bekehrungsversuchen Gewalt angewandt, dies wäre aber doch für seine Absichten eher schädlich als förderlich gewesen. Nach dem Tode des Theophilos liess man das Werk der Missionierung dieser Völker nicht ruhen, sondern dehnte es unter Leitung des Erzbischofs Theodoros von Tobolsk über andere Volksstämme, die Buraeten, Tungusen, Mordwinen, Tschuwassen, Tschereminen und Wotjaken aus. Man suchte auch die Tataren zu gewinnen. Doch gelang dies nur bei wenigen, wie überhaupt bei allen Völkern, die dem Mohammedanismus zuneigen, eine grosse Abneigung gegen die Bilder zu finden ist. Dieses Werk der Heidenbekehrung nahm man unter Elisabeth mit aller Energie in Angriff, während ihrer Regierungszeit entstand die „Gesellschaft zur Ausbreitung des Glaubens“. Damals nahmen viele sibirische Völker das Christentum an. Unter ihr fand auch der erste Versuch statt, das Evangelium unter den Kalmücken zu predigen. Tschan, die Fürstin eines kalmückischen Stammes, wurde samt ihren Kindern in Moskau getauft, allein dies geschah wohl mehr um der Freiheit willen als aus Überzeugung. Da die Missionare nur mit grösster Schwierigkeit im stande waren, die Sprachen dieser Völker zu erlernen, nahm man, um die Bekehrung dieser Völker zu erleichtern, ihnen Kinder weg, erzog sie christlich und schickte sie dann als Missionare zu ihren Stammesgenossen zurück. Zu diesem Zwecke errichtete man in einem Kloster in der Nähe von Kasan eine besondere Schule. Auch in anderen Städten entfernter Eparchien entstanden derartige Schulen.

Der Eifer für die Ausbreitung des Christentums unter den heidnischen Völkern Asiens blüht in Russland und trägt überall reiche Früchte. Eine ganze Reihe von Gesellschaften ist in dieser Absicht gegründet worden, so im Kaukasus die „Gesellschaft der heiligen Nina“. Eine andere Gesellschaft behufs Bekehrung der Juden in Russland besteht schon seit längerer Zeit. Die Ausbreitung des Christentums bezweckt auch die letzthin gegründete „Orthodoxe Gesellschaft zur Ausbreitung des Christentums unter den Heiden“ (1870), deren Zentrum in Moskau sich befindet und deren Vorsitzender der dortige Metropolit ist. Diese Gesellschaft hat überall im russischen Reiche Zweigvereine, steht unter der thatkräftigen Protektion der kaiserlichen Familie und verspricht viele Erfolge in der Evangelisation Asiens. Im J. 1888 zählte die Orthodoxe Gesellschaft, die in Japan und sonst in Asien arbeitet, circa 10 000 Mitglieder, an ihrer Spitze steht ein Ausschuss von 12 Mitgliedern, darunter 3 Laien. Die russischen Missionare sind für die katholischen und protestantischen Missionare in Asien keineswegs zu verachtende Gegner. Ihren Bemühungen ist es zuzuschreiben, dass die Thomaschristen in Indien die Union mit der russischen Kirche suchten. Die Zahl der heidnischen Völker, die sich durch die Russen in den Schoss des Christentums haben führen lassen, ist nicht gering. Aber es möge niemand glauben, dass sie vollkommen christianisiert seien. Mögen auch viele von ihnen das Christentum angenommen haben, es hat sich so viel heidnischer Aberglauben unter ihnen erhalten, dass man behaupten darf, ihre Religion ist heute mehr ein Gemisch von Christentum und Götzendienerei. Nur durch Unterricht und Einführung in zivilisierte Zustände können diese Völker zu einem reineren und vollkommeneren Verständnis des Christentums gelangen. Vor kurzem traten viele Japaner infolge der Bemühungen russischer Missionare zum Christentum über. In Japan gerade, wo die orthodoxen Missionare mit den katholischen und protestantischen rivalisieren, hat die orthodoxe Kirche grosse Fortschritte gemacht. Im J. 1888 stand an der Spitze der Orthodoxen in Japan ein Bischof, ein Archimandrit und viele andere Priester und Diakonen. Viele von diesen sind Japaner von Geburt. Ausser den Japanern sucht die „Gesellschaft“ auch andere heidnische oder mohammedanische Völker des europäischen und asiatischen Russlands, die Kalmücken, Tataren, Cirkassier und andere Bewohner Sibiriens dem Christentum zuzuführen. Durch die Thätigkeit der russischen Missionare ist Sibirien nahe daran, als völlig christianisiertes Land zu gelten. Bereits der grösste Teil der etwa fünf Millionen Bewohner dieses Landes sind Christen. Nur eine geringe Zahl sind Mohammedaner oder Schamanen geblieben. Diese letzteren beten die Sonne an und lassen noch viele andere Götter gelten. Das weibliche Geschlecht ist bei ihnen sehr verachtet, die Zauberei steht in hoher Blüte. Die „Gesellschaft“ arbeitet ebenfalls in China, Indien und Siam. Diese Erfolge hat man der unermüdlichen Thätigkeit der „Orthodoxen Gesellschaft“ zu verdanken. Nach Verlauf des ersten Vierteljahrhunderts seit ihrer Gründung (1870 bis 1895) hatte sie circa 85000 Heiden und Mohammedaner zum Christentum bekehrt und dafür etwa 3 Millionen Rubel aufgewendet und beabsichtigt nun ihre Thätigkeit auch auf Beludschistan, Afghanistan und andere asiatische Länder auszudehnen.

Zur Bekehrung der Araber in Palästina zum orthodoxen Glauben und zur Bekämpfung der fremden Propaganda besteht seit einigen Jahren in Russland eine neue „Palästina-Gesellschaft“, die zahlreiche Mitglieder und sehr bedeutende Einnahmen besitzt. Im J. 1893 kamen circa 400000 Rubel ein. Sie hat einen Hauptreservefond von vielen Millionen Rubeln, ihr unbewegliches Vermögen setzt sich aus Schulen, Fremdenherbergen, Kirchen u. s. w. zusammen und beträgt über eine Million. Ihre Mitgliederzahl beträgt circa 1800, die meisten von ihnen gehören den höchsten Ständen der russischen Gesellschaft an, der Zar selbst hat das Protektorat übernommen. Ausser den Zwecken rein religiöser Art hat die Gesellschaft auch der russischen Politik im Orient zu dienen. In Palästina und Syrien beobachtet die Gesellschaft die Hellenen, die zwei Patriarchate daselbst inne haben mit grossem Misstrauen und arbeitet allem, was hellenisch heisst, nach Kräften entgegen.

§ 60.

Die Beziehungen der russischen Kirche zu den Römischkatholischen.

1. Zwischen der russischen Kirche und der römischkatholischen knüpften sich in dieser Periode zum ersten Male in der Zeit Iwan IV. Wasiliewitsch gegen Ende des 16. Jahrh. nähere Beziehungen. Dieser unternehmende Fürst vereinigte in sich Klugheit, Mut und Rechtschaffenheit, wenn auch hier und da einmal seine Wildheit durchbrach. Er legte die erste Grundlage zu einer Verbesserung der Verhältnisse seines Reiches. Sein Vorbild lehrte seine Unterthanen Toleranz zu üben. Wie vorsichtig Iwan mit diesen toleranten Anschauungen seinem Volke gegenüber war und wie sehr er auf die Vorurteile seines ungebildeten und fanatischen Volkes Rücksicht nahm, ist aus folgendem zu ersehen: Wenn er fremde Gesandte in Audienz empfangen und ihnen dabei die Hand gereicht hatte, wusch er diese hinterher sorgfältig! Dabei war er der erste, der um der Ausländer lutherischer Konfession willen den Bau einer lutherischen Kirche in Moskau erlaubte. Von seinen fortschrittlichen Ideen legt auch seine Anordnung, das Neue Testament ins Russische zu übersetzen und die Verteilung desselben unter das Volk ein beredtes Zeugnis ab. Er setzte auf den Verkehr mit dem abendländischen Europa grosse Hoffnungen und zog eine Menge gebildeter Deutscher und andere fremde Künstler und Handwerker in sein Land und errichtete im J. 1562 die erste Druckerei in Moskau, deren Aufsicht der gelehrte und thatkräftige Metropolit Makarios übernahm.

Es wird berichtet, Iwan habe in der Hoffnung, Gelehrte

und Künstler aus Deutschland in sein Land zu ziehen, dem Kaiser Karl V. gegenüber eine Aussöhnung mit der römischen Kirche vorgeschlagen. Allein bestimmt sprach er diesen Wunsch erst dessen Nachfolger und Bruder Ferdinand I. gegenüber aus. Er versprach zugleich seinen Einfluss auf die Armenier auszuüben, damit auch diese dem Gedanken einer Union näher träten. Er versprach ferner, er wolle auch in seinem Reiche, wie dies ja damals in dem übrigen Europa bereits der Fall war, allen Konfessionen und vorzüglich der römischen vollen Frieden gewähren, bis eine allgemeine Synode zum Zwecke einer Union einberufen wäre, und versicherte ferner, er wolle an jedem Unternehmen der europäischen Mächte gegen die Türkei teilnehmen; es war dies ein Ziel, das die damaligen Päpste mit allem Eifer verfolgten. Aber alles dies blieb unausgeführt. Im J. 1581 schien es allerdings, als ob thatsächlich etwas geschehen solle. Der Zar war nämlich mit dem Könige Stephan Bartold von Polen in einen für ihn unglücklichen Krieg verwickelt. Um einen erträglichen Frieden herbeizuführen, rief er die Vermittlung des Papstes Gregor XIII. an. Diesem versicherte der Zar, der König habe diesen Krieg ganz ungerechterweise mit ihm angefangen, habe auch mit dem Sultan, diesem Feinde der Christenheit ein Bündnis geschlossen und hindere ihn, an dem beabsichtigten Kampfe der europäischen Fürsten gegen die Türken teilzunehmen, er fügte die ausdrückliche Versicherung hinzu, dass die russische Kirche mit der römischen sich versöhnen wolle. Der Papst ernannte den italienischen Jesuiten Possevin zum päpstlichen Gesandten am russischen Hofe, nannte in einem an den Zaren gerichteten Schreiben diesen seinen geliebten Sohn und riet ihm, die Kirche seines Reiches dem Bischof zu Rom als dem Statthalter Christi zu unterwerfen. In der Zwischenzeit kam ein Friede zu stande und zwar zum Nachteil des Zaren. Zwar versuchte Possevin trotzdem auch nachher noch Unionsverhandlungen, überredete auch den Zar, Gesandte an den Papst zu schicken, erreichte aber durchaus nichts. Der Papst suchte Unterwerfung, nicht aber Versöhnung.

2. Iwans IV. des Schrecklichen Nachfolger Fedor I. (1584)

war der letzte Spross aus dem Stamme Rurik, danach trat Anarchie ein. Deshalb wählte man Voris (*Βόρις*) den Gerechten zum Herrscher. Als aber ein Mönch namens Grigor als Dimitrios, der längst verstorbene Bruder des Fedor, auftrat und bei einem grossen Teile der Russen Anerkennung fand, verlor Voris die Hoffnung und beging Selbstmord. Die Polen unterstützten als fanatische Katholiken den Pseudodimitrios und halfen ihm Moskau und den Kreml erobern. Pseudodimitrios regierte 13 Monate und bewies dabei dem Katholizismus in Russland das allergrösste Wohlwollen. Dimitrios war von Moskau nach Litauen gekommen und hatte dort zuerst den Plan gefasst als Dimitrios, mit dem er eine täuschende Ähnlichkeit hatte, aufzutreten, überredete dann die Polen durch sein Versprechen, Russland katholisch zu machen, ihm beizustehen. Deshalb erkannte ihn auch das polnische Parlament zuerst als Zar an. Die Tochter eines polnischen Adligen wurde seine Gemahlin. Ein polnisches Heer stürzte den Voris, mit Hülfe der Polen zog der Pseudodimitrios siegreich in Moskau ein und liess sich als Beherrscher der Russen krönen. Jesuiten und polnische Adlige kamen mit ihm nach Moskau, rissen allen Einfluss in der neuen Regierung an sich und versuchten lateinische Dogmen und Sitten in der russischen Kirche einzuführen. Schliesslich wurde aber der Betrug entdeckt und der Pseudodimitrios gestürzt. Es folgte eine neue Periode der Anarchie, bis Michail Romanof III. (1613) zum Zar gewählt war, seine Nachfolger sind Alexios I., Fedor III., Iwan V. und Peter der Grosse. So gewaltig war die Gefahr, die unter Pseudodimitrios seitens des Papismus der russischen Kirche drohte.

3. In der Geschichte der Beziehungen der russischen zur römischen Kirche sind auch die Verhandlungen der theologischen Fakultät der Sorbonne in Paris mit Peter dem Grossen über eine Union beider Kirchen erwähnenswert. Als 1717 Peter der Grosse in Paris weilte, glaubten die Theologen der Sorbonne, sie müssten die Gelegenheit benutzen und zwecks einer Union der russischen und römischen Kirche Unterhandlungen anknüpfen. Sie glaubten, gleichwie Peter der Grosse die Wissenschaft, die Künste, im allgemeinen die Kultur des

europäischen Abendlandes liebte, so dürfte es auch nicht schwer sein, ihn zur Annahme eines andern, europäischen Glaubens zu bewegen. Allein Peter entgegnete, über religiöse Fragen habe er keine Entscheidung zu treffen, er werde aber diesen Vorschlag einer Union seinem Klerus unterbreiten und diese würden der Sorbonne die erbetene Antwort erteilen. Die Fakultät händigte ihm dann ein Schreiben ein, in dem ihre Vorschläge zu einer Union der russischen und römischen Kirche dargelegt waren. Diese Vorschläge behandelten die Streitfrage über den Papst in französischer Auffassung, d. h. man hatte das Prinzip festgehalten, der Papst sei kein absoluter Herrscher der Kirche, sondern unterstehe den ökumenischen Synoden und habe keine unbegrenzte Gewalt über die Kirchen. Der russische Klerus lehnte eingehendere Unterhandlungen ab und erklärte, er stehe zwar einer Union nicht feindselig entgegen, da aber der Patriarchatsthron Russlands zur Zeit verwaist sei, könne er auf Grund der kirchlichen Verfassung Russlands keine endgültigen Schritte unternehmen, sondern müsse sich an die Patriarchen des Orients wenden. An diese schrieb die russische Geistlichkeit und erbat deren Urteil. Die Patriarchen aber fürchteten mit Recht die unveränderlichen Anmassungen des Bischofs von Rom, knüpften durchaus keine Hoffnungen an diese Unionsvorschläge, sondern wiesen sie ganz und gar zurück. So verlief dieser Versuch der Sorbonne resultatlos.

4. Wenn auch die Unionsversuche mit Rom immer missglückten, so genossen die Katholiken überall in Russland selbst volle Religionsfreiheit. Die Toleranz gegen alle europäischen christlichen Konfessionen datiert besonders seit Peter dem Grossen. Hatte man auch früher die Andersgläubigen als brauchbare Werkzeuge zur Civilisation des noch barbarischen Landes geduldet, so wurden sie doch von den Russen gehasst und galten ihnen als Heiden. So hatte der vorletzte russische Patriarch Joakim in seinem Testamente die Zaren getadelt, dass sie sich den Andersgläubigen freundlich erzeigten und riet, sie zu vertreiben und ihre Kirchen zu zerstören! Aber seit der Regierung des klugen und unternehmenden Peter, der viele europäische Gelehrte, Künstler und Handwerker nach

Russland zog, um dort die europäische Civilisation immer mehr einzuführen, änderte sich die Ansicht der Russen über die Andersgläubigen und wurde christlicher und humaner. Seitdem hatten die Katholiken wie die Protestanten völlige Freiheit in der Ausübung ihrer Religion in Russland. Ein eklatanter Beweis für die völlige Toleranz der russischen Regierung gegenüber den Katholiken ist folgender Vorfall: Als im J. 1772 Papst Klemens XIV. den Jesuitenorden auflöste, wurden die Jesuiten überall in Europa auch in katholischen Ländern verjagt, bei Katharina II. aber fanden sie einen Zufluchtsort und volle Duldung. Die Russen haben sich niemals beeifert, die Andersgläubigen in Russland durch proselytistische Machinationen zur orthodoxen Kirche herüberzuziehen. (Von den Vorgängen in Polen und in den russischen Ostseeprovinzen wird weiter unten die Rede sein.) Wir haben nur wenige Beispiele davon, dass Protestanten oder Katholiken aus eigenem Antriebe den orthodoxen Glauben angenommen haben. Aber ebenso wenig wie die Russen sich beeiferten, noch beeifern, andere in Russland zur russischen Kirche herüberzuziehen, ebenso wenig leiden sie es, dass jemand unter ihnen in proselytistischem Sinne wirkt. Den Andersgläubigen ist der Aufenthalt nur unter der Bedingung gestattet, dass niemand gegen die Religion des Staates etwas unternehme. Hierdurch waren die Jesuiten, die im übrigen Orient so energisch und in so skandalöser Weise gearbeitet, in Russland sich ruhig zu verhalten gezwungen.

§ 61.

Der Kampf zwischen den Orthodoxen und Katholiken in Polen.

Die Länder, in denen die orthodoxe slavische Kirche in offenen Kampf mit der römischen Kirche geriet, sind Polen, zu dem auch sonst viele russische Eparchien gehörten und Litauen, das in früherer Zeit von katholischen Fürsten beherrscht wurde. In diesen Ländern wohnten viele orthodoxe Slaven, die die von den Königen Polens und Litauens begünstigten

Katholiken zu latinisieren suchten. Vor allem stürzten sich die Jesuiten mit aller Macht auf die Orthodoxen und es gelang ihnen auch durch ihre List und ihre Verfolgungen, wie wir an anderem Orte nachgewiesen haben, auf der Synode von Brest (1594) zugleich mit dem Metropoliten von Kiew viele mit der römischen Kirche zu unieren. Zu diesen damals so hart bedrängten orthodoxen Bewohnern jener Länder sandte i. J. 1600 Meletios Pigas den Kyrillos Lukaris, ohne dass dieser etwas erreichen konnte. Die orthodox bleibenden Einwohner Litauens und Polens waren stets ein Gegenstand des Hasses und der Verfolgung. Man verbot ihnen, neue Kirchen zu bauen, wo eine Kirche vor kurzem neu errichtet war, wurde sie niedergerissen, und unzählige andere Verfolgungen hatten sie zu erdulden. Dieser Hass gegen die Orthodoxen war so gross, dass bei einer Versammlung i. J. 1717 irgend ein Vertreter die Ausrottung aller orientalischen Christen, nicht nur der nicht unierten, sondern auch der unierten beantragte! Im J. 1718 wurden sie vom Parlament ausgeschlossen. In dieser Lage erstand ihnen in Peter d. Gr. von Russland ein Retter, dieser drohte dem Könige von Polen, er werde ihm den Krieg erklären, wenn die Lage seiner Glaubensgenossen nicht besser würde. Und in der That, da der König von Polen diesen Vorstellungen gegenüber taub blieb, brach er 1724 mit einem Heere von 30000 Mann in Litauen ein (das damals noch mit dem Königreich Polen vereinigt war). Doch vereitelte der Tod Peters d. Gr. diese Unternehmung. Von dieser Zeit ab hörte der russische Hof, wenn auch nicht immer aus rein religiösen Gründen, niemals auf, über das Geschick der orthodoxen Glaubensgenossen in Polen sorgfältig zu wachen. Allein trotz aller dieser Protektion seitens Russlands liess ihre Lage in Polen zu wünschen übrig. Auch die Versammlung vom J. 1766 zeigte sich den Orthodoxen wie den Protestanten gegenüber feindselig. Schliesslich wurde die polnische Regierung im Vertrag zu Warschau (1769), der ihr von Russland aufgezwungen wurde, genötigt, den Dissidenten (so nannte man die Orthodoxen und Protestanten) ihre alten Rechte und Privilegien wiederzugeben.

Auch nach der ersten Teilung Polens (1772), die unablässige innere Spaltungen dieses revolutionären Volkes im Gefolge hatte, wurde die Lage der Dissidenten nicht besser. Nur in den Eparchien, die Katharina II. zugefallen waren, erfreuten sich die Orthodoxen der völligen Freiheit und viele der Unierten kehrten in den Schoss der orthodoxen Kirche zurück. In Polen selbst blieben die Verhältnisse genau so, wie sie früher waren. Die Unterdrückung der Orthodoxen und andere Misshelligkeiten riefen i. J. 1793 die zweite Teilung Polens hervor, aber die Polen hatten von ihrem Elend nichts gelernt. Der König Stanislaus Augustus übertrat i. J. 1775 die Beschlüsse des Vertrags von Warschau dadurch, dass er durch ein Gesetz die Nichtkatholiken von der gesetzgebenden Körperschaft und den öffentlichen Ämtern ausschloss, hob das sogenannte judicium mixtum auf und erneuerte die harten Gesetze gegen die Abtrünnigen. Nach der dritten Teilung Polens (1795) nahmen die Streitigkeiten der Orthodoxen und Katholiken ein Ende, die Orthodoxen standen von nun an unter den Gesetzen der Mächte, die das Königreich Polen geteilt hatten.

Die österreichische Regierung, die sonst die Thätigkeit des lateinischen Klerus gegen die Orthodoxen begünstigt hatte, bewilligte in der Neuzeit den Orthodoxen Polens gleichwie auch ihren übrigen Unterthanen nicht nur volle Religionsfreiheit, sondern sorgte auch durch Errichtung von Seminarien für die Bildung ihres Klerus und erwies ihnen mancherlei Aufmerksamkeiten.

Auch die preussische Regierung gab den Orthodoxen Preussisch-Polens keine Ursache zu Klagen.

Die orthodoxen Bewohner der an Russland fallenden Teile Polens genossen selbstverständlich alle Rechte und Privilegien der in Russland herrschenden Kirche. Die Russen begünstigten in ihren vormals polnischen Eparchien den orthodoxen Glauben mit demselben Eifer, den einst die katholischen Könige Polens für den Katholizismus in ihren russischen Eparchien bewiesen hatten. Viele Unierte dieser Länder verliessen ihren unierten Glauben. Im Februar 1839 sprach der hohe Klerus der unierten Kirche Litauens und Weissrusslands vor der Synode in Polozk den Wunsch aus, in den Schoss der orthodoxen

Kirche wieder aufgenommen zu werden. Die Synode in Petersburg begrüsste ihre Rückkehr mit Freuden. Die russische Regierung unterstützt den orthodoxen Glauben nicht nur aus religiösem Eifer, sondern auch aus politischen Beweggründen, da auf diese Weise die Russifizierung dieser Landstriche vorwärtsschreitet, was für Russland von hohem Interesse ist. Diese Tendenz der russischen Politik regt die öffentliche Meinung des ganzen abendländischen Europa in hohem Grade auf. Die Unfehlbarkeitserklärung auf der Vatikanischen Synode (1870) veranlasste einen grossen Teil der unierten Polen, die Union mit Rom aufzugeben. Dagegen hat Leo XIII. durch sein Gebot an die katholische Welt vom J. 1880, das Fest der Slavenapostel Methodios und Kyrillos feierlich zu begehen, und die feierliche Teilnahme an ihrer Milleniumsfeier i. J. 1885 die Sympathien der unierten Slaven für Rom wieder zu erwecken gewusst.

§ 62.

Die Beziehungen zu den Protestanten. Die Ostseeprovinzen. Die Anglikaner.

Das Verhältnis der russischen Kirche zu den Protestanten war friedlicher als das zu den Katholiken. Viele Protestanten leben in den Ostseeprovinzen (Kurland, Esthland, Livland und Finnland). Ausser diesen gibt es in Russland noch viele und zumeist gebildete Protestanten, die seit den Tagen Peters d. Gr. die höchsten Ämter in Russland inne haben. Allein diesen ist von alters her in der Ausübung ihrer Religion volle religiöse Freiheit gewährleistet. Nur im Anfang des 19. Jahrhunderts trat wegen der heimlichen proselytistischen Thätigkeit der Bibelgesellschaften eine gewisse Gereiztheit gegen die Protestanten ein. Die russische Regierung vertraute anfangs der Aufrichtigkeit dieser Gesellschaften und legte ihnen bei der Verbreitung der Bibel nicht nur keine Hindernisse in den Weg, sondern unterstützte sie vielfach dabei. Die Londoner Bibelgesellschaft hat infolge der Erlaubnis Kaiser Alexanders I. zahllose Bibeln in Russland verbreitet. Im J. 1821 wurde zuerst das Neue Testament unter der Aufsicht der Synode ins Russische übersetzt und bald darauf in fast allen Volkssprachen des russischen Reiches herausgegeben. Das Volk nahm diese Übersetzungen bereitwillig auf. Als man aber hinter die versteckte Absicht kam, mit der viele protestantische Sendboten die Ausbreitung der Bibel betrieben, entstand eine starke nationale Gegenströmung und der englischen Bibelgesellschaft wurde ihre Thätigkeit untersagt (1826). Allein hatte man auch seitdem den protestantischen Missionaren und der Londoner Bibelgesellschaft alles Wirken in Russland verboten, so hörte dennoch das heilige Werk der Bibelverbreitung in für die russischen Völker verständlichen Übersetzungen nicht auf, da die russischen Bibelgesellschaften dies Werk in die Hand nahmen. Letzthin begann die dirigierende Synode in Russland selbst eine neue Übersetzung der Bibel in russischer Sprache zu besorgen. Auch nach der Aufregung gegen die protestantischen Missionare nahmen die Protestanten und zumeist Deutsche hohe Ämter in Russland ein und besassen grossen Einfluss. Seitdem aber in der letzten Zeit viele Russen sich eine gelehrte Bildung angeeignet haben und die europäischen Gelehrten nicht mehr unersetzlich waren, begann dieser Einfluss sich zu verringern.

In den Ostseeprovinzen, wo ein grosser Teil besonders der Landbevölkerung protestantisch ist, verfolgte die russische Regierung seit dem Beginn des 19. Jahrhunderts die Russifizierung dieser Bewohner und ihren Übertritt zur orthodoxen Kirche. Im J. 1841 verbreitete sich in diesen Ländern unter der Landbevölkerung das Gerücht, dass alle, die zum orthodoxen Glauben überträten, die Besitzungen der deutschen Besitzer unter sich teilen dürften. Damals traten etwa 50000 Landbewohner über, liessen sich eintragen und wurden durch das heilige Myron Glieder der orientalischen Kirche. Für sie errichtete die Regierung eine grosse Anzahl orthodoxer Kirchen. Wer aber den neuen Glauben einmal angenommen hatte, bekam keine Erlaubnis wieder auszutreten, denn in Russland ist der Austritt aus der orthodoxen Kirche gesetzlich verboten. Die Anstrengungen der russischen Regierung zur Russifizierung und zum Glaubenswechsel der finnländischen

Bevölkerung werden noch in der Gegenwart fortgesetzt und erregen den grössten Unwillen der deutschen und sonstigen Protestanten, die bis heute auf vielerlei Art, letzthin durch den „Evangelischen Bund“ energisch dagegen protestierten. Im J. 1886 traten 6000 Protestanten, Angehörige der Landbevölkerung, zur orthodoxen Kirche über.

Wenn diese Zustände in Finnland und den übrigen Ostseeprovinzen mancherlei Misshelligkeiten zwischen den orthodoxen Russen und der protestantischen Welt hervorgerufen haben, so treten anderseits deutliche Anzeichen einer Annäherung zwischen den Protestanten und der orthodoxen russischen Kirche hervor. Die Episkopalen Englands und Amerikas, die in der letzten Zeit ihren Wunsch nach einem Freundschaftsverhältnis dieser zwei Kirchen zu erkennen gaben, wandten ihr Augenmerk auf die orthodoxe Kirche Russlands. Viele Engländer richteten ein darauf bezügliches Schreiben an die Synode Russlands (1869) und die Synode setzte deshalb eine Kommission ein, die sich um dies Werk der Union kümmern solle. Deshalb unterstützte auch die russische Kirche in hochherziger Weise Overbeck in England, den Bahnbrecher und Vorarbeiter eines Freundschaftsverhältnisses zwischen den Kirchen Englands und Russlands.

§ 63.

Allgemeine Schlussbemerkung über die ganze orthodoxe Kirche.

Die orthodoxen Hellenen, Russen, Bulgaren, Serben, Slaven im allgemeinen, Walachen und Asiaten zählen etwa 120 Millionen Seelen. Die orthodoxe anatolische Kirche stellt das Christentum der ersten Jahrhunderte dar, dieses hat sie treu bewahrt und sowohl die Irrtümer der römischen Kirche als auch die entgegengesetzten Abirrungen der Protestanten vermieden. Im Mittelalter und besonders in dem Zeitraum nach der Eroberung Konstantinopels brach infolge des Druckes der fremden Eroberer, der eingetretenen Unwissenheit und des allgemeinen Elends ein Zustand äusserer Erniedrigung und

Schwäche über den christlichen Orient herein. Aber der politische Aufschwung des hellenischen und der anderen orthodoxen Völker des Orients und das Wiederaufleben der theologischen Studien in Hellas und allgemein im Orient sowie in Russland trägt die Bürgschaft einer besseren Zukunft in sich. Die orientalische Kirche darf an die theologische Unterweisung und eine ordentliche aufgeklärte Bildung ihres Klerus die Hoffnung ihrer Wiedererneuerung und den Beginn der Blütezeit, wie sie einst in den ersten Jahrhunderten war, mit gutem Rechte knüpfen.

Teil IV.

Geschichte der von der orthodoxen Kirche getrennten Kirchen des Orients.

Litteratur. Asseman, Bibliotheca orient. Le Quien, Oriens christ. Job. Rubolfi, Historia aethiopica. Francf. 1681. Veyssière de la Croce, Historie du christianisme d'Ethopie et d'Arménie. Haye 1738. N. Murad, Notice hist. sur l'origine de la nation Maron. Paris 1814.

§ 64.

Die Nestorianer oder Chaldäer.

Die älteste orientalische Kirche, die sich von den orthodoxen Kirchen trennte, ist die Nestorianische. Die Geschichte dieser Kirche vor 1453 ist früher behandelt worden.

Die Nestorianer erhielten sich in Kurdistan, ein Teil von von ihnen wohnt zerstreut über Persien, Assyrien, Chaldäa und in den diesen benachbarten Ländern, ferner in Arabien und Indien, wo sie Thomaschristen genannt werden. Infolge des Mangels an Einheit unter ihnen sowie des Einflusses, den die herrschende Bevölkerung auf die Unterjochten ausübt, veränderten sich viele alte Gebräuche und Bestimmungen in den Nestorianischen Gemeinden. Selbst der Nestorianismus d. h. die Annahme zweier getrennter Naturen in Christo und zweier Personen veränderte sich zum Teil, denn die neueren Nestorianer sprechen sich über dieses Dogma in der Weise aus, dass sie durch ihre ungewöhnlichen Ausdrücke mehr den Mangel einer feststehenden Lehre verraten als eine hauptsächliche Abweichung von der bei den meisten Christen herrschenden Lehre vorstellen. Nach ihrer Meinung sind in Christo zwei Naturen und zwei Personen vereinigt, aber nur eine Erscheinung, „Parzupo“ genannt, vorhanden (Parzupo ist ganz offenbar ein aus Prosopon = Person verderbter Ausdruck), aller Wahrscheinlichkeit nach verstehen sie unter diesem Ausdruck dasselbe, was wir mit „einer Person“ bezeichnen. Daher ist der Nestorianismus der Neuzeit eine sonst nicht vorkommende Häresie. Abgesehen von diesem Punkte, in dem danach nur dem Anschein, nicht aber dem Wesen nach ein Unterschied besteht, stimmen fast in allen anderen Fragen dogmatischer und kultureller Art die Nestorianer mit den Orthodoxen überein und legen damit Zeugnis ab, dass sie aus der orthodoxen Kirche hervorgegangen sind. Sie kennen den Ausgang des heiligen Geistes nur vom Vater, das dreimalige Untertauchen und das heilige Abendmahl in beiderlei Gestalt. Trotzdem war kein besonderer Eifer nach Annäherung beider Kirchen vorhanden. Ganz besonders die Perser, Araber und Mamelucken verhinderten eine Union der Nestorianer mit den orthodoxen Byzantinern. Nach der Eroberung des Orients durch die Türken war die orientalische Kirche nicht im stande, Unionsgedanken zu hegen.

Dagegen versuchten die Päpste, getrieben von ihrer Herrschsucht, sich die Nestorianer unterthänig zu machen. Im J. 1553 trat unter den Nestorianern wegen der Besetzung des Patriarchats eine Spaltung ein. Damals wandte sich die eine Partei in einem Briefe voller Schmeicheleien an den Papst Julius III. und bat ihn, er möchte dem von ihr vorgeschlagenen Patriarchen beistehen, damit nicht ihre Gegner, eine bestimmte Familie, die den Patriarchenthron gleichsam als ihr spezielles Eigentum ansah, wieder in den Besitz des Patriarchats kämen. Julius benutzte die Verhältnisse und war damals eifrig bemüht, diesen Teil der Nestorianer seiner Macht zu unterwerfen. Die Union schien bevorstehend und sollte besonders unter Pius IV. endgültig vollzogen werden. Der Nestorianische Patriarch Ebed Jesu, der seinen Sitz in Mosul, der Hauptstadt von Ost-Assyrien hatte, kam persönlich nach Rom, um sich vom Papste seine Bestätigung zu holen und legte gleichzeitig für sich und seinen Klerus vor ihm das Versprechen ab, ihm unterthan sein und dem Glauben der römischen Kirche treu bleiben zu wollen. Allein während in dem schriftlich überreichten eidlichen Gelöbnis unter anderen ihm untergeordneten Kirchen auch die von Kuschin, Kananor, Goas, Kalkutta und Karongel mit aufgeführt waren, erklärte der portugiesische Gesandte, diese Kirchen erkennten überhaupt keinen Patriarchen an, sondern ständen unter dem Erzbischof von Goas. Noch fester wurde die Union Roms mit einer Anzahl Nestorianischer Christen zur Zeit Pauls V. im Anfang des 17. Jahrhunderts. Im J. 1681 entstand in Diarbekir in Syrien eine Nestorianische unierte Gemeinde.

So waren die Nestorianer seit 1553 etwa in zwei Teile geteilt, der kleinere Teil, der römische, empfing die Bestätigung seiner Patriarchen von Rom und diese hatten ihren Sitz in Orinion oder Urmia in Persien, der grössere Teil, die echten Nestorianer, wählten ihre Patriarchen unabhängig, diese aber hatten ihren Sitz in Mosul. Streitigkeiten zwischen diesen beiden Parteien waren nicht selten. Im J. 1781 erhoben sich die Unierten, um den unabhängigen Patriarchen zu stürzen und einen anderen ihnen günstiger gesinnten einzusetzen. Einer von den unierten Patriarchen, Elias, der den Titel Bischof von Babylon trug und dem Papste Paul V. nebst reichen Geschenken ein Glaubensbekenntnis übersandt hatte, erklärte ihm durch seine Gesandten seine Unterwerfung und fügte hinzu, er sei bereit, sein Patriarchat als eine Stiftung der römischen Kirche anzuerkennen und alle, die die Anerkennung des Papstes verweigerten, mit dem Bann zu belegen.

Dagegen hielten diese unierten Nestorianer an den Besonderheiten in ihrer Lehre fest und gaben am allerwenigsten ihren besonderen Kultus auf. Derselbe Patriarch Elias versicherte in dem Glaubensbekenntnis seiner Kirche, dass rücksichtlich der Dogmen und des Kultus bedeutende Abweichungen von der römischen Kirche beständen, dass sie z. B. den Ausgang des heiligen Geistes vom Vater lehre und dass Maria nur die Mutter Christi (Christotokos), nicht aber die Mutter Gottes sei.

Seit 1834 begannen protestantische (amerikanische) Missionare unter den Nestorianern zu arbeiten, allein der Krieg der Türken gegen die Nestorianer i. J. 1844 brachte ihrem Wirken grossen Schaden. Später aber nahmen sie ihr Werk wieder in Angriff und heute bestehen 70 Missionsschulen unter ihnen und sind 50 eingeborene Prediger thätig! Die Nestorianer können leichter als alle anderen orientalischen Christen protestantisch werden, weil sie weder Heiligenbilder noch deren Verehrung kennen, auch ist ihr gesamter Klerus verheiratet.

Die Jesuiten trachteten danach, auch die Thomaschristen in Indien, die ebenfalls Nestorianer ihrem Glauben nach waren, soweit die Herrschaft der Portugiesen in Indien reichte, sogar mit Gewalt mit Rom zu vereinigen (im 16. und 17. Jahrhundert). Aber als die Holländer die Jesuiten dort vertrieben hatten (im 17. Jahrhundert), wurden die Thomaschristen frei von dem Drucke Roms und die Karmeliter konnten nur mit Mühe hinterher einen Teil von ihnen zur Union mit Rom veranlassen. Noch heute teilen sich diese Gemeinden in katholische und unabhängige. Die letzteren halten einige von den alten Gebräuchen ihrer Kirche, so die Liebesmähler. Vor kurzem gaben diese Thomaschristen und allgemein die Nestorianer den Wunsch nach einer Union mit der orientalisch-russischen Kirche zu erkennen. Die Nestorianer zählen im ganzen etwa 350 000.

§ 65.

Die monophysitischen Kirchen. Die Armenier.

Die hauptsächlichsten Vertreter der monophysitischen Kirche in der Neuzeit sind die Armenier. Von den Kopten, Abessiniern und Jakobiten Syriens unterscheiden sie sich nur durch einige unbedeutende Besonderheiten. Diese Besonderheiten sind folgende. Die Armenier gebrauchen seit den ältesten Zeiten den monophysitischen Ausdruck „gekreuzigt“ um unsertwillen“ nach dem Dreimalheilig. Aus dem Evangelium des Lukas lassen sie die Stelle weg, an der es heisst, dass der Schweiss wie Blutstropfen von dem Angesichte des Herrn geflossen sei. Sie gebrauchen beim heiligen Abendmahle ungesäuertes Brot und mischen auch den Wein nicht mit Wasser, wie dies bei uns Sitte ist. Sie benutzen zur Bereitung des heiligen Myrons Sesamöl und feiern das Fest der Geburt Christi am 6. Januar, auch haben sie sonst noch einige Besonderheiten. Ausserdem waren ihre vielfachen Beziehungen zur römischen Kirche die Ursache zur Nachahmung einiger Anordnungen derselben, die den übrigen Kirchen des Orients fremd waren (muschelförmige Tiaren; Bischofsstäbe, die Weihe einer grösseren Anzahl von Priestern und Diakonen in demselben Gottesdienste). Die Armenier halten die Fasten sehr streng und haben von den Christen anderer Konfessionen die Bilderverehrung, die sie einst verwarfen, angenommen.

Im Anfang des 17. Jahrhunderts verliessen viele Armenier ihr Vaterland und traten zum Islam über, als der persische König Abbas I., um die Türken von den Grenzen seines Landes fernzuhalten, die angrenzenden Teile Armeniens verwüstete und die reichsten Bewohner dieser Landstriche in Ispahan, der Hauptstadt seines Reiches ansiedelte.

Im 18. Jahrhundert wanderten besonders in der Regierungszeit Peters d. Gr. viele Armenier nach Russland aus, wo sich bis heute überall armenische Gemeinden finden. Zumeist unter Nikolaos I. versuchten die Russen diese Armenier, allerdings ohne Erfolg, mit der orientalischen orthodoxen Kirche zu unieren.

Viele Armenier leben noch unter türkischer Herrschaft, wenn sie auch dies vielen Wechselfällen unterworfene Land verlassen und sich über den ganzen Orient bis nach Indien und anderswohin zerstreut haben. Armenische Kolonien befinden sich in Jerusalem, Konstantinopel, Polen und Venedig. Doch haben sie trotz aller Zerstreuung ihre religiöse Einheit bewahrt, sie erkennen alle den katholischen Patriarchen (Katholikos) in Etschmiatsin nahe bei Eriwan, der Hauptstadt des heutigen Russisch-Armeniens, als ihr geistliches Oberhaupt an. Etschmiatsin ist den Armeniern ein heiliger Ort, dorthin pflegen die Armenier von allen Orten her ihre Wallfahrten zu richten. Ausser dem Katholikos haben die Armenier noch drei andere Patriarchen in Sis in Cilicien, in Jerusalem und in Konstantinopel. Der übrige Klerus ist gemäss der in der orthodoxen Kirche herrschenden Ordnung in verschiedene Stufen eingeteilt. Ein nur der armenischen Kirche eigentümliches Institut sind die Vartaviten (*Βαρταβῖται*), die nach der Weise der Mönche leben, die Wissenschaft treiben, an den armenischen Synoden teilnehmen und die Bischöfe vertreten. Sie sind in gewisser Weise die Lehrer und Prediger des armenischen Volkes.

Die in der Türkei wohnenden Armenier haben von den Türken stets viele Drangsale zu erdulden gehabt, die in den Jahren 1895 und 1896 ihren Höhepunkt erreichten, als infolge einiger Petitionen der Armenier um Verbesserung der Verwaltung in Armenien und einiger durch Armenier in Konstantinopel hervorgerufener Unruhen die Türken gegen die Armenier gereizt wurden. Besonders waren es die Kurden Armeniens, die weit über 100000 von ihnen niedermetzelten, 2500 armenische Städte und Ortschaften wurden vernichtet, 568 Kirchen zerstört und 77 Klöster ausgeraubt! Die Bewohner von 646 Ortschaften wurden gewaltsam zum Islam bekehrt, 320 Kirchen in Moscheen verwandelt, 190 Priester, die den Islam nicht annahmen, ermordet und 500000 Armenier von Haus und Hof getrieben und aller ihrer Habe beraubt! Diese mohammedanischen Verfolgungen am Schluss des 19. Jahrhunderts übertrafen an Unmenschlichkeit und Wildheit alle Christenverfolgungen, von denen die Geschichte seit der Stiftung des Christentums berichtet. Und dies geschah unter den Augen der Gesandten der europäischen christlichen Grossmächte, die sich auf einfache Proteste und auf die Forderung einiger unbedeutender Reformen auf dem Gebiete der Verwaltung in Armenien beschränkten. Russland, das sonst sich als Schirmherr der Christen aufzuspielen beeilte, zeigte sich diesen furchtbaren Verbrechen gegenüber vollkommen gleichgültig und unterstützte sogar die Türkei, die von anderer Seite her bedroht wurde.

Auch von seiten der römischen Mission machte man Unionsversuche auf die armenische Kirche, besonders in den entfernteren Distrikten des türkischen Reiches, hatte aber nur geringe Erfolge zu verzeichnen. Der Mittelpunkt dieser

Unierten oder Armenokatholiken war einst der Patriarch im Libanon.

Die Armenier in Polen und Venedig sind auch mit Rom uniert.

Seit 1830 erhielten die Armenokatholiken in Konstantinopel von Rom einen eigenen Patriarchen, einen gewissen Jasun. Gegen diesen erwachte um seiner blinden Hingebung an die päpstlichen Interessen willen bei vielen Armenokatholiken Konstantinopels eine starke Missstimmung, die darin ihren Ausdruck fand, dass man während dessen Abwesenheit in Rom zur letzten Synode (1870) an seine Stelle den Arakelian wählte. Doch wollten die unzufriedenen Armenokatholiken auch diesen nicht anerkennen und prostierten gegen ihn wie gegen den Jasun. Rom begünstigte den Jasun und bedrohte seine Gegner. Die hierdurch hervorgerufene Aufregung dauert bis zur Gegenwart.

Auch die Protestanten gaben und geben sich bis heute viele Mühe, die Armenier, zumeist die in Konstantinopel, zur protestantischen Kirche herüberzuziehen. Allein i. J. 1845 erweckte ihr Patriarch eine Verfolgung gegen diese. Die Protestanten erhalten unter ihnen 5 Theologenschulen und 44 Volksschulen.

Die Beziehungen der Armenier zu den Orthodoxen waren stets freundlicher als zu den anderen christlichen Konfessionen. Über das Verhältnis der armenischen und orthodoxen Kirchen schrieben Konstantinos von Sina und der frühere Bischof Grigorios von Chios. Eine Union derselben mit den Orthodoxen wäre unschwer, da die Unterschiede ganz unbedeutend sind. Seitdem in der letzten Zeit nach dem russisch-türkischen Kriege (1878) ein grosser Teil Armeniens unter die Herrschaft Russlands gekommen ist, begann man in Russland in energischer Weise eine Annäherung der armenischen und orthodoxen Kirchen anzubahnen. Auch bei den Armeniern, die unter türkischer Herrschaft blieben, zeigte sich Neigung zu einer derartigen Union mit den Orthodoxen. Im J. 1890 suchten die von den wilden Kurden bedrängten Bewohner vieler Ortschaften des Vilajets (Generalstatthalterschaft) Siwas in einer Petition an den russischen Bischof von Eriwan (in Russisch-

Armenien) um Aufnahme in den Schoss der orthodoxen Kirche nach, um unter dem mächtigen Schutz des Zaren zu stehen. Die Annäherung der Armenier und Orthodoxen dürfte eines Tages zum Ziele führen, da die Armenier den Orthodoxen grosse Liebenswürdigkeiten entgegenbringen und diese Annäherung wünschen. Die gegenseitigen Beziehungen des hellenischen und armenischen Patriarchen und allgemein des hellenischen und armenischen Klerus sind stets ausserordentlich freundlich.

Die Armenier der Neuzeit zeigen keinen Fanatismus. So erklärte der i. J. 1892 dem Altkatholikenkongress in Luzern beiwohnende Isaak, Professor der armenischen kirchlichen Schule in Jerusalem, seine Kirche schätze die anderen christlichen Kirchen hoch, wenn sie sich auch in einigen Beziehungen von ihnen unterscheide, sehe sie als Schwesterkirchen an, erlaube den Orthodoxen, die an ihren Sakramenten teilzunehmen wünschen, dies bereitwilligst und ungehindert und jeder Armenier nehme in Gegenden, wo sich keine armenischen Kirchen befänden, an den Sakramenten der anderen Kirchen teil, sofern sie nicht zurückgewiesen würden. Unter den Armeniern der Neuzeit befanden sich viele wissenschaftlich gebildete Männer, wir finden bei ihnen immer ein, wenn auch nur kleines, wissenschaftliches Leben. Besonders lobenswert ist der Eifer, mit dem sie an der Verbreitung der Bibel im Orient arbeiteten. Unter den armenischen Schriftstellern der Neuzeit sind Grigorius von Cäsarea, der eine Schrift gegen einen romfreundlichen armenischen Bischof verfasste, ferner Malachias aus Dyrrhachion, der Verfasser einer armenischen und mohammedanischen Geschichte, eines armenischen Lexikons und anderer Werke, und Mechitar aus Sewastia, ein romfreundlicher Armenier zu nennen. Der letztere schrieb eine Erklärung zum Evangelium des Matthäus, einen Katechismus in armenischer und lateinischer Sprache und ein armenisches Lexikon. Eine gute wissenschaftliche Bildung findet man in der Neuzeit auch bei den unierten Armeniern Venedigs infolge der Thätigkeit der sogenannten Mechitaristen (ein von Mechitar gegründeter Orden). Die Gesamtzahl der Armenier beziffert sich auf drei Millionen.

§ 66.

Die Jakobiten.

Die in Syrien und Mesopotamien wohnenden Monophysiten nennen sich Jakobiten. Als der lateinische Bischof Leonardos Abel im Auftrag des Papstes Gregor XIII. gegen Ende des 16. Jahrhunderts die Kirchen des Orients bereiste, gab es nach dem Bericht desselben etwa 50 000 jakobitische Familien, die sich zumeist in grosser Armut befanden. Nur in Aleppo und Karamit gab es einige reiche Kaufmannsfamilien, die dieser Kirche zugehörten.

Im 17. Jahrhundert verminderte sich die Zahl der Jakobiten auf etwa 30 000 und heute gibt es nur noch wenige Überreste. Ihr Patriarch, der sonst seine Kirche von Kuva aus leitete, residiert jetzt in Karamit, seine patriarchale Gewalt erstreckt sich über ganz Syrien und Mesopotamien. Unter ihm stehen ausser dem Metropoliten von Jerusalem viele andere Bischöfe und der sogenannte Maphrian oder „der Erste".

Auch diese Jakobiten liess die römische Propaganda niemals in Ruhe. Die in Florenz proklamierte Union war erlogen. Im 17. Jahrhundert trennten sich viele jakobitische Gemeinden von ihren Glaubensgenossen, vereinigten sich mit der römischen Kirche und erhielten einen gewissen Andreas Achugian vom Papste zum Patriarchen. Diese unierten Jakobiten liessen sich nur mit Schwierigkeiten erhalten. Zwar liess Rom den Plan, auch die übrigen unter ihre Botmässigkeit zu bringen durchaus nicht fallen, ihre Missionare waren überall unter ihnen zu finden. Doch waren ihre Anstrengungen erfolglos. Es gab unter den Jakobiten viele Spaltungen. Nach langen Streitigkeiten erkannten die meisten von ihnen den Patriarchen in Karamit als ihr Oberhaupt an. Eine Ausnahme davon machten die in dem Distrikt „Tur devdin" wohnenden Syrer, mit denen sich in der Mitte des 18. Jahrhunderts die Schemniten, ein Volk, dessen Religion fast gänzlich unbekannt ist, vereinigten.

Seit 1824 begannen amerikanische Missionare von Beirut aus unter ihnen zu wirken.

Ihre Vereinigung mit den Orthodoxen dürfte nicht schwer fallen, zumal die Ähnlichkeit zwischen beiden sehr gross ist. Doch hat man in dieser Hinsicht noch keine Schritte gethan.

Die Wissenschaft stand sonst unter ihnen in hoher Blüte. Der Maronit Assemani zählt 40 derartige Schriftsteller auf.

Heute beträgt die Zahl der in Syrien, Mesopotamien, Babylon und Armenien wohnenden Jakobiten etwa 200000.

§ 67.

Die Kopten. Die Abessinier.

Der bedeutungsloseste Teil der monophysitischen Kirchen sind die Kopten in Ägypten und die Abessinier.

Der Despotismus, die Anarchie, der Fanatismus und die Unsicherheit des Landes, das unablässig überall von räuberischen Beduinenstämmen durchzogen wird, alles das vereinigt sich, um die Kopten, deren Zahl von Jahr zu Jahr immer geringer wird, zu erniedrigen und zu entwürdigen. Gegen Ende des 18. Jahrhunderts gab es nur noch etwa 30000 koptische Familien. Aber doch haben die Kopten trotz ihrer überaus elenden Lage ihre Religion samt ihren Besonderheiten stets bewahrt und den Angriffen der römischen Propaganda, die eine Vereinigung mit Rom erzwingen wollte, erfolgreich widerstanden. Im J. 1560 kam der Jesuit Christophorus Roderich im Auftrage des Papstes Pius IV. nach Alexandria, um den Patriarchen der Kopten zur Unterwerfung unter Rom zu bereden, allein trotz aller Ränke und reichen Geschenke hatte der Jesuit einen Misserfolg. Der koptische Patriarch gab zur Antwort, seit den ältesten Zeiten erkenne die orientalische Kirche keinen über die ganze Kirche herrschenden Bischof an, es sei dagegen jeder Patriarch unabhängig gewesen. Die Mehrzahl der koptischen Bevölkerung wies die Union mit Rom zurück, schon um nicht in freundschaftliche Beziehungen mit den Europäern zu kommen und dadurch der Regierung des Landes Veranlassung zum Argwohn zu geben. Schliesslich waren es nur wenige, die die Lateiner zu einer Union mit Rom zu verführen vermochten.

Im 18. Jahrhundert begannen auch die protestantischen Herrnhuter eine proselytistische Thätigkeit unter den Kopten. Im J. 1826 nahm die englische Missionsgesellschaft mit Hilfe deutscher in Basel ausgebildeter Missionare dies Werk in die Hand. Diese Missionsthätigkeit unter den Kopten dauert bis heute noch fort, ist aber ohne Erfolg geblieben.

Von der orthodoxen Kirche, von der sie nur in unbedeutenden Punkten wie in dem Dogma von den zwei Naturen Christi sich unterscheiden, bleiben sie der Gewohnheit folgend ferne.

Der Patriarch der Kopten wohnt in Kairo. Er ist zugleich der oberste Richter seines Volkes. Ihre höheren Geistlichen tragen den Namen Kamosaten, ihre Priester heissen Kassiden. Ausser diesen drei priesterlichen Rangstufen haben sie noch eine vierte, die sogenannten Schimma, Kinder der Messe, die die Weihe empfangen haben, um beim Gottesdienst Dienste zu verrichten. Wenn die Priester der Kopten auch der Bildung ermangeln, so werden sie doch vom Volke hoch verehrt. Die Klöster dienen bei ihnen nicht, wie sonst bei den Orthodoxen, als Erziehungsanstalten des Klerus. Wegen dieser grossen Unwissenheit des Klerus und des Volkes ist es gewiss nicht erstaunlich, dass sich bei den Kopten die widersinnigsten Ansichten über das Christentum finden. Die Kopten halten auch noch an der Beschneidung fest, doch ist sie nur als eine einfache Volkssitte, nicht als eine religiöse Ceremonie anzusehen. Die Zahl der Kopten beträgt heute etwa 200000.

Die Abessinier haben denselben Glauben wie die Kopten. Ihren Abunas oder Metropoliten erhalten sie aus Kairo vom koptischen Patriarchen. Nur als im 16. und 17. Jahrhundert die Abessinier infolge der Thätigkeit der Portugiesen und der Jesuiten sich eine Zeitlang Rom zuneigten, hörte ihre Union mit den Kopten eine kurze Zeit auf und wäre vollständig unterblieben, wenn die katholische Partei gesiegt hätte. Seitdem aber der König Phazilidis die Katholiken, die die Ruhe seines Landes störten, vertrieben hatte, berief man den Abunas wieder aus Ägypten und so kam die Wiedervereinigung mit den Kopten zu stande. Da nun den römischen Missionaren die Grenzen des Landes verschlossen waren, ordneten sie Eingeborene, die zum Katholizismus bekehrt waren, in dasselbe ab. Einer von diesen war der i. J. 1788 nach Abessinien als Bischof entsandte Tobias Gówrazos, doch konnte er nichts ausrichten. Noch heute (seit 1838) arbeiten katholische Missionare unter den Abessiniern. Seit 1829 nahmen auch deutsche protestantische Missionare Abessinien in Angriff. Beide trugen gegenseitig zum Misslingen ihrer Thätigkeit bei. Als Theodoros, der vorletzte König der Abessinier feindselig gegen die protestantischen Missionare vorging, erregte er den Unwillen der Engländer, die nur eine Veranlassung zum Einfall in Abessinien suchten. Das Resultat hiervon war der Sturz Theodoros und sein Tod.

Gegen die orthodoxen Hellenen und Russen zeigten die Abessinier in der Neuzeit eine sehr freundliche Stimmung und sprachen auch den Wunsch nach grösserer Annäherung ihrer Kirchen aus. Besonders Johannes, einer der letzten abessinischen Könige, sandte dem Könige der Hellenen sogar Geschenke und gab ihm zu verstehen, er würde sehr gern hellenische Kleriker in Abessinien sehen. Als i. J. 1888 in Kiew die Millenniumsfeier der Bekehrung der Slaven zum Christentum festlich begangen wurde, sandte der Negus von Abessinien seine und seiner Kirche Vertreter, die den Auftrag hatten, über eine kirchliche Union der Orthodoxen und Abessinier zu verhandeln. Daraufhin traf eine Kommission russischer Gelehrter und Kleriker mit kirchlichen Gewändern, Bibeln und Bildern beim Könige von Abessinien ein, um über diesen Gegenstand zu unterhandeln. Dem hellenischen Patriarchat in Alexandria, das Abessinien näher lag, würde es bei einiger Anstrengung nicht schwer gefallen sein, die Abessinier, die einst von der orientalischen Kirche sich losgelöst hatten und von der sie sich nur in ganz unbedeutenden Punkten unterscheiden, wieder mit dieser zu vereinigen.

Der höchste Geistliche nach dem Abunas ist der Izegúr, der Vorsteher der Mönche, die in den Städten rings um die Kirchen lebten. Die Vorsteher der Priester (die Bischöfe) werden Rhomosati genannt. Aber weder diese noch der Abunas haben eine grosse Gewalt, denn der abessinische Herrscher ist nicht nur das politische, sondern auch das geistliche Oberhaupt seines Volkes. Von religiöser Litteratur unter ihnen ist nicht viel zu sagen. Ihre einzigen religiösen Bücher sind Gebetbücher, Homologien oder Katechesen, Übersetzungen griechischer Väter, Aufträge für die Mönche und Lebensbeschreibungen der Heiligen. Ihre Lehre ist gleichwie auch die der Kopten unserer orthodoxen ähnlich — natürlich mit Ausschluss der monophysitischen Besonderheit in dem Dogma von den zwei Naturen Christi. Durch die Nachbarschaft heidnischer Völker vermengte sich ihre Religion mit mancherlei heidnischem Aberglauben. Als besondere Eigentümlichkeiten der Abessinier sind die Beobachtung des Sabbats neben dem Sonntag und der mosaischen Speisegesetze zu nennen. Auch ist bei ihnen die Beschneidung in Gebrauch. Um deswilleu vermuten manche, es möchte vielleicht das Christentum den Abessiniern durch eine jüdische Sekte bekannt geworden sein. Doch weiss das Altertum von diesem Ursprunge der abessinischen Kirche durchaus nichts, einigen älteren kirchlichen Nachrichten zufolge ist Frumentios, der zur Zeit des grossen Athanasios lebte, ihr Gründer gewesen. Die jüdischen Gebräuche sind vielleicht auf die Einwirkung der unter ihnen lebenden Juden zurückzuführen. Aber trotz aller abergläubischen Beimischungen stehen die Sitten der Kopten unvergleichlich höher als die der benachbarten götzendienerischen Völker. Bewundernswert ist auch die religiöse Toleranz der Kopten, unter denen Juden und Heiden in vollem Frieden und ungehindert nach den Vorschriften ihrer Religion leben. Die Abessinier zählen etwa 5 Millionen Seelen.

§ 68.

Die Maroniten. Kaukasische Völker.

Die Maroniten kamen zur Zeit der Kreuzzüge mit dem Abendland in Beziehungen. Die Union mit Rom zu der Zeit des Florentinischen Konzils war dem Anschein nach eine vollendete. Doch wurde sie noch bedeutend inniger unter Gregor XIII. Dieser gründete im J. 1587 in Rom das Collegium Maronitarum, aus dem die Maroniten seit dem 16. Jahrhundert ihre Kleriker erhielten. Im J. 1596 veranlasste sie Clemens XII. durch eine Nationalsynode im Libanon, sich den Beschlüssen des Tridentinischen Konzils zu unterwerfen.

Der Patriarch der Maroniten wohnt im Kloster Dair al Schafi im Libanon, trägt den Titel Patriarch von Antiochia und führt immer den Namen Petros. Alle 10 Jahre hat er dem Papst Rechenschaft abzulegen. Unter ihm stehen nur wenige Bischöfe, zwei in Aleppo, zwei in Mesopotamien, einer in Beirut, die übrigen halten sich beim Patriarchen auf oder leben in Mar Ephraim. Die Maroniten haben viele Klöster. In Kesruan zählte man sonst über 200 Mönchsklöster mit 2500 Mönchen, die ein strenges Leben führten und sich von ihrer Hände Arbeit erhielten. Nach den neueren Forschungen scheint es, als ob die Maroniten der Neuzeit das monotheletische Dogma völlig aufgegeben und die Lehre der übrigen Christen angenommen hätten. Ihre Unterwerfung unter den Papst ist nicht unbedingt, sie haben sich etliche Sonderrechte vorbehalten. Eine unbedeutende Streitigkeit war im J. 1860 für die Drusen die Veranlassung, die Maroniten zu verfolgen und fürchterliche Metzeleien zu begehen. Viele tausend Christen wurden ermordet, 200 Kirchen niedergebrannt, Weiber und Kinder in die Sklaverei geführt. Damaskus wurde vollständig verwüstet. Zugleich mit den Maroniten hatten damals viele andere syrische Christen schwere Verfolgungen zu erdulden. Die Zahl der Maroniten beträgt etwa 200 000.

Als halbchristliche Sekten d. h. als Völker, bei denen Christentum mit Mohammedanismus oder mit heidnischem Götzendienst vermengt ist, kann man die Jasidäer, die Nessarier und die Keswinen ansehen, die in der Nähe von Tripolis in Syrien das Bergland bewohnen, ferner die Alazen, die den Georgiern benachbart sind und andere kaukasische Stämme. Bei vielen anderen Völkern des Kaukasus, wie den Cirkassiern, den Avassen, Tsegen und Valkaren ist das Christentum vom Mohammedanismus völlig verschlungen worden und nur einige verödete Kirchen und einige Gebräuche verraten noch ihren christlichen Ursprung und geben Zeugnis, dass diese Völker einst Christen waren.

§ 69.

Allgemeine Übersicht über alle diese orientalischen Kirchen.

Diese Kirchen zählen nur wenige Millionen (etwa 9) und bilden den unbedeutendsten Zweig der grossen christlichen Familie. Sie sind um der traurigen politischen Lage und der Unwissenheit dieser Völker willen, in einem Zustand der Erstarrung und können nur auf eine bessere Zukunft hoffen, wenn sie sich mit einer der grossen christlichen Konfessionen, besonders mit der orthodoxen orientalischen Kirche, mit denen sie einst vereinigt waren und von denen sie sich nur aus ganz unbedeutenden Ursachen getrennt haben, vereinigen. Ein Anschluss an die europäische Christenheit, der diesen Völkern Civilisation übermittelt und kirchliche Bildung unter ihnen fördert, kann ihnen neues Leben verleihen und blühende Zustände unter ihnen hervorbringen. So lange aber der Despotismus, die Unwissenheit und die Barbarei auf jenen Ländern Asiens lasten, kann das Christentum unmöglich bei ihnen zur Blüte kommen.

Die Bischöfe und Patriarchen von Konstantinopel

nach **M. Gedeón.**

— —	Andréas Protóklitos.
38— 54	Stáchys.
54— 68	Onísimos.
71— 89	Polýkarpos I.
89—105	Plútarchos.
105—114	Sedekíon.
114—129	Diogénis.
129—136	Elevthérios.
136—141	Félix.
141—144	Polýkarpos II.
144—148	Athinódoros.
148—154	Evzóïos.
154—166	Lavréntios.
166—169	Alýpios.
169—187	Pertínax.
187—198	Olympianós.
198—211	Márkos I.
211—214	Philádelphos.
214—230	Kyriakós I.
230—237	Kastínos.
237—242	Evgénios I.
242—272	Títos.
272—303	Dométios.
303	Rufínos.
303—315	Próbos.
315—325	Mitrophanis I.
325(?)—340	Aléxandros.
340—341	Paúlos I. (zum 1. Male).
341—342	Evsébios.
342—344	Paulos I. (z. 2. M.).
344—348	Makedónios I. (z. 1. M.).
348—350	Paulos I. (z. 3. M.).
350—360	Makedonios I. (z. 2. M.).
360—369	Evdóxios.
369—379	Dimóphilos.
379	Evágrios.
379—381	Grigórios I.
381	Maximos I.
381—397	Nektarios.
398—404	Joannis I.
404—405	Arsákios.
406—425	Attikós.
425—427	Sisínios I.
428—431	Nestórios.
431—434	Maximianós.
434—447	Proklos.
447—449	Flavianós.
449—458	Anatólios.
458—471	Gennádios I.
471—489	Akákios.
489—490	Fravítas.
490—496	Evphímios.
496—511	Makedónios II.
511—518	Timótheos I.
518—520	Joánnis II.
520—536	Epiphánios.
536	Anthimos I.
536—552	Minás.
552—565	Evtýchios (z. 1. M.).
566—577	Joannis III.
577—582	Evtýchios I. (z. 2. M.).
582—595	Joannis IV.
595—606	Kyriakós II.
607—610	Thomás I.
610—638	Sérgios I.
638—641	Pýrros (z. 1. M.).
641—652	Paulos II.
652	Pyrros (z. 2. M.).
652—664	Pétros.
665—668	Thomás II.
668—674	Joánnis V.
674—676	Konstantínos I.
676—678	Theódoros I. (z. 1. M.).
678—683	Georgios I.
683—686	Theodoros I. (z. 2. M.).
686—693	Paulos III.
693—705	Kallínikos I.
705—711	Kýros.
711—715	Joannis VI.
715—730	Germanós I.

730—754	Anastásios.
754—766	Konstantínos II.
766—780	Nikítas I.
780—784	Paulos IV.
784—806	Tarásios.
806—815	Nikiphóros I.
815—821	Theódotos I.
821—832	Antónios I.
832—842	Joannis VII.
842—846	Methódios I.
846—857	Ignátios (z. 1. M.).
857—867	Phótios (z. 1. M.).
867—878	Ignatios (z. 2. M.).
878—886	Photios (z. 2. M.).
886—893	Stéphanos I.
893—895	Antónios II.
895—906	Nikólaos I. (z. 1. M.).
906—911	Evthýmios I.
911—925	Nikólaos I. (z. 2. M.).
925—928	Stephanos II.
928—931	Trýphon.
933—956	Theophylaktos.
956—970	Polýevktos.
970—974	Wasílios I.
974—980	Antónios III.
980—984	unbesetzt.
984—995	Nikólaos II.
995—998	Sisínios II.
999—1019	Sérgios II.
1019—1025	Evstáthios.
1025—1043	Alexios.
1043—1058	Michaíl I.
1059—1063	Konstantínos III.
1064—1075	Joánnis VIII.
1075—1081	Kosmás I.
1081—1084	Evstratios.
1084—1111	Nikólaos III.
1111—1134	Joannis IX.
1134—1143	Léon.
1143—1146	Michaíl II.
1146—1147	Kosmás II.
1147—1151	Nikólaos IV.
1151—1153	Theódotos II.
1153	Neóphytos I.
1154—1156	Konstantínos IV.
1166—1169	Lukás.
1169—1177	Michaíl III.
1177—1178	Charíton.
1178—1183	Theodósios I.
1183—1187	Wasílios II.
1187—1190	Nikítas III.
1190—1191	Leóntios.
1191—1192	Dosítheos.
1192—1199	Geórgios II.
1199—1206	Joannis X.
1206—1212	Michail IV.
1213—1215	Theódoros II.
1215	Maximos II.
1215—1222	Manuíl I.
1222—1240	Germanós II.
1240	Methódios II.
1240—1244	unbesetzt.
1244—1255	Manuíl II.
1255—1260	Arsenios (z. 1. M.).
1260—1261	Nikiphóros II.
1261—1267	Arsénios (z. 2. M.).
1267	Germanós III.
1268—1275	Josíph I. (z. 1. M.).
1275—1282	Joannis XI.
1283	Josíph I. (z. 2. M.).
1282—1289	Grigorios II.
1289—1293	Athanásios I. (z. 1. M.).
1294—1303	Joannis XII.
1303—1311	Athanasios I. (z. 2. M.).
1311—1314	Níphon I.
1315—1320	Joannis XIII.
1320—1321	Gerásimos I.
1323—1334	Isaías.
1334—1337	Joannis XIV.
1337—1350	Isídoros I.
1350—1354	Kallistos I. (z. 1. M.).
1354—1355	Philótheos (z. 1. M.).
1355—1363	Kallistos I. (z. 2. M.).
1364—1376	Philotheos (z. 2. M.).
1376—1379	Makários (z. 1. M.).
1380—1388	Nílos.
1389—1390	Antónios IV. (z. 1. M.).
1390—1391	Makarios (z. 2. M.).
1391—1397	Antonios IV. (z. 2. M.).
1397 —	Kallistos II.
1397—1410	Mattháeos I.
1410—1416	Evthýmios II.
1416—1439	Josiph II.
1440—1443	Mitrophánis II.
1443—1450	Grigorios III.
1450	Athanasios II.
1450—1454	unbesetzt.
1454—1456	Gennadios II.
1456—1463	Isidoros II.
1463—1464	Sophrónios I.
1464—1466	Joásaph I.
1466—1467(?)	Markos II.
1467—1472	Dionýsios I. (z. 1. M.).
1472—1475	Symeón (z. 1. M.).
1475—1476	Raphaíl I.
1476—1482	Maximos III.
1482—1486	Symeón (z. 2. M.).
1486—1489	Niphon II. (z. 1. M.).
1489—1491	Dionysios I. (z. 2. M.).
1491—1497	Maximos IV.
1497—1498	Niphon II. (z. 2. M.).
1498—1502	Joakím I. (z. 1. M.).

1502 Niphon II. (z. 3. M.).
1503—1504 Pachomios I. (z. 1. M.).
1504—1505(?) Joakim I. (z. 2. M.).
1505—1514 Pachomios I. (z. 2. M.).
1514—1520 Theóliptos I.
1520—1522 Jeremías I. (z. 1. M.).
1522—1523(?) Joannikios I.
1523(?)—1537 Jeremías I. (z. 2. M.).
1537 Dionysios II. (z. 1. M.).
1537—1545 Jeremías I. (z. 3. M.).
1545—1555 Dionysios II. (z. 2. M.).
1555—1565 Joásaph II.
1565—1572 Mitrophanis III. (z. 1. M.).
1572—1579 Jeremias II. (z. 1. M.).
1579—1580 Mitrophanis III. (z. 2. M.).
1580—1584 Jeremías II. (z. 2. M.).
1584—1585 Pachomios II.
1585—1586 Theoliptos II.
1586—1595 Jeremías II. (z. 3. M.).
1595 Matthaeos II. (z. 1. M.).
1596 Gavriíl I.
1596—1597 Theophánis I.
1597—1599 Melétios Pigás (Vikar).
1599—1602 Matthaeos II. (z. 2. M.).
1602—1603 Neóphytos II. (z. 1. M.).
1603—1607 Raphail II.
1607—1612 Neophytos II. (z. 2. M.).
1612 Kýrillos I. (z. 1. M.).
1612—1621 Timotheos II.
1621—1623 Kyrillos I. (z. 2. M.).
1623 Grigorios IV.
1623 Anthimos II.
1623—1630 Kyrillos I. (z. 3. M.).
1630 Isaák.
1630—1634 Kyrillos I. (z. 4. M.).
1634 Kyrillos II. (z. 1. M.).
1634 Athanasios III. (z. 1. M.).
1634—1635 Kyrillos I. (z. 5. M,).
1635—1636 Kyrillos II. (z. 2. M.).
1636—1637 Neóphytos III.
1637—1638 Kyrillos I. (z. 6. M.).
1638—1639 Kyrillos II. (z. 3. M.).
1639—1644 Parthénios I.
1644—1645 Parthénios II. (z. 1. M.).
1646—1648 Joannikios II. (z. 1. M.).
1648—1651 Parthénios II. (z. 2. M.).
1651—1652 Joannikios II. (z. 2. M.).
1652 Kyrillos III. (z. 1. M.).
1652 Athanasios III. (z. 2. M.).
1652—1653 Païsios I. (z. 1. M.).
1653—1654 Joannikios II. (z. 3. M.).
1654 Kyrillos III. (z. 2. M.).
1654—1655 Païsios I. (z. 2. M.).
1655—1656 Joannikios II. (z. 4. M.).
1656—1657 Parthenios III.
1657 Gavriíl II.
1657 Theophánis II.
1657—1662 Parthenios IV. (z. 1. M.).
1662—1665 Dionysios III.
1665—1667 Parthenios IV. (z. 2. M.).
1667 Klímis.
1668—1671 Methodios III.
1671 Parthenios IV. (z. 3. M.).
1671—1673 Dionysios IV. (z. 1. M.).
1673—1675 Gerasimos II.
1675—1676 Parthenios IV. (z. 4. M.).
1676—1679 Dionysios IV. (z. 2. M.).
1679 Athanasios IV.
1679—1683 Jákobos (z. 1. M.).
1683—1684 Dionysios IV. (z. 3. M.).
1684—1685 Parthenios IV. (z. 5. M.).
1685—1686 Jákobos (z. 2. M.).
1686—1687 Dionysios IV. (z. 4. M.).
1687—1688 Jakobos (z. 3. M.).
1688 Kallinikos II. (z. 1. M.).
1688—1689 Neóphytos IV.
1689—1693 Kallinikos II. (z. 2. M.).
1693—1694 Dionysios IV. (z. 5. M.).
1694—1702 Kallinikos II. (z. 3. M.).
1702—1707 Gavriíl III.
1707 Neóphytos V.
1708—1709 Kyprianos (z. 1. M.).
1709—1711 Athanasios V.
1711—1713 Kyrillos IV.
1713—1714 Kyprianos (z. 2. M.).
1714—1716 Kosmas III.
1716—1726 Jeremias III. (z. 1. M.).
1726 Kallinikos III.
1726—1733 Païsios II. (z. 1. M.).
1733 Jeremias III. (z. 2. M.).
1733—1734 Seraphím I.
1734—1740 Neóphytos VI. (z. 1. M.).
1740—1743 Païsios II. (z. 2. M.).
1743—1744 Neophytos VI. (z. 2. M.).
1744—1748 Païsios II. (z. 3. M.).
1748—1751 Kyrillos V. (z. 1. M.).
1751—1752 Païsios II. (z. 4. M.).
1752—1757 Kyrillos V. (z. 2. M.).
1757 Kallinikos IV.
1757—1761 Seraphim II.
1761—1763 Joannikios III.
1763—1768 Samuíl (z. 1. M.).
1768—1769 Meletios II.
1769—1773 Theodosios II.
1773—1774 Samuíl (z. 2. M.).
1774—1780 Sophronios II.
1780—1785 Gavriíl IV.
1785—1789 Prokópios.
1789—1794 Neóphytos VII. (z. 1. M.).
1794—1797 Gerasimos III.
1797—1798 Grigorios V. (z. 1. M.).
1798—1801 Neóphytos VII. (z. 2. M.).

1801—1806 Kallinikos V. (z. 1. M.).
1806—1808 Grigorios V. (z. 2. M.).
1808—1809 Kallinikos V. (z. 2. M.).
1809—1813 Jeremías IV.
1813—1818 Kyrillos VI.
1818—1821 Grigorios V. (z. 3. M.).
1821—1822 Evgénios II.
1822—1824 Anthimos III.
1824—1826 Chrýsanthos.
1826—1830 Agathángelos.
1830—1834 Konstántios I.
1834—1835 Konstántios II.
1835—1840 Grigorios VI. (z. 1. M.).
1840—1841 Anthimos IV. (z. 1. M.).
1841—1842 Anthimos V.
1842—1845 Germanos IV. (z. 1. M.).
1845 Meletios III.
1845—1848 Anthimos VI. (z. 1. M.).
1848—1852 Anthimos IV. (z. 2. M.).
1852—1853 Germanos IV. (z. 2. M.).
1853—1855 Anthimos VI. (z. 2. M.).
1855—1860 Kyrillos VII.
1860—1863 Joakím II. (z. 1. M.).
1863—1866 Sophronios III.
1867—1871 Grigorios VI. (z. 2. M.).
1871—1873 Anthimos VI. (z. 3. M.).
1873—1878 Joakim II. (z. 2. M.).
1878—1884 Joakim III.
1884—1886 Joakim IV.
1887—1891 Dionysios V.
1891—1894 Neóphytos VIII.
1895—1897 Anthimos VII.
1897 Konstantínos V.

Sach- und Wortregister.

Lippert & Co. (G. Pätz'sche Buchdr.), Naumburg a. S.